Audrey McAllen

Die Extrastunde

Audrey McAllen

Die Extrastunde

Zeichen- und Bewegungsübungen für Kinder
mit Schwierigkeiten im Schreiben, Lesen und Rechnen

Aus dem Englischen
von Sonja Defieber-Häring und Beate Schram

Freies Geistesleben

Die Originalausgabe mit dem Titel *The Extra Lesson* erschien zuletzt 2013 bei Rudolf Steiner College Press, Fair Oaks, CA.

Die Übersetzung der vorigen Ausgabe (zuletzt 2012 erschienen), die von Uta Stolz vorgenommen wurde, ist auch für die vorliegende Übersetzung herangezogen und abschnittweise übernommen worden.

1. Auflage der vollständigen Neuausgabe 2020

Verlag Freies Geistesleben
Landhausstraße 82, 70190 Stuttgart
www.geistesleben.com

ISBN 978-3-7725-2721-0

Satz: Bianca Bonfert
Druck: Livonia Print, Riga
Printed in Latvia

MIX
Papier aus verantwortungsvollen Quellen
FSC
www.fsc.org
FSC® C002795

Der CO_2-Ausstoß dieses Druckproduktes wurde mit ClimateCalc berechnet und kompensiert:
Gold Standard
www.climatecalc.eu
Cert. no. CC-000090/LV

Inhalt

Vorwort zur Neuausgabe 2020

Das Buch *Die Extrastunde* hat seit seinem ersten Erscheinen im Oktober 1974 viele Metamorphosen durchlaufen. Die letzte Version, die 1998 in Zusammenarbeit mit der Autorin erstellt wurde, erscheint mit dieser erweiterten Neuauflage erstmalig auch in einer deutschsprachigen Ausgabe.* Audrey McAllen hat mit ihrem Konzept der «Extrastunde» einen Weg aufgezeigt, wie die frühkindliche motorische und neurologische Entwicklung, welche die Grundlage für den Lernprozess bildet, unter geisteswissenschaftlichen Gesichtspunkten verstanden werden kann und – was am Wichtigsten ist – wie wir Lehrerinnen und Lehrer die Kinder durch diesen pädagogischen Ansatz dabei unterstützen können, das Lernen zu lernen.

Audrey McAllen war in der zweiten Hälfte des letzten Jahrhunderts Waldorflehrerin in England. Eines Tages wurde sie von dem anthroposophischen Schularzt Norbert Glas gefragt, ob sie mit Kindern arbeiten wolle, die Lese- und Schreibprobleme oder Schwierigkeiten mit dem Rechnen hatten. Sie hatten gute Lehrer, waren gesund und lebten in geordneten familiären Verhältnissen, sodass der Schularzt keinen Grund für ihre Lernschwierigkeiten finden konnte. Audrey McAllen begann mit diesen Kindern zu arbeiten. Ihre einzige Inspirationsquelle waren Hinweise aus Rudolf Steiners Vorträgen für Lehrer und Mitglieder der Allgemeinen Anthroposophischen Gesellschaft, soweit sie in englischer Übersetzung verfügbar waren.

Aus ihren Einsichten hat sie Übungen entwickelt, welche die spirituellen Realitäten hinter den körperlichen Offenbarungen von Mensch und Welt berücksichtigen. Die Übungen bieten dem einzelnen Kind

* Zuvor gab es bereits eine gekürzte Version der *Extrastunde* auf Deutsch, die zuletzt 2012 erschien.

in vielfältiger Form das Urbild der menschlichen Organisation und der Welt, wie es sich aus der Mathematik des Universums ergibt – gerade so, wie Rudolf Steiner im Lehrplan für die Waldorfschulen immer wieder auf die Bedeutung von Urbildern für die Kinder hinwies.

Genau in dieser Zeit setzte sich zum Beispiel die amerikanische Entwicklungspsychologin Anna Jean Ayres mit neurologischen Auffälligkeiten auseinander. In der Pädagogik sprach man von neuen Phänomenen, und es wurden Terminologien eingeführt, die bisher unbekannt waren: minimale Hirnschäden, Gehirnfunktionsstörungen und sensorische Integration. Neue Generationen von Kindern brachten neue Aufgaben.

Zwei niederländische Freundinnen und Kolleginnen von Audrey McAllen – Else Göttgens und Annerie Marx – ermutigten sie, ihre Übungen zu veröffentlichen. Gleich nach der Herausgabe des ersten dünnen Buches wurde Kritik laut – seltsamerweise aus Waldorfkreisen, aber vor allem aus dem medizinischen Bereich. Kritiker nannten es hartnäckig ein «Rezeptbuch» und legten es beiseite. Ein Rezeptbuch jedoch erhält seinen Wert erst dadurch, dass man die beschriebenen Gerichte ausprobiert und sich auf der Zunge zergehen lässt. Auf diese Weise kann man das Konzept und die Hintergründe der Extrastunde wirklich kennenlernen und auf dieser Grundlage wiederum neue Übungen entwickeln.

Wer mit diesem Buch arbeiten möchte, muss die Übungen unbedingt selbst durchführen, um sie auf diese Weise kennenzulernen. In einem Kurs werden sie dann gefestigt und im Austausch mit Kolleginnen und Kollegen korrigiert. Kursteilnehmer aus allen Teilen der Welt berichten, dass ihnen die Übungen auch dabei geholfen hätten, sich selbst besser im Körper zu «verankern».

Was Audrey McAllen der Welt mit ihrer Arbeit gegeben hat, ist nur der Same dessen, was wir für zukünftige Generationen von Kindern brauchen werden. Es ist zu hoffen, dass ihr Geschenk an die Waldorfpädagogik ein Anreiz ist, die Arbeit vom Kindergarten bis zur Oberstufe zu untersuchen, sodass die Erziehungsfragen der heutigen Zeit angemessen beantwortet werden können. Zusätzlich zu dieser pädagogischen Hilfe im Bereich der Sinnes- und Bewegungsentwicklung muss ständig nach einem angemessenen methodisch-didaktischen Ansatz in der Pädagogik der Klasse gesucht werden, möglichst auch mit Unterstützung aus anthroposophisch-medizinischen Disziplinen.

Es ist zu hoffen, dass Erzieher und Lehrer den Kindern die erforderliche Zeit geben, um wesentliche Entwicklungsschritte nachzuholen. Audrey McAllen formulierte es einmal so: «Die Extrastunde richtet sich nicht speziell an die individuelle Seele, sondern sie spricht die geistigen Kräfte an, die hinter dem physischen Körper des Menschen liegen. Die Übungen geben der Seele des einzelnen Kindes die Chance, eine Verbindung mit dem geistigen Wesen der Erde zu finden.»

Es ist dieses geistige Wesen der Erde, das Rudolf Steiner in der Einleitung zur *Allgemeinen Menschenkunde* mit folgenden Worten beschrieb: «... im Namen dieses guten Geistes, der die Menschheit führen soll zu der höheren Stufe der Entwicklung in Unterricht und Erziehung».[1] Möge dieser Geist eine helfende Kraft hinter der Anthroposophie, der Waldorfschulbewegung sowie hinter der Extrastunde sein.

Ich danke den beiden Übersetzerinnen Sonja Defieber-Häring und Beate Schram, die durch ihre Arbeit diese erste vollständige Ausgabe für den deutschen Sprachraum ermöglicht haben.

Dordrecht, Februar 2019 *Joep Eikenboom*

Vorbemerkung der Autorin

Für die einzelnen Schüler, mit denen ich in den Sechziger- und Siebzigerjahren arbeitete, bedeuteten unreife Bewegungsmuster und fehlende Integration der unteren Willenssinne keine Hürden. Erst nach meiner Pensionierung machten mich Kollegen darauf aufmerksam. Es war ein Symptom, das die dramatischen Veränderungen in der Kindheitskultur seit 1960 aufzeigte. Ingun Schneider bin ich zu Dank verpflichtet. Sie hat in ihrer Eigenschaft als Physiotherapeutin den Einfluss unreifer Bewegungsmuster (ATNR, TNR) und seine Auswirkungen auf die Entwicklung der Kinder untersucht und beschrieben. Sie wurde von Mary Ellen Wilby bei der Ausarbeitung von Übungen unterstützt, damit diese von Lehrern verwendet werden können (siehe Kapitel 5). Unter ihrer Leitung wurden auch die Altersempfehlungen für die jeweiligen Übungen festgelegt.

Die Fachausdrücke «Ätherleib» und «Lebensleib» wie auch «Astralleib» und «Seelenleib» werden in diesem Buch synonym verwendet.

Bei der Analyse bestimmter Schwierigkeiten möchte ich gerne die Bewegungsübungen als ein sich gegenseitig stützendes vollkommenes Ganzes verstanden wissen.

Der Einfachheit halber steht in diesem Buch immer die männliche Form, wenn es sich um eine Schülerin oder einen Schüler handelt, und die weibliche Form, wenn es sich um eine Lehrerin oder einen Lehrer handelt.

Die bei den Übungen und Formen verwendeten Farben entsprechen den folgenden Wachskreiden (der Firma Stockmar): Karminrot, Zitronengelb, Ultramarinblau, Grün, Orange.

Stroud, September 2003 *Audrey E. McAllen*

Anmerkung der Herausgeberin zur 7. englischen Auflage

Nach einem neun Jahrzehnte umspannenden Leben, das von Arbeit erfüllt war – einer Arbeit, die viele Menschen inspiriert hat –, starb Audrey E. McAllen in Stroud, England, am 17. November 2010. Als frisch ausgebildete Waldorflehrerin begann sie im Zweiten Weltkrieg mit ihrer Tätigkeit. Dann wurde sie Klassenlehrerin in Michael Hall, der ersten Waldorfschule in England. Anschließend zog sie nach Gloucester und unterrichtete einzelne Waldorfschüler, die Schwierigkeiten in Mathematik und/oder beim Schreiben und Lesen hatten. Während dieser Tätigkeit entwickelte sie die in diesem Buch beschriebenen Übungen. Die erste Ausgabe der *Extrastunde* erschien im Jahr 1974. Als das Buch vergriffen war, veröffentlichte Audrey McAllen neue Auflagen, verbesserte den Text und bezog ihre Erfahrungen mit ein.

Audrey verstand, dass Kinder mit Lernschwierigkeiten den Kontakt zum menschlichen Urbild verloren hatten. Ihr Wunsch war es, diesen Kindern in einer wöchentlichen Unterrichtsstunde ein wahrhaftiges Bild ihrer Seele und ihres Geistes zu vermitteln, ein Bild, das sie aufnehmen und während der Nacht verarbeiten konnten. Durch das Studium der pädagogischen und anthroposophischen Vorträge Rudolf Steiners, durch ihre eigenen Erfahrungen und die Arbeit mit Kollegen, anthroposophischen Ärzten und anderen Fachleuten entwickelte sie allmählich ihre Bewegungs-, Zeichen- und Malübungen.

Audrey ermahnte uns auch, auf jenen Schüler zu achten, der keine äußeren Anzeichen von Lernschwierigkeiten zu erkennen gibt, aber möglicherweise dennoch eine bestimmte Schwerfälligkeit im Hinblick auf Bewegungen und räumliche Richtungen zeigt. Er ist oft nicht besonders lebhaft und kann übermäßig intellektuell geprägt sein. Selbst dieser

Schüler, so ihre Ausführungen, werde maßgeblich von den Übungen in diesem Buch profitieren. Er sei danach mehr in seinem Körper «zu Hause» und habe eine bessere Grundlage, von der aus er seine Beziehung zur Welt aufbauen könne. Dies bilde die Grundlage der für die Entwicklung der Bewusstseinsseele erforderlichen Erkenntnis – eine Entwicklung, die zwischen dem 35. und dem 42. Lebensjahr stattfindet.

Als die vierte Auflage der *Extrastunde* in den späten Neunzigerjahren allmählich vergriffen war, entstand 1998 in enger Zusammenarbeit von Audrey und mir die vorliegende Fassung, die zeitgemäße neurologische Fachbegriffe enthält sowie Konzepte, die Audrey aufgrund eigener Beobachtungen erarbeitet hatte. Ich selbst bin ursprünglich ausgebildete Physiotherapeutin; nach der Ausbildung zur Waldorflehrerin am Rudolf Steiner College und meiner achtjährigen Klassenlehrerzeit wurde ich Förderlehrerin auf der Basis der *Extrastunde*. Seit 1995 habe ich weltweit als Beraterin für Waldorfschulen gearbeitet, außerdem als Lehrerin für einzelne Schüler und kleine Gruppen. Ebenso hatte ich das Privileg, Erwachsenen in Waldorfgemeinschaften auf der ganzen Welt das Konzept der Extrastunde nahezubringen, sodass sie es in ihren Unterricht einfließen lassen konnten.

Diese siebte Ausgabe der *Extrastunde* ist, was die einfachere Anwendung der Übungen im Unterricht betrifft, weiter verfeinert worden. Wie immer gibt es viele Einzelheiten – wie eine Übung aufgebaut wird und wie man sie an die Bedürfnisse eines einzelnen Schülers anpasst –, die in einem solchen Buch nicht beschrieben werden können. Deshalb ist es am besten, eine Übung von einem gut ausgebildeten Lehrer zu übernehmen oder, besser noch, einen Kurs zu besuchen, der darauf ausgerichtet ist, das Konzept der Extrastunde bei Lernschwierigkeiten anzuwenden. Diejenigen unter uns, die in der glücklichen Lage waren, von Audrey McAllen selbst zu lernen, werden ihr für dieses Privileg immer dankbar sein.

San Francisco, Dezember 2012 *Ingun Schneider*

Einleitung

Die Entwicklung von Fähigkeiten

Erziehung beruht auf der Entwicklung von Fähigkeiten. Die Fähigkeiten sind die dem Kind angeborenen Begabungen und Talente, mit deren Hilfe es das Können erwirbt, das für sein Leben auf dieser Erde nötig ist. Heutzutage begegnen wir immer mehr Kindern, die den grundlegenden Anforderungen im Schreiben, Lesen und Rechnen nicht gerecht werden können. Die üblichen pädagogischen Bemühungen schlagen bei diesen Kindern oft fehl.[2]

Als *Lehrer* vermitteln wir zwischen der Kultur, in der das Kind groß wird, und seinen eigenen inneren Quellen. Wir freuen uns, wenn unsere Angebote dem Kind als Spiegel seiner eigenen Fähigkeiten dienen. Als *Erziehende* müssen wir uns zwei Fragen stellen: Welche Fähigkeiten (Begabungen) weckt der gegebene Unterrichtsstoff im Kind? Wie wirkt unser erzieherisches Vorgehen auf Gesundheit und leibliche Entwicklung des Schülers? Bei der Durchsicht von Heften beispielsweise, die sechs- bis achtjährige Schüler geschrieben haben, freut sich der *Lehrer* über eine schön geschriebene Arbeit, während er sich über unsaubere, schlampig geschriebene Zeilen ärgert. Aber mit unserem *Erzieherauge* halten wir inne und fragen uns: Schreibt dieses Kind nicht zu gekonnt und makellos für sein Alter? Besteht nicht die Gefahr, dass es um das neunte Lebensjahr einen Einbruch erleidet, wenn sich die Art und Weise, wie es sich und seine Umgebung erlebt, grundlegend ändert?[3] Wird uns solch ein Schüler nicht einen Aufsatz voller Wiederholungen ohne eigene Gedanken präsentieren, wenn er zwölf Jahre alt ist? Verbergen unsaubere Zeilen die Begabung, ein Erlebnis kurz und prägnant zu schildern, oder ist die körperliche Entwicklung dieses Kindes so beeinträchtigt, dass diese Fähigkeiten (Talente) nicht genügend reifen konnten? Wird es lethargisch und mutlos werden und damit sein inneres Gleichgewicht verlieren?

Wenn es uns als den Erziehenden nicht gelingt, im Kind Fähigkeiten zu wecken, müssen wir uns fragen: Waren für das Kind die Erfahrungen, durch die sich diese Fähigkeiten (Begabungen) entwickeln, umfassend genug? Sind sie im entsprechenden Lebensalter an das Kind herangebracht worden?

Die Autorin hat sich um die Entwicklung eines Konzeptes bemüht, das Kindern hilft, möglichst viele altersentsprechende Fähigkeiten zu erwerben. Ein Erziehungsansatz, der sich auf die Arbeit von Rudolf Steiner gründet, geht davon aus, dass der Mensch mehr ist als die Summe von Umgebung, Vererbung und persönlicher Psyche. Über seine physischen Merkmale hinaus verfügt der Mensch über einen spirituellen Kern und eine geistgetragene Biografie. Bestimmte Beobachtungen legen uns nahe, dass der menschliche Körper mit all seiner komplizierten Neurologie, Physiologie und Anatomie von physisch nicht wahrnehmbaren Wesensgliedern umhüllt ist. Diese Wesensglieder ordnen dasjenige, was wir durch die Sinne aufnehmen. Die Sinne selbst sind die leiblichen, offensichtlichen Reflektoren dieser übersinnlichen Strömungen.

Die Wesensglieder des Menschen

Wenn wir einen Leichnam betrachten, sehen wir, dass dasjenige, was den Organismus belebt und mit Energie durchdrungen hat, nun verschwunden ist. Ohne diese Lebenskraft setzt Zerfall ein. Siebzig Jahre und länger hat sie verhindert, dass die physischen Bestandteile des Körpers den normalen chemischen Gesetzmäßigkeiten unterliegen. Diese Lebenskraft – oder der Ätherleib, wie Steiner sie nennt – lässt das Kind wachsen.

Wir sehen, wie diese Kraft wirkt und sich zurückzieht, wenn wir zum Beispiel die Entwicklung der Blüte einer Osterglocke verfolgen. Die Knospe schwillt an und schiebt sich aus der braunen Hülle. Die Blütenblätter entfalten und spannen sich. Das Grün verwandelt sich in leuchtendes Gelb. Das Gelb wird intensiver, und plötzlich ist der Höhepunkt überschritten. Das unsichtbare «Etwas», das die Blütenblätter an den Spitzen herausgezogen hat, weicht zurück. Es hinterlässt das sichtbare Netz der feinen Äderchen auf den Blütenblättern. Hier sehen wir das Wirken übersinnlicher Wesenheiten. Dieser Lebensleib (oder Ätherleib) der Pflanze lässt die Samen keimen. Wo er nicht wirkt, sprießt kein neues Leben.

Wir sind pflanzengleich, wenn wir schlafen. Wenn wir aufwachen, strömen andere Kräfte in unseren physischen Leib und unseren Lebensleib, die beide noch im Bett liegen. Bewusstsein zieht in uns ein. Wir fühlen Schmerz und Freude. Wir haben Anteil an der gesamten Spannbreite des Seelenlebens (Denken, Fühlen, Wollen). Rudolf Steiner nennt das Wesensglied, das sich darin ausdrückt, den Astralleib oder Seelenleib des Menschen.

Aber wir sind nicht allein von diesem Seelenleib geprägt. Ein viertes Wesensglied erhebt uns über die Tiere und macht uns zu einer eigenen Wesensart: Es ist der menschliche Geist oder das Ich, das unser Seelenleben leitet und unseren Willen sinnvoll ausrichten kann. Das Ich als unser Wesensglied hat die Fähigkeit, unsere Seelenkräfte (Astralleib) im Denken, Fühlen und Wollen zu steuern. Die Lebenskräfte des Wachstums durchdringen die Funktionen des physischen Leibes in Atmung, Durchblutung und Stoffwechsel. Die Anatomie des physischen Leibes – Knochen, Muskeln, Nerven – ist das reflektierende Instrument oder Organ für das Bewusstsein von Denken, Fühlen und Wollen unter der Führung des Ich als höchstem Wesensglied.

Die dreigliedrige Struktur des Menschen

Wenn wir die Körpergestalt eines Erwachsenen betrachten, erkennen wir eine eindeutig *dreigliedrige Struktur:*

- Der *Kopf* ist der Ort, an dem die Sinnesorganisation in dem Bewusstsein kulminiert, das mit dem Gehirn zusammenhängt. Hier sind wir wach im Denken.
- Die *Brust*, die Herz und Lunge schützt, ist Sitz unseres Atmungs- und Kreislaufsystems. Es ist das Zentrum unseres Gefühlslebens. (Unser Herz schlägt zum Beispiel «vor Freude schneller», oder wir schnappen «vor Schreck nach Luft»).
- Die *Glieder* und der sie unterstützende *Stoffwechselapparat* (mit seiner Nahrungsassimilierung) sorgen dafür, dass wir uns bewegen können und die Gliedmaßen unserem Willen gehorchen. (Wir werden beispielsweise ohnmächtig vor Hunger, und unsere Beine gehorchen uns dann nicht mehr.)

Diese seelische Dreigliedrigkeit (Astralleib) reagiert auf die Intentionen unserer Individualität, unseres Ich.

Das Einprägen

Das Bild der dreigliedrigen menschlichen Gestalt wird dem Lebensleib und dem physischen Leib der heranwachsenden Individualität durch das Geistig-Seelische, das in der körperlichen Organisation arbeitet, eingeprägt. *Dieses Einprägen ist die Grundlage für die Entwicklung von Fähigkeiten.* Ein ähnliches Bild muss uns von außen (aus der Umgebung) in den Lebensleib und den physischen Leib eingeprägt werden. Dieses Komplementärbild wird durch die Umgebung geformt, sowohl durch die physische als auch die seelische, die beide auf die Sinnesorganisation des physischen Leibes einwirken. *Diese Strukturierung und Formung von außen, die durch die Sinne aufgenommen wird, ist die Grundlage für die Entwicklung von Fertigkeiten.* Beides ist notwendig, wenn ein Kind auf natürliche Weise und ungehindert lernen soll. Durch Bewegung prägt sich der physische Leib dem Ätherleib ein, wie Steiner in seiner Vortragsreihe *Erziehung und Unterricht aus Menschenerkenntnis* beschreibt.[4] Im Idealfall stimmen das innere und das äußere Bild der dreigliedrigen menschlichen Gestalt überein. In den ersten sieben Lebensjahren sorgen Bewegung und Sprache für dieses Einprägen von außen.

Im vorliegenden Buch ist oft die Rede vom Wirken dieser unsichtbaren übersinnlichen «Leiber» (Lebens- oder Ätherleib, Astralleib, Ich). Wenn ein Kind geboren wird, ist es die Aufgabe seiner Eltern und Erzieher, ihm beim Zusammenführen von Seele und Geist innerhalb des ererbten Lebensleibes und physischen Leibes zu helfen. Diese beiden zusammengefügten Glieder (Seelisch-Geistiges und Physisch-Ätherisches) eines jeden Menschen haben eine lebendige, fließende Beziehung, die dem Ein- und Ausatmen ähnelt. Wie jene Vorgänge ablaufen, ist detailliert in den Grundlagen zur Waldorfpädagogik von Rudolf Steiner herausgearbeitet.[5]

Die Lernprobleme, auf die das durchschnittlich begabte Kind heutzutage stößt, haben mit Beeinträchtigungen dieses «Atmungsprozesses» zu tun. Der physische Leib kann zum Beispiel durch die Nebenwirkungen von Arznei-, Beruhigungs- oder Schmerzmitteln und anderen Umwelteinflüssen beeinträchtigt worden sein. Gewöhnlich sind dies Auswirkungen von kulturellen Veränderungen bezüglich der Art und Weise, wie wir Säuglinge und Kinder aufziehen.[6] In anderen Fällen hat die Individualität möglicherweise ohne eine auf sie abgestimmte medizinische oder erzieherische Unterstützung nicht die innere Kraft, die ererbte Konstitution umzuarbeiten.

Der strukturelle physische Leib

Solche Faktoren legen uns nahe, den physischen Leib in seiner *strukturellen Organisation*, das heißt in den *Knochen, Muskeln und Nerven*, genauer anzuschauen, und zwar in der Zeit, in der der Geist des Menschen die engste Verbindung mit ihnen eingeht, nämlich von der Geburt bis zum Zahnwechsel.[7]

Der *strukturelle physische Leib*, der der Geistseele des Individuums durch den Vererbungsstrom zur Verfügung gestellt wird, ist das Werk der geistigen Wesenheiten, die unser Universum im Laufe der vergangenen Jahrmillionen geschaffen haben. Daher sind alle menschlichen Skelette auf dieselbe archetypische Weise gebaut. Unsere Muskeln sitzen an den gleichen Stellen am Knochen fest, sodass sie das Skelett bewegen und tragen können. Unser Nerven-Sinnes-System sorgt dafür, dass wir diese Bewegungen wahrnehmen können. Diese Tatsache gilt für alle Menschen. Unsere Reaktionen sind natürlich verschieden und persönlich geprägt, aber strukturell gesehen teilen wir den gleichen *archetypischen physischen Leib*. Er ist ein räumliches Wahrnehmungsorgan, das dem Bewusstsein des individuellen Menschen dient, so wie er auf der Erde lebt und sich bewegt.

Die übersinnliche Organisation des Menschen und der Erde

In einem wichtigen Vortragszyklus aus dem Jahre 1909, *Anthroposophie – Psychosophie – Pneumatosophie*,[8] legt Steiner die Grundlage zum Verständnis dreier für uns wesentlicher Bereiche: Er erklärt die Sinnesorganisation, den Zusammenhang der höheren Wesensglieder des Menschen mit denjenigen der Erde und die Auswirkung der Schreibrichtungen auf bestimmte Seelenverfassungen. In diesen Vorträgen erfahren wir Wesentliches über die Bewegungen zwischen Astralleib, physischem Leib und Ätherleib, die sich in Nerven, Muskeln und Knochen leiblich manifestieren.

Steiner erläutert, dass bei einer Bewegung die Strömungen des Astralleibes in die entgegengesetzte Richtung verlaufen (im Verhältnis zum physischen Leib und zum Lebensleib).[9] Im weiteren Verlauf dieser Vorträge stellt er alle drei Wesensglieder in einen Zusammenhang mit den Bewegungen der übersinnlichen Aspekte der Erde selbst.[10]

Heutzutage ist uns der Gedanke, dass die Erde ein lebendiger Organismus ist, nicht mehr fremd. Wie Mensch, Tier und Pflanze durch einen Lebensleib getragen werden, so ist das auch bei der Erde der Fall. Der Lebensleib der Erde zeigt sich in den verschiedenen Vegetationsformen an ihrer Oberfläche. Dort, wo er sich zurückzieht, entsteht Wüste und Staub. Der Jahreszeitenrhythmus ist ein Niederschlag des Seelenlebens (des Astralleibs) der Erde, und die geografischen Klimazonen spiegeln eine individualisierende Ich-Qualität. Unser Planet hat sich über Äonen hin entwickelt. Innerhalb dieses Evolutionsprozesses ist der Mensch ein freies Wesen geworden. Er kann schaffen und zerstören. Er selbst hat die Wahl.[11]

Diese Überlegungen können unseren Blick in eine neue Richtung lenken, wenn wir die Schwierigkeiten eines Kindes mit seinen Bewegungen im Raum zu verstehen suchen. Sie bilden die Grundlage für die Bewegungsübungen in diesem Buch.

Steiner macht uns auch darauf aufmerksam, dass sich die Bewegung unseres Seelenleibes durch den physischen Leib und den Lebensleib im Laufe des Tages in Form einer Spirale vollzieht.[12] Wir können den Zusammenhang zwischen der räumlichen Organisation des physischen Leibes – den das Ich des Kindes in den dreidimensionalen Raum erhebt, wenn es sich aufrichtet – und der Spirale des Seelenleibes erkennen, wenn wir auf die räumlichen Eigenschaften dieser Spiralbewegung aufmerksam werden. Zeichnen wir eine Spirale, so bewegen wir uns von oben nach unten, von links nach rechts und von außen nach innen, was vorn und hinten entspricht. Auch bei den Spiralbewegungen der Handwerks- und Haushaltstätigkeiten – beim Weben, Spinnen, Rühren, Wringen, Waschen etc. – können wir die Verwandtschaft mit diesen räumlichen Bewegungen beobachten. All diese Aktivitäten tragen zur Entwicklung der Intelligenz bei, wie jeder weiß, der sich mit Erziehung beschäftigt.

Ein weiterer wichtiger Aspekt ist die Tatsache, dass es eine «Lücke» zwischen den Nervenzellen gibt, nämlich die Synapsen, durch die wir sozusagen an die geistige Welt angeschlossen sind.[13] All dies führt uns dazu, Bewegungs-, Zeichen- und Malübungen so aufzubauen, dass die geisteswissenschaftlichen Gesetzmäßigkeiten dabei berücksichtigt werden. Dann kann ein gesunder Atemprozess zwischen dem Geistig-Seelischen der sich inkarnierenden Individualität und ihrem physischen Leib und Lebensleib entstehen.

Außerdem ist der für unsere Sinne tagsüber scheinbar «leere» Raum, in dem wir auf der Erde stehen, in Wirklichkeit von moralischen Kräften durchdrungen, die unsere Seele und unser geistiges Wesen tragen und nähren. Wir «leben» in diesen moralischen Kräften, wenn wir schlafen. Die Bewegungsübungen der Extrastunde berücksichtigen die übersinnlichen Bewegungen unseres Planeten Erde und entsprechen ihnen; somit setzen uns die folgenden archetypischen Übungen in eine Beziehung zu den moralischen Kräften.

Mit dem vorliegenden Buch soll versucht werden, den von Rudolf Steiner ins Leben gerufenen Denkansatz auf die Fragen zu beziehen, die ein Kind mit Lernschwierigkeiten aufwirft.

Kapitel 1

Die Bewegungsentwicklung in den ersten sieben Jahren

Geburt und postnatale Phase

Bei seiner Reise durch den Geburtskanal aus dem Bauch der Mutter macht das Baby eine erste Erfahrung mit seinem physischen Leib. Seine *Körpergeografie* prägt sich ihm zum ersten Mal ein. Es wird durch das Ausdehnen und Zusammenziehen der Muskeln seiner Mutter ergriffen.

In diesem Rhythmus wird der ganze Leib «massiert», und die Nerven, die im Stammhirn konzentriert sind, werden stimuliert. Jeder unserer Sinne trägt das Element des Tastens in sich.

Die Gesamtheit aller Sinne ist eine Manifestation des physischen Leibes.[14] In den Stunden der Wehen der Mutter werden sie aktiviert, bereit für den Höhepunkt, wenn die Luft von außen in die Lungen strömt und das Baby zu atmen beginnt. Die Stärke des ersten Schreis ist von großer Bedeutung, denn das Atemholen bewirkt, dass das Blut zum ersten Mal durch die Lungen strömt. Die Lungenflügel, die zuvor zusammengefaltet waren, dehnen sich aus, und dadurch wiederum schließt sich die Öffnung zwischen den beiden Herzkammern (*das Foramen Ovale*). Die drei Blutgefäße der Nabelschnur verschließen sich, und das ganze untere Organsystem mit Leber, Milz, Nieren und deren Reflexen wird aktiviert.

All dies vollzieht sich in Sekundenschnelle. Es nimmt daher nicht wunder, dass dem ersten Schrei von je her besondere Bedeutung zugesprochen wurde. Im Mutterleib hat die Individualität des Kindes daran gearbeitet, einen lebenstüchtigen Körper als Bewusstseinsträger reifen zu lassen. Im Moment des ersten Schreis kulminiert dieser Inkarnationswille.[15]

Es ist nicht so sehr das Geburtstrauma, das die später auftretenden Probleme auslöst; schließlich sind Kinder jahrhundertelang in allen möglichen schwierigen Situationen zur Welt gekommen. Was sich verändert hat, ist die Flut von Sinneseindrücken, die vom Moment der Geburt an auf ein Kind einströmt: Lärm aus Radio und Fernseher, Staubsauger, der um das Kinderbettchen herumgeführt wird, das Hämmern und Rauschen der Waschmaschine und des Geschirrspülers, Menschen, die kommen und gehen, Lichter, die ein- und ausgeschaltet werden. Wie sehr unterscheidet sich dies alles vom rhythmischen Herzschlag der Mutter, dem ruhigen Fließen ihres Blutes und dem gedämpften Klang ihrer Stimme; nach neueren Untersuchungen hört das Baby im Uterus diese mütterlichen Aktivitäten.

Man vergleiche einmal unsere heutigen Haushalte und deren Geräusche mit einem Kinderzimmer im noch nicht so weit zurückliegenden 19. Jahrhundert. Dort waren während der ersten Tage nach der Geburt eines Kindes die Vorhänge zugezogen. Sehr wenige Menschen nur durften es bis zur Taufe besuchen, die oft etwa sechs Wochen später stattfand. Das Zusammensein mit den Geschwistern war geregelt. Bis das Kind sein Köpfchen heben konnte, durften sie nur ab und zu kurz hereinschauen. Oder wir vergleichen die Situation in der heutigen westlichen Welt mit den Bedingungen anderer Kulturen, in denen Mutter und Kind die ersten 46 Tage nach der Geburt ruhig und geschützt im Haus verbringen.

Solche Beobachtungen sollen nicht dazu führen, dass wir zu vergangenen Maßstäben, Gewohnheiten und Verhaltensweisen zurückkehren. Wir sollten uns vielmehr darüber im Klaren sein, dass Elternschaft unser höchster Beruf ist und sehr viel mehr Wissen, Übung und Gedanken erfordert, als wir ihr im Moment zubilligen. Wenn man die kindliche Entwicklung nicht nur als leibliches, sondern auch als geistiges Geschehen auffasst, entstehen neue und spannende Ideen und Möglichkeiten, kreativ zu werden. Plötzlich bekommt das Wickeln eine völlig andere Perspektive. Die häuslichen Gewohnheiten und den eigenen Lebensstil neu zu gestalten heißt nicht, alles um des Kindes willen zu verändern und sich zu dessen Diener zu machen. Es sind bewusste Entscheidungen zu treffen, anstatt zu sagen: «Das Kind muss eben lernen, mit den Gegebenheiten zurechtzukommen.» Diese Forderung würde man ja auch keinem Erwachsenen gegenüber stellen. Wir versuchen, uns auf die Bedürfnisse des Kindes einzustimmen, treffen Vorkehrungen, die ihm gerecht werden, und nehmen dabei unsere Verantwortung als Erwachsene wahr.

Der Friede der vergangenen Jahrhunderte erlaubte dem Kind, sich leiblich und seelisch den neuen Gegebenheiten anzupassen. Die Schädelknochen, die bei der Passage durch den Geburtskanal zusammengepresst werden, müssen sich wieder lockern und ausdehnen, sodass die komplizierten Prozesse des Zellwachstums der Gehirnstruktur stattfinden können. Der kraniale Puls findet nun seinen Rhythmus, und der Kopf erlangt seine schöne runde Form, als Bild für die geistige Welt, aus welcher die Seele stammt.[16] (Im Kopf des Kindes geht es, was Wachstum und Entwicklung der Nervenzellen im Gehirn betrifft, in diesem Stadium zu wie in einem Bienenstock.) Der gleichmäßige Tagesrhythmus, in den das Kind früher eingebettet war, ist an sich schon ein heilender Vorgang gewesen. Dem Baby von heute wird selten die Ruhe zugebilligt, die nötig wäre, um sich von der Anstrengung der Geburt zu erholen. Es hat nicht die Zeit, seinen Leib zu durchdringen, ohne vom Lebenstempo unserer mechanischen Welt gestört zu werden.[17]

Eine genau beobachtende Mutter drückte dies folgendermaßen aus: «Nach einiger Zeit in ruhiger Umgebung sind Babys glücklicher, fröhlicher, ausgeglichener und kontaktfreudiger. Sie scheinen zu merken, wo sie sind. An Tagen, an denen zu viel um sie herum geschieht, werden sie reizbar und unleidlich.»

Bewegungsentwicklung im ersten Lebensjahr

Während der ersten Lebensmonate liegt das Baby auf dem Rücken. Aus dieser *horizontalen Position* schweifen seine Sinne nach außen in die Umgebung. Seine Augen verfolgen die Mutter im Raum; es schaut in die Richtung, aus der es Geräusche hört, oder sogar dorthin, wo es Gerüche wahrnimmt. Es braucht einen solch festen Bezugsrahmen, um seine Erfahrungen miteinander verknüpfen zu können. Verändert man diese Position und stützt zum Beispiel sein Köpfchen durch ein Kissen, greift man in die Koordination der Wahrnehmungen des Kindes ein. Sinnvoller, als zu früh die Körperposition zu verändern, ist es, das Bettchen oder Laufställchen an einen anderen Ort zu stellen, um den Erlebnisraum des Kindes zu erweitern. Heutzutage legt man das Kind oft auf den Bauch, bevor es stark genug ist, seinen Kopf aus eigener Kraft zu heben und sich zu drehen. Dadurch kann es seine Arme nicht frei in die Luft strecken und drehen; es erlebt nicht die Freude am Greifen nach den Sonnenstrahlen oder am interessierten Betrachten der eigenen Hände. Das Kind zur Übung kurzzeitig auf den Bauch zu legen ist in Ordnung; nicht in Ordnung ist es jedoch, es tagsüber oder nachts so schlafen zu lassen.[18]

Während der ersten neun Monate strengt es das Kind sehr an, die Schwerkraft, also das eigene Körpergewicht, zu integrieren und zu überwinden. Kopf und Arme vermögen dies zuerst. Dadurch, dass es seinen Kopf heben kann, gelingt es ihm, sich von der einen Seite auf die andere zu drehen. Wie oft allerdings wird dem Kind diese Erfahrung, den Kopf selbst heben zu können, genommen! Lange bevor die Muskeln kräftig genug sind, den Kopf zu stützen, wird das Baby zu oft und zu lange aufrecht gehalten. Oder es schläft in einer Brusttrage ein, wobei der Kopf nach hinten oder zur Seite baumelt, das Gewicht des Kopfes auf den Schultern ruht und so leicht die Nackenwirbel verschiebt.

In diesen ersten neun Monaten bewegt sich das Kind mithilfe des Kopfes, der Hände und der Arme, wobei Hände und Arme letztendlich viel vom Körpergewicht tragen. Oft wird diese Zeit verkürzt, indem man es anspornt, seine Beinchen zu gebrauchen. Man stützt es und setzt es aufrecht in Laufhilfen oder Babywippen. Auf diese Weise gelangt das Kind zu früh in die vertikale Position. Man nimmt ihm die Zeit, die es braucht, um die Kontrolle über seine Körperhaltung zu erlangen.[19] Es lernt nicht die natürliche Wahrnehmungs- und Bewegungskoordination, die es in der horizontalen Lage entwickeln sollte.[20] Die tiefe Freude, die das Kind erfährt, wenn es diese archetypischen Entwicklungsschritte selbst geschafft hat, ist die Grundlage für das aufrichtige Selbstwertgefühl, das in pädagogischen Fachkreisen heutzutage viel gepriesen wird.

Es ist tatsächlich ein dramatischer Moment, wenn das ungefähr einjährige Kind all seine Muskeln aus eigener Kraft so beherrscht, dass es seinen Körper im Raum aufrichten und die ersten Schritte auf dieser Erde gehen kann. Das ist eine große Errungenschaft. Der «sich aufrichtende Mensch», der die Schwerkraft überwindet, verkündet die einzigartige Position des Menschen in der gesamten Schöpfung. Er kann sich frei im Raum bewegen, nach rechts, nach links, nach vorn und nach hinten, kann nach oben und nach unten schauen (und bald auch klettern). *Die Schritte, mit denen die aufrechte Position erlangt wird, sind sehr wichtig, wenn der Leib später Fertigkeiten ausbilden soll.* Die spontane Koordination von Knochengerüst, Muskeln und Nerven erlaubt dem heranwachsenden Menschen in der weiteren Folge, mit Gegenständen zu hantieren, seine Sinneseindrücke zu speichern und wiederzugeben, zum Beispiel so, wie es beim Schreiben, Lesen und abstrakten Denken gefordert wird.

Die wichtigsten Schritte zur *räumlichen Orientierung*, um aufrecht im Raum zu stehen, um sich frei zu bewegen und sich im Raum zu Hause zu fühlen, sind das *Robben* (auf dem Bauch liegend streckt das Kind eine Hand nach vorn, schaut ihr nach, drückt sich gleichzeitig mit der inneren Seite und dem großen Zeh des entgegengesetzten Fußes vom Boden ab und wiederholt dies auf der anderen Körperseite) und das *Krabbeln* (das Kind bewegt sich auf Händen und Knien durch den Raum). Beim Robben streckt sich das Kind selbst in die Schwerkraft. Das Krabbeln, zusammen mit dem Robben, erscheint notwendig, um die volle Integration des Zentralnervensystems zu erlangen, das uns unsere körperliche und räumliche Wahrnehmung widerspiegelt (Raumorientierung und Körpergeografie).

Nachdem das Kind die Aufrechte erlangt hat, benutzt es eine Zeit lang wahllos die rechte und die linke Körperseite. Es wiederholt auf einer anderen Stufe das frühere Hin- und Herrollen von der einen auf die andere Seite. Es geht also durch eine vorübergehende Phase der Beidseitigkeit, da die Natur eine Art Schutzwand zwischen der rechten und der linken Körperhälfte errichtet hat. Wir können dies an einem Vierjährigen beobachten, wenn er im Stehen sein Flugzeug fliegen lässt. Erreicht seine Hand die Körpermitte, nimmt er – wie von fremder Hand geführt – die andere Hand, um das Flugzeug weiterfliegen zu lassen. Dies ist die sogenannte vertikale *Mittellinie* (siehe dazu Kapitel 4 und 5), die beide Hände aktiv sein lässt, jede auf ihrer entsprechenden Seite. Auf diese Weise werden beide Hirnhälften angeregt. Während dieser Zeit denken viele Eltern irrtümlich, ihr Kind sei Linkshänder.[21] Oft hilft man den Kindern nicht konsequent genug, die rechte Körperseite beim Ankleiden zuerst zu bedienen, den rechten Arm zuerst in den Ärmel zu stecken, den rechten Schuh zuerst anzuziehen. Viele Kinder werden in dieser Zeit davon irritiert, dass das Wort «recht» auch im Sinne von «richtig» gebraucht wird, und manche bleiben länger als nötig beidseitig. Durch einen Vergleich der einfachen *Dominanzuntersuchung* mit dem *Seitigkeitstest* (siehe Kapitel 4) können wir herausfinden, ob die Kinder später in der Schule wirklich noch beidseitig sind. Diese nicht definierte Seitigkeit ist die Grundlage für eine gekreuzte Dominanz, die Lernfähigkeiten beeinträchtigen kann.

Die *Dominanz*, der bevorzugte Gebrauch einer Körperseite (ein Arm oder Bein, ein Auge und ein Ohr werden präferiert), wird in der Regel im Alter von sechs oder sieben Jahren erlangt, nachdem die vertikale Mittellinie integriert und die Phase der Beidseitigkeit beendet ist. In dieser Zeit gibt es einen Wachstumsschub in der linken Gehirnhälfte. Beide Hälften haben dann ihre übergreifenden und spezialisierten Funktionen entwickelt. Der Mensch kann sie so gebrauchen, wie es seine jeweilige Beschäftigung verlangt. Die Konzentrationsspanne wird nun länger, die Vorstellungskraft im Zusammenhang mit der Sprache entwickelt sich, und echtes soziales Spiel beginnt.

Der letzte Schritt in der Bewegungsentwicklung ist vollzogen, wenn sich «alles» bewegt. Das Wachstum nimmt schnell zu, Arme und Beine erhalten eine harmonische Proportion im Verhältnis zum Rumpf, ähnlich der eines Erwachsenen, der Kopf (früher übergroß im Verhältnis zum restlichen Körper) ruht sicher auf dem jetzt sichtbaren Hals. Das Kind kann seinen Arm über seinen Kopf bewegen und das entgegengesetzte Ohrläppchen berühren – ein Zeichen dafür, dass Seele und Geist die Gliedmaßen durchdrungen haben und diese normal proportioniert wachsen. Die *dreigliedrige Struktur* im Körperbau ist nun sichtbar. Das Kind hat seinen Weg in den physischen Leib hinein gefunden und kann seine Beziehung zu allen Teilbereichen erfahren. Die Körpergeografie ist gereift. Dies kann man daran erkennen, dass das Kind die Dreigliedrigkeit des Körpers in seinen Zeichnungen wiedergibt.[22]

Das Kind hat jetzt von seinem Leib Besitz ergriffen. Dies zeigt sich daran, dass die Milchzähne des Erbleibes abgestoßen werden und stattdessen die eigenen, individualisierten Zähne durchkommen. Um das siebte Lebensjahr herum ist der Leib «schulreif». Die Individualität des Kindes kann nun von ihm erwarten, dass er die Fähigkeiten hervorbringt, die es zum Lernen braucht: Raumorientierung und Körpergeografie, Bewegungskoordination und die Möglichkeit, seine visuelle Wahrnehmung ständig zwischen Zweidimensionalität und Dreidimensionalität wechseln zu lassen. Dies alles sollte unbewusst funktionieren und so dem Kind zur Verfügung stehen.[23]

Diese Faktoren, einschließlich der *Festigung der Dominanz*, entwickeln sich aus den Bewegungserfahrungen des Kindes in Bezug auf seinen eigenen Leib und seine Umgebung. Sie sind die Früchte der ersten sieben Lebensjahre und die Fähigkeiten, auf die der Lehrer zurückgreifen muss, wenn das Kind lernen soll.

Hinweis: Die neuropsychologische Entwicklung, die ich im vorhergehenden Kapitel beschrieben habe, gilt für alle Kinder und bezieht sich auf die Erlangung von Fertigkeiten. Eine Beschreibung der physischen, konstitutionellen und seelischen Entwicklung, von der die verborgenen Fähigkeiten des Individuums abhängen, kann in Büchern wie *Entwicklungsphasen des Kindes* von Bernard Lievegoed und *The Incarnating Child* von Joan Salter nachgelesen werden.[24]

Kapitel 2

Wie durchdringe ich meinen Leib?

‹Wie durchdringe ich meinen Leib?› Dies ist die unausgesprochene Frage, die jedes Kind seinen Eltern und Lehrern stellt. Sie antworten ihm durch ihre eigenen Bewegungen, Gesten und Haltungen. Gewissenhaft ahmt es diese nach, bis sie Teil seiner selbst geworden sind. Wenn man beobachtet, wie ein drei- oder vierjähriges Kind hinter seiner Mutter hergeht, kann man sehen, mit welcher Liebe und inneren Aufmerksamkeit es sein Vorbild wiedergibt. Nun beobachte man im Vergleich dazu eine Gruppe von heimkehrenden Schulkindern. Manche hüpfen auf ihren Ballen, wobei die Fersen selten den Boden berühren, andere stampfen mit Plattfüßen voran. Man sieht Kinder mit Hohlkreuz, eingedrehten Füßen und unrhythmischen Bewegungen. Andere schreiten fest und vertrauensvoll in sicherem Rhythmus daher. Es sind diejenigen, die durch die Kraft ihrer Persönlichkeit allmählich die nachgeahmten Muster umgestalten und zum Ausdruck ihrer noch schlummernden Potenziale machen.

Wenn die Schulkinder noch in nachgeahmten Bewegungen versunken leben und nicht stark genug sind, sich davon zu befreien, passt ihr Körper nicht «wie ein Handschuh», sondern wird eine Last, die sie mit sich herumschleppen müssen. In einem solchen Fall vermitteln uns die diagnostischen Übungen in Kapitel 4 ein Bild der kindlichen Verfassung.

Stretching und Lifting[25]

Wie durchdringen wir unseren Leib? Wir können uns ein Bild davon machen, wenn wir beobachten, wie jemand aufwacht. Plötzlich wissen wir, dass er wach ist. Man hat kaum eine Bewegung wahrgenommen. Er streckt sich, hebt seinen Kopf oder seinen Arm und spricht vielleicht. In diesen Bewegungen, der Abfolge von *Stretching – Lifting – Sprechen* sehen wir, wie ein Erwachsener in seinen Leib schlüpft und ihn ergreift. Im Moment der Geburt sind diese Bewegungen so ineinander verwoben, dass sie eins sind. In den ersten drei Lebensjahren folgen sie einander in festgelegtem Ablauf.[26] Jeden Morgen wiederholen wir in wenigen Sekunden die Errungenschaften unserer ersten drei Lebensjahre.

Sobald das Kind auf dem Rücken liegend seinen Kopf bewegen und seinen Blick lenken kann, dreht es seinen Kopf mithilfe seiner Nackenmuskeln, um zu entdecken, woher die soeben gehörte Stimme seiner Eltern kommt; später streckt es seine Hand aus, um nach dem zu greifen, was es sieht. Durch diese *Stretching-Bewegungen* und die *Greifbewegungen der Hand* koordiniert es die Augen und die Orientierung im Raum; es erweitert seinen Weg in die Welt der Sinneswahrnehmungen in seiner Umgebung. Das Kind ahmt Form und Tätigkeit nach. Dadurch, dass es die Sinneswelt ergreift, gelangt es in die Schwerkraft und erfährt das Gewicht seines physischen Leibes. Die individuellen Reaktionen – Schmerz, Freude, Zweifel, Furcht – spiegeln sich als innere Gesten wider, die in seinem *Lifting*-System festgehalten werden. Jedes Kind hat seinen ganz eigenen, individuellen Moment, in dem es ihm gelingt, die Schwerkraft zu überwinden, aufrecht zu stehen und vorwärts zu gehen. Dies ist eine enorme Willensleistung. Beim Aufrichten, Gehen und Tanzen bezwingt unser Wille das Gewicht unseres physischen Leibes und all das, was seine ererbte Form und die Nachahmung der Umgebung aus ihm gemacht haben. In den *Stretching*-

und Greif-Bewegungen sowie den *Lifting*-Bewegungen erleben wir das Wechselspiel zwischen der Wirkung der Sinneswelt und der darauf reagierenden Willenskapazität des Individuums.[27]

Eine Flut von Sinneseindrücken umgibt das Kind von Geburt an; viele jedoch gehören nicht zur natürlichen Erfahrungswelt eines Kindes[28] – so zum Beispiel die rasche Abfolge von Bildern, die ohne Kontrolle beim Fernsehen[29] und beim Autofahren erscheint und verschwindet. Diese Schwierigkeiten werden noch durch Computer- oder Videospiele verstärkt, die viele Kinder oft unkontrolliert ansehen können, sowie durch Computereinsatz in der Schule oder sogar im Kindergarten.[30] Solche Eindrücke rufen in der Gefühlswelt des Kindes starke Reaktionen hervor; *innere Rückzugsgesten* können das Resultat sein. Diese graben sich allmählich als versteckte Gewohnheitsmuster in das *Lifting*-System ein,[31] in jenen Teil der Muskulatur, der in der Bewegung auf Sinneseindrücke reagiert. Diese innerlich in den Muskeln festgehaltenen Gesten stellen sich dann der Integration der Bewegungen in den Weg. Das Kind fühlt die Frustration seines Willens und versucht, einen Ausweg zu finden – entweder durch geschickte Vermeidungsstrategien oder durch Kompensationsverhalten. Gekreuzte Dominanz, Linksseitigkeit oder Verhaltensprobleme können daraus hervorgehen, bis schließlich Lern- oder Leistungsstörungen die Erwachsenen auf seine Zwangslage aufmerksam machen.

Unser jetziger Lebensstil betont besonders die *Stretching*-Bewegungen; frühes intellektuelles Lernen, das auf der Koordination von Sinneseindrücken und schnellen Reaktionen beruht, wird angespornt. Das Kind, das jedes Stadium seiner Entwicklung selbst erreichen darf, ohne Einmischung von Erwachsenen, die bestrebt sind, ihm dabei zu helfen, bestimmte Meilensteine zu erreichen, ist imstande, allmählich eine Fertigkeit nach der anderen zu erwerben und so die Grundlage für zukünftige Lernpotenziale zu schaffen.[32]

Konvexes und konkaves Spiegeln: Die innere Entsprechung zur Orientierung im Raum

Die urbildliche Abfolge der Bewegungsentwicklung des Kindes ist Teil des Inkarnationsprozesses, der die Raumesdimensionen in vollem Umfang erfahrbar macht. Durch Tast-, Lebens-, Eigenbewegungs- und Gleichgewichtssinn erfährt und verinnerlicht das Kind diese Entwicklung. Werden bestimmte Fertigkeiten zu früh erlangt, ohne dass die Zeit zu ihrer Konsolidierung gegeben ist, beeinträchtigt dies die Entwicklung der räumlichen Beziehungen (Links – Rechts, Oben – Unten, Vorne – Hinten). Der Wille des Kindes sollte aktiv an der inneren Übereinstimmung des *konkaven und konvexen Spiegelns* beteiligt sein. Diese innere Leistung entspricht der äußeren Fähigkeit, sich vollständig im dreidimensionalen Raum zu orientieren. Eine solche Erfahrung der Dimensionen und Ebenen des Raumes wird durch die archetypischen Bewegungen erzielt, die jedes junge Kind unternimmt, wenn ihm genügend Zeit dazu gegeben wird. Für Lehrer ist es wichtig, Aktivitäten einzubeziehen, die dem Kind die Gelegenheit bieten, räumliche Orientierung zu entwickeln, ob nun Kindern diese Entwicklung teilweise fehlt oder nicht. Durch die Übungen in diesem Buch, durch Spiele aus der Waldorfpädagogik und durch Bewegung (Spacial Dynamics) versuchen Lehrer, den Kindern Bewegungserfahrungen zu vermitteln, welche die Entwicklung von Raumesorientierung als Grundlage für zukünftige Lernfähigkeiten unterstützen.[33]

Die Schwierigkeiten mit den *konvexen und konkaven Spiegelungen* sehen wir beim Schreiben, wenn das Kind die Buchstaben auf den Kopf stellt oder dreht. Schauen wir uns einmal an, wie diese Spiegelungen in unserem Alltag aussehen: Wir verwenden *konvexes lineares Spiegeln*, wenn wir einer Person eine Landschaft beschreiben – wir geben die Lagebestimmungen so, wie sie unserem eigenen Bezug zu Rechts und Links entsprechen. So erscheint auch unser Spiegelbild in einem Spiegel oder auf der Rückseite eines blanken Löffels, den wir vor uns halten. Wenn jedoch ein Mensch in der Landschaft einen Korb in seiner rechten Hand hält, dann benennen wir die Hand, in der er den Korb hält, bezogen auf *seinen* Körper, das heißt, hier kreuzen wir unseren Blick: Das ist *konkaves Spiegeln* im dreidimensionalen Raum. Jetzt drehen wir den Löffel um und erleben eine Überraschung: Unsere rechte Hand erscheint auf der linken Seite, die linke rechts, aber wir stehen auf dem Kopf! Die visuelle Willenskraft des Menschen scheint dieses aufgenommene Bild richtig drehen zu können, zumindest im dreidimensionalen Raum. Kehren wir zurück zum zweidimensionalen Raum, das heißt, halten wir den Löffel im rechten Winkel an ein Blatt Papier (zweidimensional), dann entsteht eine noch kompliziertere konkave Situation: Im Zentrum unseres Löffels werden Form und Bewegung wiedergegeben (nicht *gespiegelt*) und erscheinen nicht verkehrt; hier kann man die Wörter ganz genau so lesen, wie sie auf dem Papier geschrieben stehen, aber im gebogenen Teil des Löffels teilt sich eine vertikale Linie plötzlich in Links und Rechts, also in zwei Linien.

Wir sind ständig damit beschäftigt, diese zwei- und dreidimensionalen Spiegelungen, sowohl konvexer als auch konkaver Art, dem Inhalt unseres Seelen- und Gedankenlebens anzupassen, und zwar durch innere Willensbewegung. Als Erwachsene schaffen wir das erfolgreich. Wenn aber das Kind von komplexen Sinneseindrücken überflutet ist und mit deren Verarbeitung zu kämpfen hat, erkennen wir dies daran, dass es nicht imstande ist, die konvexe und die konkave «Willensaktivität» korrekt in den zweidimensionalen Raum zu übertragen. Es stellt die Buchstaben auf den Kopf und kehrt Reihenfolgen um, wie es bei Legasthenie[34] der Fall ist.

Es ist daher sehr bedeutungsvoll, wenn eine Linie senkrecht auf ein Blatt Papier gezeichnet wird; diese Tätigkeit passt sich dem zweidimensionalen Raum an. Es entsteht sofort eine Situation von Links und Rechts. Wenn wir eine horizontale Linie ziehen, teilen wir den Raum in Oben und Unten. Beides sind konvexe Situationen. Wird jedoch die diagonale Linie verwendet, dann kommt die zweifache Natur der konkaven Situation zum Tragen, auf die unsere Willensanstrengung eine persönliche innere Reaktion finden muss – im Gegensatz zu den konvexen Eindrücken, die wir passiver empfangen können. Das Auge kann sich in seiner Augenhöhle von links nach rechts, von oben nach unten und im Kreis bewegen. Dies können wir im Zweidimensionalen wiedergeben. Sollen wir jedoch das Auge auf Nähe und Ferne einstellen, was der Diagonalen im zweidimensionalen Raum entspricht, müssen wir unser Gliedmaßensystem bemühen, um es vorwärts und rückwärts zu bewegen.

Wenn wir die Bewegungsmuster der Kinder, ihren Umgang mit Zeichnen und Malen und ihr Verhältnis zur Bewegung beim Schreiben beobachten, bemerken wir, wie die übermäßige Beanspruchung des *Stretching*-Elementes, das bei der Auseinandersetzung mit äußeren räumlichen Eindrücken zum Tragen kommt, sich so stark in das Lifting-System einzuprägen scheint, dass sich viele natürliche Bewegungen des «Willenselementes» umgekehrt haben.[35]

Die im Folgenden beschriebenen Übungen lassen die korrekten Bewegungen und Richtungen entstehen, wie sie auf der archetypischen Bewegungsbeziehung zwischen Seele und Geist einerseits und Lebensleib und physischem Leib andererseits beruhen; diese Bewegungen und Richtungen beruhen außerdem auf ihrer Beziehung zu den übersinnlichen Bewegungen der Erde selbst. Das Kind entdeckt diese Urbilder durch seine eigene Aktivität und fühlt sich in seiner Identität und seinem Vertrauen gestärkt. Auf dieser Grundlage kann schulisches Lernen reifen.[36]

Kapitel 3
Kinder mit Schwierigkeiten im Schreiben, Lesen und Rechnen

Kinderbesprechung

Jede Woche treffen sich die Lehrer einer Waldorfschule zum Studium der pädagogischen Vorträge Steiners.[37] Sie vermitteln dann ein «Bild» der Kinder in ihren Klassen, nicht nur derjenigen, die ihnen Sorge bereiten, sondern auch solcher, deren Arbeit und Entwicklung dem Lehrer Freude machen. Wenn nicht gerade ein unerwartetes Ereignis eintritt – etwa wenn ein Kind in der Familie einen Unfall oder einen Todesfall erlebt –, wissen die Lehrer jede Woche im Voraus, über welches Kind gesprochen wird, sodass sie es in der Schule beobachten können. Möglicherweise steht ein Klassenfoto zur Verfügung, damit man sich das Kind besser vor Augen führen kann. Der Klassenlehrer oder der Tutor der oberen Klassen bereitet eine kurze Biografie seines Schülers vor und sammelt wichtige Informationen der Fachlehrer. Dies alles stellt er in der Konferenz vor und lässt aktuelle Epochenhefte oder andere interessante Arbeiten des Kindes herumgehen.

Im Idealfall beschreibt danach der Schularzt die Konstitution des Kindes, und andere Lehrer fügen ihre Beobachtungen hinzu. Auf diese Weise werden nach und nach alle Schüler von der Lehrergemeinschaft bewusst wahrgenommen, und es entsteht der seelische Halt, den die Kinder für ihre Entwicklung brauchen. In vielen Fällen kann dies ausreichen, oft zusammen mit medizinischer Unterstützung, um einem Schüler über eine schwierige Phase hinwegzuhelfen. Zum Beispiel wurde ein Junge in der 6. Klasse sehr auffällig und störte ohne äußerlich erkennbare Ursache. Dem Klassenlehrer war eine rötliche Färbung um seine Augen aufgefallen, die nicht wie eine Entzündung aussah, sondern eher so, als ob der Junge geweint hätte. Der Schüler wurde zum Schularzt geschickt.

In der Kinderbesprechung erklärte der Arzt, dass das Herz des Jungen etwas schneller schlug, als es üblich war. Er verschrieb *Aurum* (Gold) in einer bestimmten Potenz und Rosmarinbäder für seine Konstitution. Nach einer kurzen Behandlungsdauer normalisierte sich das Verhalten des Jungen wieder.

Viele Konstitutionsprobleme, wie Asthma oder Verstopfung, kann man mit Heileurythmie sehr gut behandeln,[38] während körperliche und auch seelische Probleme durch künstlerische Aktivitäten und Kunsttherapie gebessert werden können.

Groß- und kleinköpfige Konstitutionstypen

Eine grundlegende Anforderung an Waldorflehrer besteht darin zu beobachten, welche Kinder in ihrer Klasse großköpfig oder kleinköpfig sind. Bei einem Hutspiel kann man sehr schnell herausfinden, welche Kinder zu welcher Kategorie gehören. Ein normaler Kinderhut, der den meisten gut passt, ist viel zu eng für die Großköpfigen und rutscht andererseits den Kleinköpfigen in die Stirn. Dies gibt uns einen Hinweis auf die angeborene Disposition und die Konstitution der Seele im Zusammenhang mit dem Leib. Das großköpfige Kind ist enger mit dem Seelisch-Geistigen verbunden. Das kleinköpfige Kind geht eine stärkere Beziehung mit dem Lebensleib und dem physischen Leib ein. Beide Konstitutionstypen können durch die Stärke oder Schwäche des individuellen Lebensleibes betont oder abgemildert werden. Hier kann sich der Lehrer auf die Erfahrung des Schularztes stützen, um diese subtilen Aspekte der kindlichen Konstitution differenzieren zu können.

Weitere «Konstitutionstypen» werden in Rudolf Steiners *Heilpädagogischem Kurs* beschrieben.[39]

Für unsere Zwecke genügt es festzuhalten, dass ein großköpfiges Kind für gewöhnlich ein reiches Vorstellungsleben hat und im Wesentlichen künstlerisch begabt ist. Es sieht beim Lesen das ganze Wort, aber bemerkt die einzelnen Buchstaben nicht, weswegen ihm das Buchstabieren eher schwerfällt. Das kleinköpfige Kind verfügt über mehr logisches Denken und ist möglicherweise praktisch veranlagt und geschickt mit seinen Gliedmaßen. Es bemerkt die Details und kann buchstabieren, aber versteht manchmal den Inhalt dessen, was es liest, nicht so schnell. Daraus ist leicht ersichtlich, dass bei einem zu starken oder zu schwachen Sich-Verbinden des Seelisch-Geistigen mit dem Physisch-Ätherischen das normale Gleichgewicht dieser beiden Konstitutionstypen gestört wird und Lernprobleme entstehen können. Bei beiden Kindertypen zeigt sich an der Art, wie sie schreiben, ob sie motorische Probleme haben. Die Buchstaben des großköpfigen Kindes bleiben möglicherweise groß, schlecht platziert und etwas «zittrig» in ihrer Ausführung. Das kleinköpfige Kind tendiert eher dazu, seine Buchstaben dicht aneinanderzureihen; es benutzt kleine Buchstaben, und das Schreiben fällt ihm leicht, doch es drückt dabei den Stift zu fest auf das Papier.

Wenn Buchstaben verdreht und Worte eigenartig buchstabiert werden, dann ist die Abfolge der konkaven und konvexen Spiegelungen gestört.

Beide Kindertypen zeigen dabei die klassischen legasthenen Symptome: Verdrehen der Buchstaben und Mühe, die Laute den Symbolen zuzuordnen.[40]

Weitere Faktoren

Was dieses Bild des gestörten Einatmungsprozesses zwischen Geistseele und physischem Leib sowie Lebensleib noch weiter verkompliziert, sind Druck aus der Umgebung, schwierige Familienverhältnisse, gestörte Eltern-Kind- und Geschwister-Beziehungen. Emotionale Probleme können dann das Lernen zusätzlich beeinträchtigen.

Ein weiterer Faktor, der in der Gesamtsituation eine Rolle spielt, sind die unvollendeten Entwicklungsstufen des ersten Jahrsiebts. Vor allem noch vorhandene unreife Bewegungsmuster (frühkindliche Reflexe) und eine nicht überwundene Beidseitigkeit[41] beeinträchtigen die Körperhaltung und das Schreiben sehr. Meine Erfahrung ist, dass bei all den verschiedenen Symptomen, auf die man stoßen kann, häufig vor allem die letzte Entwicklungsstufe des ersten Jahrsiebts nicht ausreichend abgeschlossen ist, nämlich das *Einprägen des Körperschemas* (Körpergeografie) und der Erwerb der *räumlichen Orientierungsfähigkeit.*[42] Beide sind nötig, um eine ausreichend feste Selbstidentifikation aufzubauen, die so wesentlich für das Lernen ist und später dafür sorgt, dass die Neunjahreskrise harmonisch bewältigt werden kann.

Beobachtungen im Klassenzimmer

Wenn wir an einem Kind im Klassenraum eine der folgenden Auffälligkeiten beobachten, dann sollten wir es genauer untersuchen, um ihm besondere Hilfen für seine Schwierigkeiten geben zu können:

- Ein Kind ist ständig in Bewegung und stört die Klasse unaufhörlich.
- Es steht hilflos auf dem Hof herum und lässt zu, dass andere es anrempeln.
- Es stolpert und lässt Dinge fallen.

- Es rennt wild herum, stößt mit anderen Kindern zusammen, spielt aber nie mit ihnen.
- Es spielt lieber mit viel jüngeren Kindern.
- Es hat Mühe, einen Ball zu fangen.
- Es stottert, lässt Silben aus oder wiederholt sie.
- Es kann keine Sätze bilden, und es fehlen ihm die Worte, die es braucht.
- Es schreibt unsauber und hält seinen Stift verkrampft.

All diese Beobachtungen sind Symptome, die mit Schwierigkeiten bei der Koordination seiner Bewegungen und der räumlichen Orientierung zu tun haben und gewöhnlich aufgrund nicht abgeschlossener Entwicklung des ersten Jahrsiebts auftreten. Sie bedürfen der sofortigen Beachtung, bevor in Folge davon eine weitere Problematik auftritt. (Das Kind sagt dann oft über sich: «Ich bin doch dumm.»)

Die einfachste Möglichkeit der Diagnose ist: zu beobachten, welche Kinder in der Klasse ihren Stift mit der linken Hand aufnehmen und in die rechte übergeben, um damit zu schreiben. Sie haben bereits Mühe mit ihrer Körpergeografie und der räumlichen Orientierung. Auch solche Kinder – ebenso wie die oben erwähnten – brauchen sofort Hilfe, damit Fähigkeiten sich auf normale Weise ausbilden können.

Diese Kinder werden oft von der Lehrerkonferenz zum Förderlehrer geschickt. Deshalb wurde die folgende Stunde entwickelt; sie stellt dem Schüler eine Reihe von «Fragen», die sich auf seine Entwicklung im ersten Jahrsiebt und die damit zusammenhängenden Lerngrundlagen beziehen.

Kapitel 4
Die erste Extrastunde

Einleitung

Eine gute Auge-Hand-Koordination, die auf rhythmischer, integrierter Bewegung basiert, bildet die Grundlage des Schreibens. Aus den neuesten Erkenntnissen der Forschung wissen wir, dass sich das Lesen in winzigen Pausen zwischen den raschen Augenbewegungen ereignet. In diesen Momenten werden die Buchstabenformen, die durch die Bewegungen der Augen nachvollzogen werden, festgehalten und gedanklich aufgenommen.[43] An diesem Bewegungsprozess ist der gesamte Körper einschließlich der Nervenzellen und Muskeln beteiligt. Dabei spielen die Synapsen zwischen den Nervenenden eine wichtige Rolle. Die Spiegelungstätigkeit zwischen physischem Leib, Lebensleib und den das Bewusstsein tragenden Leibern (Astralleib und Ich) ist Ausdruck dieser Interaktionen. Wir müssen uns ein Bild davon machen, ob das Kind diese subtilen Abläufe beherrscht und wie sehr es sich darin heimisch fühlt.

Aus diesem Grund ist die *erste Extrastunde* als eine Reihe von «Fragen» an das Kind aufgebaut. So untersuchen wir den Schüler hinsichtlich seiner Links-Rechts-Koordination, wenn wir ihn bitten, uns folgende Bewegungen nachzumachen: Wir werfen ein Säckchen mit einer Hand hoch, während ein zweites Säckchen mit der anderen Hand in die jetzt leere Hand übergeben wird. Wir beobachten, ob der Schüler diese Bewegungsabfolge einige Male hintereinander durchführen kann (siehe die Übung zur Links-Rechts-Integration, S. 95f.). Mit anderen Übungen «befragen» wir den Schüler, ob er das Spiegeln beherrscht (siehe die Übung zum konvexen und konkaven Spiegeln, S. 71ff.), was für einen Neunjährigen angemessen ist, und ob er den Raum ergreift (siehe Seitigkeitstest und Farbneigung der Augen, S. 60ff. und 73 ff.). Es folgen subtile «Fragen» nach Auge-, Hand- und Sprachkoordination (siehe die Übung S. 58f.) und der Integration des posturalen Systems (des Eigenbewegungs- und Gleichgewichtssinns), auf die wir zum Beispiel im Seitigkeitstest eine Antwort finden (S. 60ff.).

So viel wie möglich geht die Lehrerin so vor, dass sie das Kind *einlädt, sie zu imitieren.* Das bedeutet, dass *sie mit den Übungen gründlich vertraut ist und imstande sein muss, sie korrekt auszuführen.* Da Schüler die Tendenz haben, unbewusst nachzuahmen, muss sich die Förderlehrerin jeder Einzelheit der demonstrierten Übung bewusst sein, einschließlich Atmung, Augenbewegungen und Positionierung der Füße während der Übungen. Die Lehrerin verwendet dem Alter des Schülers angemessene Bilder, gibt aber insgesamt möglichst wenig verbale Anweisungen oder Erklärungen zur Ausführung der Übungen. Die meisten Handlungen des Schülers bleiben unkommentiert. Versteht der Schüler eine Anweisung falsch, versucht die Lehrerin, die Übung mit Fantasie, durch ein anderes Bild, erneut zu demonstrieren. Auf diese Weise erweitert sich die Untersuchung zu einer unterstützenden Förderstunde. Mit Ausnahme des Kreuztests (S. 44ff.) und der Farbneigungsübung (S. 73ff.) enthalten *alle anderen Übungen zugleich ein therapeutisches Element* und können in einer regulären Förderstunde eingesetzt werden.

Unser Ziel ist es, dass das jüngere Kind die Stunde mit dem Gefühl verlässt, etwas erreicht und eigene, bislang unbekannte Fähigkeiten entdeckt zu haben. Es sollte Interesse verspüren, sich weitere Fähigkeiten durch Üben anzueignen. Der ältere Schüler sollte merken, dass seine «Schwierigkeiten» erkannt worden sind und ihm in der Extrastunde geholfen wird. Die Lehrerin erhält ein Bild vom Wesen und der Geschicklichkeit des Kindes in Zusammenhang mit seiner Entwicklung im ersten Jahrsiebt. Diese Wahrnehmungen können die wöchentlichen Kinderbesprechungen bereichern.

Ursprünglich richtete sich der Aufbau dieser ersten Extrastunde an

Kinder ab dem elften Lebensjahr. Heutzutage erkennt man potenzielle oder schon manifeste Lern- oder Verhaltensprobleme früher. Daher wird für einige der «Fragen» und für die allgemeinen Übungen das entsprechende Alter angegeben. Alle Übungen können auf jeden Fall ab elf Jahren bis einschließlich des Erwachsenenalters durchgeführt werden. Beratungen im Rahmen von Kinderbesprechungen können therapeutische Unterstützung nahelegen, vornehmlich Heileurythmie oder Kunsttherapie (nach Hauschka), die blockweise entweder gleichzeitig oder abwechselnd mit der Extrastunde durchgeführt werden. Der anthroposophische Arzt sollte sicher hinzugezogen werden. In manchen Fällen sind auch rhythmische Massagen (nach Hauschka), Chirophonetik, anthroposophische Sprachtherapie, Sehschule, Craniosacrale Therapie, Musiktherapie oder Spieltherapie sinnvoll oder in Verbindung mit der Extrastundenförderung ratsam.[44]

Diagnostische Übungen: Verfahren, Beobachtungen, Auswertungen und Empfehlungen

Die vielen im Folgenden beschriebenen Aktivitäten sollten, je nach Ermessen der Lehrerin und den Neigungen des Schülers, flexibel eingesetzt werden. Die unter III. bis XIII. beschriebenen Bewegungsübungen sind als Einstieg möglicherweise am geeignetsten.

I. Kreuztest (ab 7 Jahren)

Die Lehrerin kann die Arbeitsweise des Schülers am besten beobachten, wenn sie links vom Rechtshänder und rechts vom Linkshänder sitzt. Während der Stunde bittet sie das Kind zu gegebener Zeit, etwas zu schreiben, ohne dass es wie eine Anweisung wirkt. Ein guter Zeitpunkt dafür ist, wenn das Kind gerade einige der Bewegungsübungen ausgeführt hat. Zuerst bittet sie es, ein Kreuz zu zeichnen, wie unten beschrieben.

Die Lehrerin legt ein loses DIN-A4-Blatt horizontal vor den Schüler und bittet ihn um Folgendes:

1. «Ziehe eine Linie in der Mitte des Blattes von oben nach unten.»
2. «Zeichne auf eine der beiden Seiten ein Kreuz, wohin du magst.»

Beobachtungen

Der Schüler könnte fragen, was für ein Kreuz er malen soll. Er darf es frei wählen. Die Lehrerin beobachtet, ob die Armbewegungen unabhängig von Schulter-, Rumpf- und Kopfbewegungen ausgeführt werden oder ob sich das Kind mit dem gesamten Oberkörper nach hinten bewegt, um die Linie zu ziehen und dabei den Arm nah an seiner Seite hält. Es kann sogar seinen Kopf herunter und/oder zur Seite fallen lassen, wenn es mit der Linie ans Ende der Seite gelangt. Dies zeigt, wie sehr sein Kopf mit den Hand- und Armbewegungen verbunden ist. Der Grund hierfür sind manchmal die Augenbewegungen, die noch nicht frei genug sind; es kann sich auch um beibehaltene unreife Bewegungsmuster handeln.[45] Müssen beim Zeichnen der Linie Kopf und Rumpf mitbewegt werden, sind strukturelle Schwierigkeiten zu vermuten; das gilt besonders, wenn es weitere Anzeichen dafür in anderen Übungen gibt.[46]

Wenn die Lehrerin das Kind bittet, das Blatt Papier mit einer vertikalen Linie zu teilen, kommt das Verhältnis des Schülers zwischen Links und Rechts zum Vorschein. Auf welche Seite malt er sein Kreuz? Malt er es auf die linke Seite, deutet dies darauf hin, dass er das, was er tut (Bewegung), mit dem, was er wahrnimmt, in Beziehung setzen kann. Malt er das Kreuz auf die rechte Seite, hat er in dieser Hinsicht möglicherweise Schwierigkeiten; er hat vielleicht Konzentrationslücken, «Aussetzer», die ihn unter Umständen mehr frustrieren als andere Kinder. All das bezieht sich auf das rechtshändige Kind; ob es auch auf Linkshänder zutrifft, ist noch nicht sicher.

Warum soll das Kind ein Kreuz zeichnen? Wenn das kleine Kind im allerersten Malstadium auf das Papier kritzelt und zeichnet, drückt es damit die in ihm wirksamen Kräfte aus, aus denen sein Bewusstsein erwächst. Verfolgen wir die Dynamik der ersten Kinderzeichnungen, sehen wir folgende Entwicklung: «Vom ersten Wirbelknäuel bis zur Kreisform, vom ersten sich verwebenden Pendeln bis zur Kreuzung sind wir den zeichnerischen Spuren gefolgt. Es ist ein Weg vom freirhythmisch Schwingenden bis zum abstrakt Geometrischen, vom strömend Werdenden bis zum zaghaft Geformten ... [dann] setzt es den Punkt in den Kreis ein und erweitert das Kreuz zum Stern.»[47] Das Symbol des Kreuzes dokumentiert das Verhältnis des Kindes zu den Raumesrichtungen.

Das im obigen Zitat erwähnte «Sternstadium» zeigt sich im vertikalen und im diagonalen Kreuz. Später, wenn die ersten Häuser gezeichnet werden, treten diese Sternformen getrennt auf. In den Fenstern erscheint zuerst ein diagonales Kreuz (das Andreaskreuz, verbunden mit dem Wässrigen und dem Ätherischen). Hier werden die Lebensprozesse durch das erwachende Bewusstsein ergriffen. Danach nimmt das vertikale Kreuz (Georgskreuz) diesen Platz ein. So zeigt sich uns die nächste Entwicklungsstufe innerhalb des «Hauses», in der das Bewusstsein für den strukturellen Leib entsteht, dessen Skelett, Muskeln und Nerven uns aufrecht (vertikal) halten.

Um das siebte Lebensjahr herum nimmt sich die Dynamik der Bildekräfte, die bis dahin auf die Physiologie einwirkte, zurück. Wir können anhand des vom Kind ausgewählten Kreuzes sehen, wo das Zentrum seines Bewusstseins tiefer verankert ist. Das vertikale Kreuz sagt uns, dass sein visuelles Vermögen, sich zwischen Links und Rechts, Oben und Unten zu orientieren, stark ist; es kann den dreidimensionalen Raum erleben. Dieses Kind ist in seinem strukturellen physischen Leib zu Hause und zeigt schnelle Bewegungsreaktionen auf Sinneseindrücke. Die Wahl des diagonalen Kreuzes dagegen bedeutet, dass das Kind noch in den Lebensprozessen zurückgehalten wird – im konstitutionellen physischen Leib.[48] Es ist stärker in der Zweidimensionalität des Raumes zu Hause (zum Beispiel in der Beziehung zwischen Oben und Unten) und reagiert langsamer auf seine Wahrnehmungen.

Bei näherer Betrachtung ist das rechtshändige Kind, das auf die linke Blatthälfte ein vertikales Kreuz zeichnet, schnell genug, einen fallenden Gegenstand zu fangen, erkennt aber eventuell die Ursache des Falls nicht. Sein Seelisch-Geistiges integriert sich harmonisch in seinen Ätherleib und physischen Leib. Wird das diagonale Kreuz auf die linke Seite gezeichnet, sieht das Kind das Geschehen und kann es auch erklären, ist aber vermutlich nicht schnell genug, um ohne große Willensanstrengung einzugreifen. Sein Seelisch-Geistiges ist nicht imstande, seinen physischen Leib völlig zu durchdringen. Das innerliche Einprägen (siehe Einleitung) erreicht den Ätherleib, aber nicht den physischen Leib. Dafür können karmische, erbliche oder konstitutionelle Zusammenhänge verantwortlich sein.

Viele unserer Förderschüler setzen das Kreuz ihrer Wahl wahrscheinlich auf die rechte Seite. Dies zeigt, dass Hindernisse, die aus ihrem Organismus kommen, den Weg von der Sinneswahrnehmung zur Bewegung blockieren. Wir können sehr froh sein, wenn ein Kind endlich die linke Seite wählt. Unsere Arbeit hat dann gewirkt. Sehr selten ändert sich dagegen die Art des Kreuzes.

Zeichnet das Kind bei diesem Test das Kreuz auffälligerweise so, dass es eine Linie quer über die das Blatt in eine linke und eine rechte Hälfte teilende Vertikale malt, kann sich die Entwicklung langsam vollziehen und als schwierig erweisen. Bei bestimmten Anamnesen dürfen wir physiologische Schäden vermuten.

Wie auch alle anderen Aktivitäten in dieser ersten Extrastunde, sollte man den Kreuztest nicht isoliert betrachten. Er muss zu den anderen Ergebnissen der Stunde in Beziehung gesetzt werden. Sie bestätigen dann, was wir im Kreuztest finden.

II. Schreiben

Zum Schreiben werden Wörter verwendet, die das Kind gelassen aufnehmen kann; die Lehrerin bittet es, mit ihr zusammen etwas zu schreiben, anstatt es allein zum Schreiben aufzufordern. Das Kind soll sich gehalten fühlen und nicht in Zugzwang geraten.

Sie bittet den Schüler, auf derselben Seite, auf der auch der Kreuztest durchgeführt wurde, Folgendes zu schreiben:

1. den eigenen Namen in die rechte untere Ecke des Blattes mit ausreichend Platz für ...
2. ... das Datum des Tages unterhalb des Namens
3. ... die eigene Adresse; dies gilt für ältere Schüler ab der 4. Klasse
4. Nun kann die Lehrerin den Schüler bitten, in Schreibschrift einige Wörter auf die noch freien Stellen zu schreiben (in Druckschrift, falls er noch keine Schreibschrift kann).
5. Nachdem sie den Schüler gefragt hat, ob er gerne rechnet, gibt sie ihm ein paar Aufgaben zu lösen.

Beobachtungen

1. Zum Schreiben des Namens: Wir deuten auf die rechte Ecke, wenn wir sehen, dass der Schüler nicht weiß, wo rechts ist – das ist bereits eine wichtige Beobachtung. Die meisten Kinder können ihren Vornamen schreiben; viele können ihren Nachnamen nicht buchstabieren. Wir beachten, ob der Schüler in seinem Namen Buchstaben vertauscht und ob er sie von unten nach oben schreibt. Passt sein ganzer Name auf die Seite oder hat er sich im Platz für Name und Datum verschätzt? Auf diese Weise erhalten wir ein Bild seiner Beziehung zum zweidimensionalen Raum.
2. Zum Schreiben des Datums: Sehr wenige Kinder, die für Förderstunden angemeldet sind, scheinen das Datum zu kennen, geschweige denn, dass sie es schreiben können. Es hat den Anschein, dass heutzutage sowohl Kinder aus der Stadt als auch Kinder vom

Land diese Verbindung mit den Veränderungen in Zeit und Jahreszeit verloren haben.

3. Zum Schreiben der Adresse: Einige ältere Kinder können vermutlich diese Aufgabe erfüllen. Die Lehrerin beobachtet den Gesichtsausdruck des Kindes: Wirkt es ängstlich oder verzieht es grimmig den Mund? Sie ist darauf vorbereitet, dem Kind zu helfen, wenn es nicht mehr weiterweiß. Auf diese Weise erfährt sie mehr über sein Schriftbild. Sie beobachtet, wie der Schüler seine Buchstaben formt, ob er in Schreibschrift oder in kleinen oder großen Druckbuchstaben schreibt (oder einer Mischung davon). Welche Form haben seine Druckbuchstaben? Vertauscht er Buchstaben oder schreibt er sie von unten nach oben? Schreibt und verbindet er die Buchstaben in Schreibschrift richtig?
4. Zur Schreibschrift: Die Lehrerin achtet wieder auf die Buchstabenanordnung. Sie schaut nach vertauschten und auf den Kopf gestellten Buchstaben. Kann der Schüler kurz gesprochene Vokale und Konsonantenhäufungen hören (auditive Verarbeitung/Gedächtnis)?[49]
5. Schwierigkeiten in Mathematik: Zögert der Schüler, gibt die Lehrerin ihm leichtere Aufgaben. Sie ist darauf vorbereitet, ihm zu helfen, und beobachtet genau, wie er rechnet: Kennt er das Einmaleins? Rechnet er noch mit den Fingern? Wie schreibt er seine Zahlen? Vertauscht er sie, oder schreibt er sie von unten nach oben?

Bei all den oben beschriebenen Tätigkeiten beobachtet die Lehrerin die Stifthaltung: Hält der Schüler den Stift verkrampft? Drückt er ihn fest auf das Papier? Sind Finger und Daumen in einer unbequemen Position? Sind Zunge und/oder Unterkiefer des Schülers beim Schreiben in Bewegung? Dies ist ein Zeichen für Konzentration und Anstrengung, welche die Aufgabe ihm abverlangt. Bei einer entspannten, koordinierten und ausgereiften Stifthaltung liegen die Enden von Daumen und Zeigefinger einander gegenüber, der Zeigefinger liegt auf der Ober-

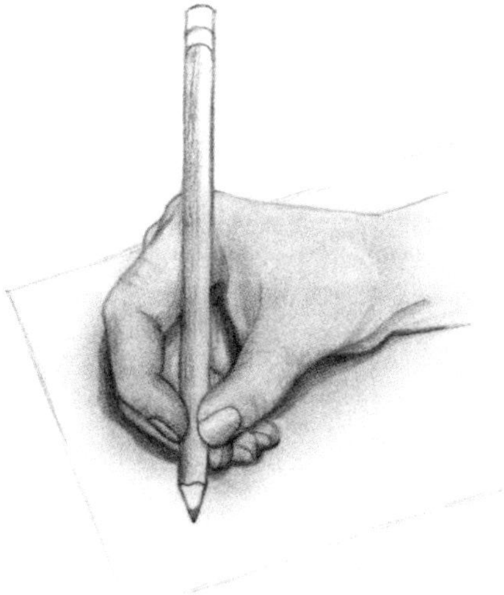

Abb. 1: Hand mit Stift

seite des Stiftes, unterstützt vom seitlichen Endglied des Mittelfingers unterhalb des Stiftes. Die beiden Gelenke des Zeigefingers sind leicht gebeugt, oder das Fingerendgelenk ist gerade (nicht überstreckt), während das Mittelgelenk sanft gebeugt ist. Der kleine Finger und der Ringfinger dienen der Hand als feste Stütze auf der Schreibfläche. Der obere Teil des Stiftes ruht an der Basis des Zeigefingers, nahe dem Grundgelenk (siehe S. 180f. und Abbildung 1). Mit dieser Haltung kann die Hand entspannt auf der Handkante ruhen, und ausgewogene fein- und grobmotorische Bewegungen sind dadurch möglich.[50]

Durch die Art, wie der Schüler schreibt und rechnet, erhalten wir ein Bild davon, in welcher Form er unterstützt werden muss. Die Übungen dieses Buches helfen jenen Kindern in ihrer Entwicklung, die den Stift umständlich halten, Mühe beim Schreiben von Buchstaben und Zahlen haben und wenig Bewusstsein für die Einteilung einer Blattseite (und damit für den zweidimensionalen Raum) haben. Die Übungen zur Körpergeografie und zur Raumesorientierung sind besonders hilfreich. Alle Malübungen sind vor allem für Kinder mit den genannten Schwierigkeiten geeignet, ebenso wie die altersentsprechenden Formenzeichenübungen. Je nach weiteren Schwierigkeiten, die das Kind in der ersten Förderstunde oder in Folgestunden zeigt, werden die Übungen dem Alter des Kindes gemäß eingesetzt. Jedes Kind mit Problemen in der Feinmotorik würde davon profitieren, wenn es täglich in Kunst und Handwerk, in Fingerspiele ebenso wie in Tätigkeiten und häusliche Pflichten eingebunden wäre, die mit den Händen ausgeführt werden – sowohl zu Hause als auch in Schule und Garten (siehe dazu Kapitel 5).

Rudolf Steiner empfahl für Kinder mit Schreibschwierigkeiten auch das Fußschreiben (mit der dominanten Seite).[51] Das Zuhören mit verbundenen Augen im Rahmen einer Übung hilft Kindern mit Hörverarbeitungs- und Gedächtnisstörungen.

In der ersten Extrastunde verwenden wir die im Folgenden beschriebenen Übungen, um festzustellen, ob die Entwicklungsstadien des Kindes im Laufe des ersten Jahrsiebts abgeschlossen sind. Viele dieser Aktivitäten – vor allem diejenigen, die auch therapeutisch wirksam sind – werden in den darauffolgenden Extrastunden und ebenso im Schulaufnahmeverfahren sowie in Klassensituationen angewandt. Es ist wesentlich, dass die Lehrerin die Übungen in korrekter Weise, genau wie angegeben, demonstriert. Dies schließt den Einsatz der Stimme, die Körperhaltung, die Position der Füße, die Bewegung der Augen und Gelassenheit bei der Durchführung mit ein.

III. «Einfache» Dominanz

Dominanz ist der Fachbegriff für den bevorzugten Gebrauch einer Körperseite. Die meisten von uns wählen die rechte Seite. Wir sind normalerweise im rechten Auge, im rechten Ohr, der rechten Hand und dem rechten Fuß oder Bein dominant. Zum Zeitpunkt der Geburt sind wir beidseitig. Die Dominanz reift gewöhnlich langsam und auf natürliche Weise heran (siehe Kapitel 2). Bei achtlosem Umgang, subtiler struktureller Fehlausrichtung aufgrund leichter Verletzungen oder bei Reizüberflutung ist es möglich, dass sich eine gesunde Rechtsdominanz auf die andere Seite verlagert. Zum Beispiel kann so die Dominanz vom rechten zum linken Auge oder vom rechten zum linken Fuß wechseln. Linkshändigkeit ist ein drastischer Dominanzwechsel, der mit einer rechten Dominanz in Auge oder Fuß noch zusätzlich erschwert werden kann. Im Zusammenhang mit Lese-Rechtschreib-Problemen trifft man oft auf eine gekreuzte Dominanz.

Wenn das Kind Rechtshänder ist, können wir ihm helfen, die Dominanz vom linken Auge oder vom linken Fuß auf die rechte Seite zu verlagern. Das Gleiche gilt für Linkshänder. Eingriffe in die Dominanz dürfen aber nur unter entsprechender ärztlicher Begleitung stattfinden und müssen mit den Eltern abgesprochen werden.[52]

A. **Überprüfen der Handdominanz** (ab 7 Jahren)

Beobachtungen

Welche Hand verwendet der Schüler zum Schreiben und Zeichnen? Welches ist die bevorzugte Hand für sämtliche Übungen der ersten Extrastunde? Welche Hand nimmt am Anfang den Stift bzw. die Wachsmalkreide, das Fernrohr, die Perlen auf, welche wirft das Bohnensäckchen oder den Ball und welche wird zuerst bei weiteren Tätigkeiten verwendet?

Wechselt der Schüler die Hände, fragen wir ihn, welche Hand er zum Zähneputzen, Essen und Kämmen verwendet. Wird keine Hand besonders bevorzugt, bitten wir die Eltern oder den Klassenlehrer, den Schüler daraufhin eine Woche lang in alltäglichen Situationen zu beobachten.

Manchmal benutzt ein Schüler ausschließlich eine Hand; die andere bleibt passiv und wird nicht einmal als «Helferhand» eingesetzt. Diese «Vernachlässigung» einer Hand sollte ebenfalls beachtet werden;

möglicherweise hat der Schüler ein mit Schulter, Schädel, Nacken oder Wirbelsäule zusammenhängendes Trauma erlitten.

Ist der Schüler beidseitig (eine Dominanz hat sich noch nicht eingestellt), könnte man ihn dazu bringen, mit der rechten Hand zu schreiben. Die Übungen der Extrastunde helfen ihm dabei. Er würde auch von medizinischer Behandlung auf anthroposophischer Grundlage und von Heileurythmie profitieren.

Wenn bei dem Schüler eine Unfallgeschichte (auch scheinbar leichte Stürze gehören dazu) oder ein Geburtstrauma vorliegt, kann die Behandlung durch einen Osteopathen (Craniosacrale Therapie) empfohlen werden. Zur Umschulung des Bewegungssystems in Verbindung mit dieser Therapie sind altersentsprechende Übungen aus diesem Buch notwendig.

B. Überprüfen der Augendominanz (ab 7 Jahren)

1. Wenn die Augendominanz eines Kindes untersucht wird, bittet die Lehrerin es zuerst, ein zusammengerolltes Papier als «Fernrohr» zu benutzen und durch diese Röhre ein Bild zu betrachten (oder aus dem Fenster zu schauen) und zu beschreiben, was es sieht.
2. Sie bittet es, auch mit dem anderen Auge durch diese Röhre zu schauen. Sieht es dann genauso viel?
3. Um das dominante Auge erneut festzustellen, lässt die Lehrerin das Kind durch ein kleines Loch in einer Postkarte (oder einem Blatt) auf eine Münze schauen, die vor ihm auf dem Tisch liegt. Es soll die Postkarte auf sein Auge zubewegen und dabei die Münze nicht aus dem Blick verlieren.
4. Die Lehrerin bittet den Schüler außerdem, jeweils ein Auge zu schließen.

Beobachtungen

1. Mit welcher Hand greift der Schüler nach dem Fernrohr? Zu welchem Auge wird es geführt?

Ausgereifte Dominanz: Die rechte Hand geht zum rechten Auge, oder die linke Hand geht zum linken Auge.
Gekreuzte Dominanz: Die rechte Hand geht zum linken Auge, oder die linke Hand geht zum rechten Auge.

2. Die Lehrerin beobachtet, wie der Schüler das Fernrohr wechselt. Hält er es mit derselben Hand gleich ans andere Auge, oder nimmt er es zuerst in die andere Hand?
3. Beim Hochnehmen der Karte zögert der Schüler gewöhnlich ab einem bestimmten Abstand, bevor er die Karte zum dominanten Auge führt.
4. Die Lehrerin beobachtet, ob er seine Hand dazu benutzt, ein Auge zu schließen, oder ob er jedes Auge einzeln muskulär schließen kann. Wenn das Kind nur ein Auge muskulär schließen kann, achtet sie darauf, um welches Auge es sich dabei handelt. Dies kann möglicherweise das dominante Auge sein. Wenn es ein Kind nicht schafft, ein Auge offen zu halten und gleichzeitig das andere zu schließen, zeigt sie ihm folgende Übung: Ein Finger wird sehr leicht auf das geschlossene Lid gelegt, während das andere Auge geöffnet ist; allmählich lässt der Druck durch den Finger nach, bis die Fähigkeit erworben ist, das jeweilige Auge willentlich zu schließen.

Manche Kinder scheinen nicht zu bemerken, dass sie zwei Augen haben. Wenn sie durch das Fernrohr oder das Loch in der Karte schauen sollen, halten sie es an die Nasenwurzel und reißen beide Augen weit auf. Dies zeigt, dass sie die Unabhängigkeit beider Augen noch nicht realisieren, also noch auf einer früheren Entwicklungsstufe verharren.[53]

Mit diesen Kindern sollte der Einatmungsprozess gestärkt werden, und zwar durch spielerische Übungen, bei denen es aufs Zielen ankommt: Kegeln, Ringe über einen Stab oder Säckchen in einen Korb werfen. Hilft das nicht, so kann der Schularzt heileurythmische Augenübungen verschreiben.

C. Überprüfen der Ohrdominanz (ab 7 Jahren)

Eine wunderschöne Muschelschale liegt genau vor dem Schüler. Er wird um Folgendes gebeten:

1. Nimm die Muschel und lausche der «Meeresbrise».
   Wenn ein Rechtshänder die Muschel an sein linkes Ohr führt oder sonstige Situationen auftreten, die gekreuzte Dominanz vermuten lassen, stellt die Lehrerin eine Uhr direkt vor den Schüler hin. Dann bittet sie ihn:
2. Nimm die Uhr und höre zu, wie sie tickt.
   Falls nötig, gibt es noch zwei weitere Möglichkeiten, die Präferenz eines Ohres in der ersten Förderstunde herauszufinden:
3. Der Schüler legt sein Ohr auf den Tisch und horcht auf die Rhythmen, die leise auf die Unterseite des Tisches geklopft werden.
4. Der Schüler steht einige Meter weit weg und lauscht mit einem der Lehrerin zugewandten Ohr ihren geflüsterten Worten.

Beobachtungen

Wählt der Schüler immer wieder das Ohr auf der nichtdominanten Seite oder wechselt er zwischen beiden Ohren hin und her, sollte sein Gehör auf Funktionalität überprüft werden. Manchmal hört das Kind aufgrund von Allergien oder Ohrenentzündungen nur zeitweise. Dieses unregelmäßige Hören kann unerkannt bleiben, und dem Kind, das scheinbar «eine Pause macht», entgeht teilweise, worüber gesprochen wird.

Kinder, die in der Testsituation klärende Fragen stellen oder die Anweisungen für sich wiederholen, hissen damit gewissermaßen die rote Flagge. Sie zeigen möglicherweise Unregelmäßigkeiten in ihrer Sprache, werden schnell durch den sie umgebenden Lärm gestört (Verkehrslärm, Brummen von Maschinen im Hintergrund, Stühle, die über den Boden geschoben werden), haben Schwierigkeiten damit, sich auf die hohe Stimme der Lehrerin einzustellen, und können gewöhnlich eine Reihe von Anweisungen nicht richtig umsetzen. Manche haben sogar unbewusst gelernt, von den Lippen zu lesen und dadurch ihr unterbrochenes Hören zu kompensieren. Einem Kind, das nur in Intervallen hört, geht es ähnlich wie einem Kind, das eine Woche im Unterricht fehlte; es versäumt richtig viel.

Falls nicht bereits durchgeführt, wird ein professioneller Hörtest empfohlen. Leider finden diese Tests möglicherweise dann statt, wenn das Gehör einwandfrei funktioniert. Zu einer anderen Tageszeit wiederum, etwa wenn sich Allergien verschlimmern, hört das Kind wieder schlechter.

Sprachübungen, Summen, Nachsingen, Spielen einer Blockflöte und anderer Instrumente sind wertvolle Erfahrungen für solche Kinder.

Weitere Vorschläge zur Verbesserung der Hörfähigkeit sind: Hörspiele (besonders mit verbundenen Augen), das wiederholte Klatschen, Klopfen, Schnippen, Stampfen von Rhythmen mit geschlossenen Augen und das Warten darauf, eine Reihe von Instruktionen zur Körpergeografie ausführen zu dürfen, bis das «magische Signal» ertönt (siehe Kapitel 5, Übungen zur Körpergeografie). Toneurythmie, Musiktherapie, anthroposophische Sprachtherapie und Chirophonetik sind ebenfalls sinnvolle Maßnahmen.[54]

D. Überprüfen der Fußdominanz (ab 7 Jahren)

1. Die Lehrerin bittet das Kind, auf einem Bein zu stehen.
2. Dabei kann schon eine gekreuzte (ungefestigte) Dominanz zum Vorschein kommen. Deshalb bittet die Lehrerin das Kind erneut, auf einem Bein zu stehen und dabei beide Augen zu schließen – oft wird der Fuß kurz gewechselt, doch dann wieder der ursprüngliche gewählt.
3. Sie kann das Kind auch bitten, mit einem Fuß zu stampfen
4. auf einem Fuß zu hüpfen,
5. und / oder kann einen Ball zum Schüler rollen lassen, der ihn behutsam zurückkickt.

Beobachtungen

Wenn das Kind all diese Aktivitäten mit einem Fuß durchführt, ist dies der dominante Fuß. Wechselt es die Füße, haben wir es mit einer nicht abgeschlossenen Dominanzentwicklung zu tun. Es zeigt uns dann, dass die Dominanz von oben nach unten nicht ausgereift ist. Hüpfspiele helfen, Rechtsdominanz zu etablieren, zum Beispiel «Himmel und Hölle», bei welchem dem Kind zum Zeichen des «hüpfenden Fußes» ein Band um den rechten Fuß gewickelt wird. (Wenn die Klassenlehrerin die Kinder anleitet, während des rhythmischen Teils des Hauptunterrichts mit dem rechten Fuß zuerst aufzustampfen, hilft dies auch. Gleiches gilt beim Schreiten der geraden Reihen des kleinen Einmaleins.)

Während das Kind auf einem Bein steht, zuerst mit offenen, dann mit geschlossenen Augen, beobachtet die Lehrerin auch seine *Fähigkeit, das Gleichgewicht zu halten.* Ein gutes Bild für diese Haltung ist ein Storch (oder Flamingo), der mit vorne gefalteten Flügeln dasteht; die Arme des Kindes werden nach vorne gerade ausgestreckt. Nach einer Weile hält der Storch ein «Schläfchen», und das Kind schließt beide Augen. Wenn es schwankt und Mühe damit hat, sein Gleichgewicht zu halten, besonders während es gleichzeitig spricht (zum Beispiel beim Zählen), kann von einem Gleichgewichtsproblem ausgegangen werden. Normalerweise ist ein siebenjähriges Kind in der Lage, mit geschlossenen Augen, auf einem Fuß stehend und bis zehn zählend sein Gleichgewicht zu halten, ohne umzufallen. Die Lehrerin achtet auch auf Kompensationstechniken, die es anwendet; wie es zum Beispiel das Knie des Standbeins beugt, seine Knie zusammenpresst oder mit den Zehen des Spielbeins den Boden berührt (zum Gleichgewichtssinn siehe Abschnitt IX in diesem Kapitel und zu den Übungen zur Festigung der Dominanz siehe Kapitel 5).

IV. Koordination von Hand, Auge und Sprache (ab 7 Jahren)

A. Die Lehrerin legt rote und blaue Perlen aus Holz, Glas oder Keramik (für jüngere Kinder fünfzehn bis fünfundzwanzig von jeder Farbe und für ältere Kinder mehr) in einem gemischten Häufchen vor das Kind. Ein Glas steht rechts vor ihm, ein anderes links. Die Lehrerin bittet nun das Kind, die Perlen zu sortieren, und zwar die roten in das rechte Glas, die blauen in das linke.

B. Nachdem die Perlen sortiert sind, fragt die Lehrerin das Kind, welche Farbe es lieber mag, und lässt es schätzen, wie viele Perlen von der gewählten Farbe im Glas sind. Wenn es nicht schätzen möchte, ist das völlig in Ordnung. Was für eine Reaktion auch immer das Kind zeigt, leert die Lehrerin nun ein Glas und bittet den Schüler, die Perlen einzeln in das Glas fallen zu lassen und sie dabei laut zu zählen.

C. Anschließend fragt sie danach, wie viele Perlen sich schätzungsweise in dem anderen Glas befinden, und leert auch dieses Glas mit der gleichen Aufforderung, die Perlen laut zählend in das Glas fallen zu lassen.

Beobachtungen

A. Die Lehrerin notiert die unterschiedlichen Methoden, die angewendet wurden:
   1. Das Kind benutzt unterschiedslos beide Hände, während es die Perlen aufnimmt und in das Glas fallen lässt.
   2. Eine Farbe wird zuerst aussortiert.
   3. Einige Perlen werden in eine Hand (in welche?) genommen und:
      a. Dieselbe Hand lässt die Perlen in das Glas fallen oder:
      b. Die andere Hand greift die Perlen aus der aufnehmenden Hand und lässt sie in das Glas fallen.

4. Die Perlen werden erst mit der einen Hand, später mit der anderen Hand aufgenommen und ins Glas fallen gelassen.
5. Andere Variationen.

An der Methode, die das Kind wählt, erkennen wir den Grad der Unsicherheit und Anstrengung in der Koordination seiner Feinmotorik. Wenn wir mit der Zeit mehr Erfahrung bekommen, können wir die feinen Gesten darin wahrnehmen. Hält das Kind die Perlen grabschend, gierig oder ängstlich fest? Diese Aufmerksamkeit hilft uns, den Zeitpunkt abzuspüren, wann wir das Kind durch ein aufmunterndes Wort oder die richtige Anekdote in seiner moralischen Entwicklung stärken können.

B. Die Anstrengung, zu sprechen und gleichzeitig eine Bewegung auszuführen, kann große Seufzer auslösen – ein Zeichen dafür, dass bei dem Kind wenig von der Urkraft des Rhythmus vorhanden ist. Manchmal eilt das Zählen der Bewegung voraus, manchmal überholt die Bewegung den Zählrhythmus.

C. Obwohl das Kind die Anzahl der Perlen im ersten Glas als Vergleich hinzuziehen könnte, irrt es sich mit seiner Antwort oft gewaltig.
Die Lehrerin beachtet auch jede Anspannung oder Bewegung der Zunge und des Kiefers; sie sind Zeichen für die bei diesen feinmotorischen Übungen erforderliche Anstrengung. Das Rollen von Bienenwachskugeln, die Würfelübung, die Kugeldreh- und die Wollwickelübung sind geeignet, um Feinmotorik zu entwickeln und Spannungen abzubauen.
Hat das Kind Schwierigkeiten damit, die Aufgabe mit den roten und blauen Perlen in einer entspannten und koordinierten Weise auszuführen, kann man sie auch als Übung in der Förderstunde einsetzen. (Siehe auch Kapitel 6; dort wird erklärt, wie man diese Übung anwendet, um mathematische Fertigkeiten zu verbessern.)

V. Seitigkeitstest – Bezug zum dreidimensionalen Raum
(ab 7 Jahren)

Für den Seitigkeitstest benötigen wir zwei weiße, stabile Kartons (50 x 75 cm). Auf einen Karton zeichnet die Lehrerin einen möglichst großen roten Kreis. Auf den zweiten zeichnet sie, unter Verwendung der Farben Karminrot, Ultramarinblau und Grün (Stockmar Nr. 7 ist hierfür gut geeignet), eine an der horizontalen Achse gespiegelte Form, auf der Rückseite eine an der vertikalen Achse gespiegelte Form. Die einfacheren Formen verwenden wir bei Schülern bis zur dritten Klasse (bis 10 Jahre) und die schwierigeren, die wegen der längeren Arme und Beine der älteren Schüler größer und weiträumiger gezeichnet werden können, ab der 4. Klasse (siehe Abbildungen 2, 3, 4, S. 65ff.). Starkes weißes Papier kann auch benutzt werden. Es hat den Vorteil, dass es zum Transport zusammengerollt und an die Wand geklebt werden kann. Die Lehrerin möchte nun herausfinden, wie das Kind Auge, Hände und Füße in der Beziehung zu Raumformen gebraucht.

A. Die Lehrerin fordert das Kind auf, seine Schuhe auszuziehen und sich vor den Karton mit dem Kreis zu setzen, der senkrecht vor ihm gegen die Wand gelehnt steht. Es soll den Kreis gleichzeitig mit beiden Füßen verfolgen; dabei sollen seine Füße das Papier berühren. Folgenden Anweisungen entsprechend soll das Kind den Kreis nachfahren:
   1. mit beiden Füßen gleichzeitig (wie bereits erwähnt)
   2. mit einem Fuß
   3. mit einem Fuß und einer Hand gemeinsam
   4. mit einem Fuß und einem Auge (die Lehrerin überprüft, ob der Schüler jedes Auge einzeln zukneifen kann; falls nicht, kann er das jeweilige andere Auge mit seiner Hand abdecken)
   5. mit beiden Händen gleichzeitig
   6. mit einer Hand

7. mit einer Hand und einem Auge
8. dann nur noch mit einem Auge, wobei das andere zugehalten oder zugekniffen wird.

B. Diese Abfolge wird mit der vertikalen Form wiederholt (Abb. 2a oder 2c, die aufrecht gegen die Wand gestellt wird).

C. Diese Abfolge wird auch mit der horizontalen Form wiederholt (Abb. 2b oder 2d, die aufrecht an der Wand platziert wird).

Beobachtungen
Die Lehrerin verschafft sich Gewissheit darüber, dass das Kind mittig vor der Form sitzt, mit der es beginnen soll. Lehnt es sich zu einer Seite hin, nimmt sie dies zur Kenntnis; es vermeidet dadurch die Kreuzung der vertikalen Mittellinie. Sie notiert jeweils, wo das Kind mit dem Nachfahren der Formen beginnt, welche Richtung es einschlägt und welche Gliedmaßen es benutzt. Sie verwendet dazu die Formulare der Abbildungen 3 und 4 (siehe S. 66ff.). Anhand dieser Formulare können Lehrer die Wahl der Gliedmaßen des Kindes und die beschriebenen Richtungen nachvollziehen und sie dokumentieren. Ein gesund inkarnierter Schüler fährt den Kreis von oben im Uhrzeigersinn nach. Die Linien der gespiegelten vertikalen Form verfolgt er zunächst auf der linken Seite von oben nach unten und dann auf der rechten Seite wieder von oben nach unten (die Richtung, in der wir unsere Großbuchstaben und Zahlen schreiben). Die horizontale Form beginnt er mit der blauen Linie links oben, mit der roten Linie links unten.

Einige Beispiele und Interpretationen von Bewegungsmustern:
1. Die Spiegelformen werden wie Kreise behandelt.
   a. Die vertikale Form wird bei der blauen Linie oben begonnen, links nachgefahren und unten bei der roten Linie nach oben hin fortgesetzt oder umgekehrt.

b. Die horizontale Form wird rechts bei der blauen Linie begonnen, nach links nachgefahren, dann links beginnend bei der roten Linie nach rechts fortgesetzt und wieder bei einer anderen blauen Linie von rechts nach links nachgefahren. Auf diese Weise werden die Linien immer im Kreis herum nachgezogen.

Wenn die gespiegelten Formen des Seitigkeitstestes in dieser ständigen Kreisform nachgefahren werden, zeigt dies, dass das Ich nicht imstande ist, das astralische Element in den Ätherleib und den physischen Leib einzuprägen. Dieser Einprägevorgang, der von innen, von der konstitutionellen Seite (siehe Einleitung) herrührt, kann unterbrochen sein, weil das Kind im Konstitutionellen / Ätherischen gefangen ist.[55]

2. Bei der Version für ältere Schüler werden die Linien in Auf-und-Ab- oder in Hin-und-Her-Bewegungen nachgezogen:
   a. Die vertikale Form wird oben (oder unten) begonnen und nach unten (oben) nachgefahren, dann wird die benachbarte Linie nach oben (oder unten) nachgefahren und immer so weiter, bis alle Linien verfolgt worden sind.
   b. Die erste horizontale Linie wird von links begonnen, die nächste von rechts und so weiter.

Dieses pendelähnliche Bewegungsmuster zeigt, dass sich frühere Stadien der Bewegungsentwicklung verfestigt haben. Von diesem Kind wurde möglicherweise sehr früh zu viel erwartet; oft wurden ihm zahlreiche Wahlmöglichkeiten geboten, und es musste deshalb zu viele Entscheidungen treffen.

3. Zwei Gliedmaßen fahren die Linien nach:
   a. Die vertikale Form wird von einer Hand (einem Fuß) auf der rechten Seite und parallel dazu von der anderen Hand (dem anderen Fuß) auf der linken Seite nachgezogen.

Dies zeigt, dass das Symmetriestadium (normalerweise bis 5 Jahre), in dem das Kind beide Körperhälften gleichzeitig einsetzt, noch besteht (siehe Kapitel 1). Es ist höchst wahrscheinlich, dass die bilaterale Integration und die Zusammenführung beider Gehirnhälften noch nicht abgeschlossen sind; es sollte überprüft werden, ob möglicherweise die vertikale Mittellinie noch existiert.

b. Die obere horizontale Form wird von einer Hand (einem Fuß) nachgezogen, während die andere Hand (der andere Fuß) gleichzeitig die untere Linie nachfährt.

Das Kind zeigt hier, dass seine Kräfte nicht vollkommen im Stoffwechsel-Gliedmaßen-System angekommen sind. Die horizontale Mittellinie kann immer noch (teilweise) als Barriere vorhanden sein.

Treffen die Punkte 3a und 3b zu, ebenso wie andere ungewöhnliche Bewegungsmuster, ist die Sinnesorganisation des Kindes durcheinander und der Einprägevorgang kann nicht richtig stattfinden. Chaotische Bewegungsmuster zeigen eine Umkehrung der normalen Strömungen im und entgegen dem Uhrzeigersinn, die sich im Unterbewussten eingeprägt haben – oft, weil das astrale Element die Oberhand gewonnen hat oder nicht ausreichend kontrolliert wird.

Die anderen Tests werden diese Beobachtung bestätigen. Hier wird wieder einmal das Lifting-System vom Stretching-System unterdrückt (siehe Kapitel 2, S. 32f.).

4. Selbst bei vollkommen rechts- oder linksdominanten Schülern können wir einen großen Unterschied in der Wahl der Körperseite feststellen; sie wechseln beispielsweise zwischen Rechts und Links hin und her oder kombinieren die linke Hand mit dem rechten Fuß. Dies deutet auf eine schlechte Integration des posturalen Systems (des Eigenbewegungs- und Gleichgewichtssinns) hin und auf eine schwache bilaterale Integration.

5. Gelegentlich entscheidet sich ein Schüler dazu, die Form auf einer Seite der grünen Linie auszulassen; auf diese Weise fährt er nur die blauen oder nur die roten Linien nach, obwohl er mit den gleichen Worten dazu angeleitet wurde wie alle anderen Schüler auch. Dies bedeutet, dass die vertikale und / oder horizontale Mittellinie, abhängig davon, bei welcher Form er eine Seite auslässt, noch deutlich als Barriere vorhanden ist.
6. Manchmal fahren Schüler um die Schleifen herum oder direkt durch die Schleifen hindurch, ohne die Kreuzungspunkte zu berücksichtigen. Oftmals vermeiden diese Schüler auch die Kreuzung, wenn sie eine 8 schreiben. Sie können möglicherweise auch die mittlere vertikale Linie bei der Blumenstabübung nicht kreuzen (siehe Abbildung 6, S. 72). Bei diesen Kindern ist in der Regel die Aktivität der Ich-Organisation, die für Distanz und Bewusstsein sorgt, nur schwach entwickelt. Eine medizinische Untersuchung durch den anthroposophischen Arzt ist zu empfehlen.

Dieser Test vermittelt uns ein Bild davon, inwieweit die Kräfte des Kindes seinen Willen durchdrungen haben, sodass es sich dauerhaft im dreidimensionalen Raum orientieren kann.

Eine Übung, welche die koordinierte Dominanz festigt und richtige Bewegungsmuster veranlagt (physiologische Bewegungen in Bezug auf die übersinnlichen Bewegungen der Erde[56] für die rechte und die linke Körperseite im Verhältnis zu Astralleib, Ätherleib und physischem Leib), wird später beschrieben; es ist die Übung «Rechtwinkliges Dreieck» (siehe Kapitel 5, S. 170ff.).

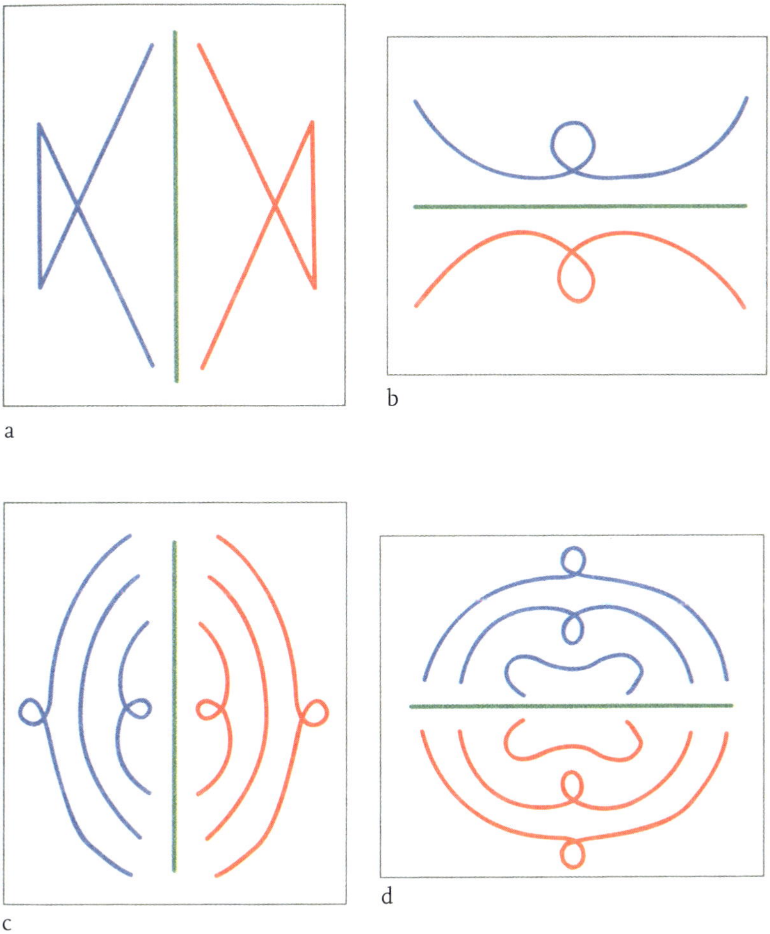

Abb. 2 a–d: Formen des Seitigkeitstests (siehe Text S. 60)

Abb. 3: Formular für den Seitigkeitstest (von 7–10 Jahren)

Dominanz

Auge:

Fuß:

Hand:

Ohr:

Wir verwenden Pfeile für die Bewegungsrichtungen auf den Kreisbahnen.

Die Lehrerin sollte die Bewegungen in folgender Weise dokumentieren: R und L, je nach Wahl der Hand, des Fußes, des Auges. Anfangspunkt und zuerst nachgefahrene Linie mit 1, die zweite mit 2 usw. markieren. Zweimal die 1 verwenden, wenn der Schüler gleichzeitig beide Hände, beide Füße oder Fuß-Hand auf gegenüberliegenden Seiten der Mittellinie verwendet.
Es sollte auch dokumentiert werden, wenn der Schüler die Kreuzungspunkte vermeidet, d. h. wenn er um die Dreiecke oder Schleifen herumfährt oder sie ignoriert; oder zuerst die Linien und dann die Dreiecke oder Schleifen nachfährt.

Auch weitere Beobachtungen notiert die Lehrerin, z. B.:
Der Kopf bewegt sich, wenn das Auge die Form(en) verfolgt; der Schüler bewegt sich aus der Mitte nach rechts (links); er fährt die Formen ohne Unterbrechung in Kreisen nach; es gelingt ihm nicht, jeweils ein Auge zu schließen.

beide Füße | ein Fuß | ein Fuß eine Hand

beide Füße | ein Fuß | ein Fuß eine Hand

beide Füße | ein Fuß | ein Fuß eine Hand

Name:
Alter:
Datum:

ein Fuß ein Auge	beide Hände	eine Hand	eine Hand ein Auge	ein Auge

ein Fuß ein Auge	beide Hände	eine Hand	eine Hand ein Auge	ein Auge

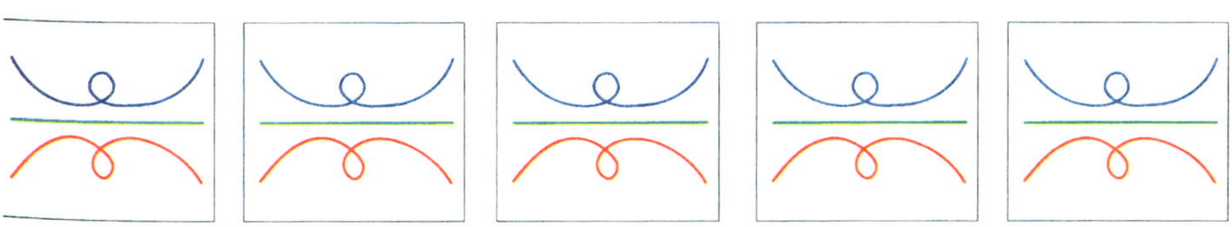

ein Fuß ein Auge	beide Hände	eine Hand	eine Hand ein Auge	ein Auge

Abb. 4: Formular für den Seitigkeitstest (Zehnjährige und ältere Schüler)
(Dieser Test muss, entsprechend den Abbildungen 2 und 3, ebenfalls farbig ausgeführt werden)

Dominanz

Auge:
Fuß:
Hand:
Ohr:

Wir verwenden Pfeile für die Bewegungsrichtungen auf den Kreisen.

Die Lehrerin sollte in folgender Weise dokumentieren: R und L, je nach Wahl der Hand, des Fußes, des Auges. Anfangspunkt und zuerst nachgefahrene Linie mit 1, die zweite mit 2 usw. markieren. Zweimal die 1 verwenden, wenn der Schüler gleichzeitig beide Hände, beide Füße oder Fuß-Hand auf gegenüberliegenden Seiten der Mittellinie verwendet.
Es sollte auch dokumentiert werden, wenn der Schüler die Kreuzungspunkte vermeidet, d.h. wenn er um die Dreiecke oder Schleifen herumfährt oder sie ignoriert; oder zuerst die Linien und dann die Dreiecke oder Schleifen nachfährt.

Auch weitere Beobachtungen notiert die Lehrerin, zum Beispiel: Der Kopf bewegt sich, wenn das Auge die Form(en) verfolgt; der Schüler bewegt sich aus der Mitte nach rechts (links); er fährt ohne Unterbrechung die Formen in Kreisen nach; es gelingt ihm nicht, jeweils ein Auge zu schließen.

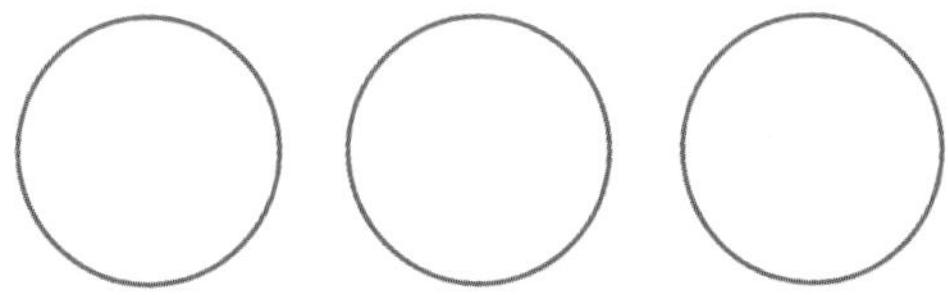

beide Füße	ein Fuß	ein Fuß eine Hand

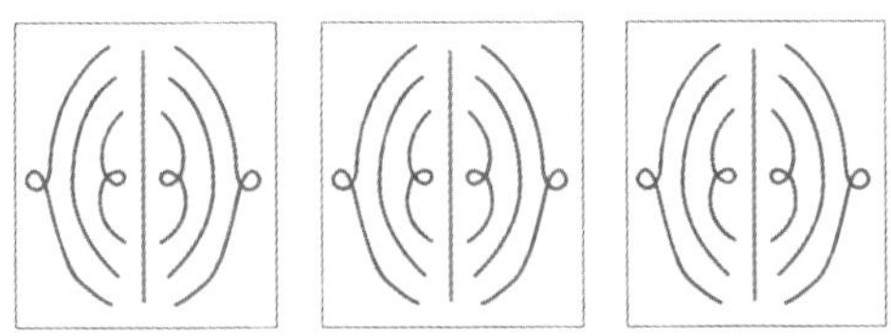

beide Füße	ein Fuß	ein Fuß eine Hand

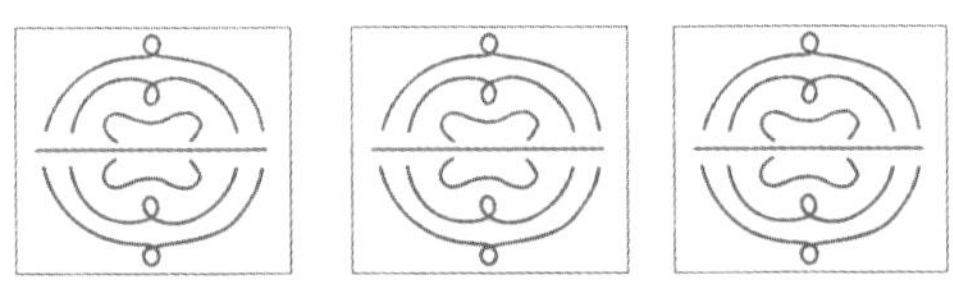

beide Füße	ein Fuß	ein Fuß eine Hand

Name:
Alter:
Datum:

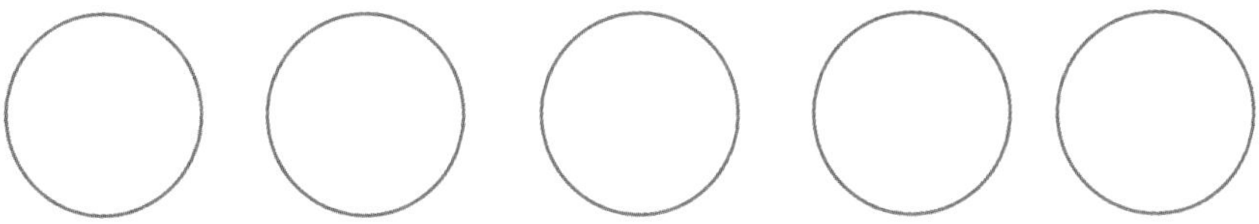

ein Fuß ein Auge	beide Hände	eine Hand	eine Hand ein Auge	ein Auge

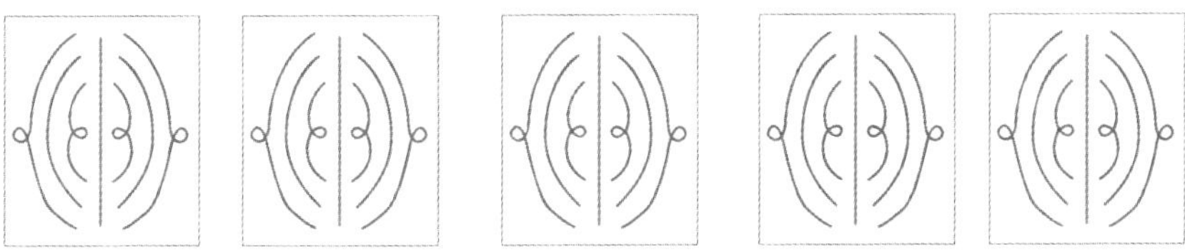

ein Fuß ein Auge	beide Hände	eine Hand	eine Hand ein Auge	ein Auge

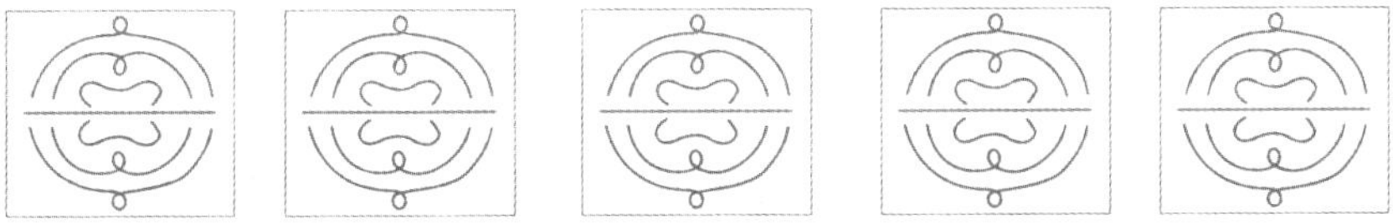

ein Fuß ein Auge	beide Hände	eine Hand	eine Hand ein Auge	ein Auge

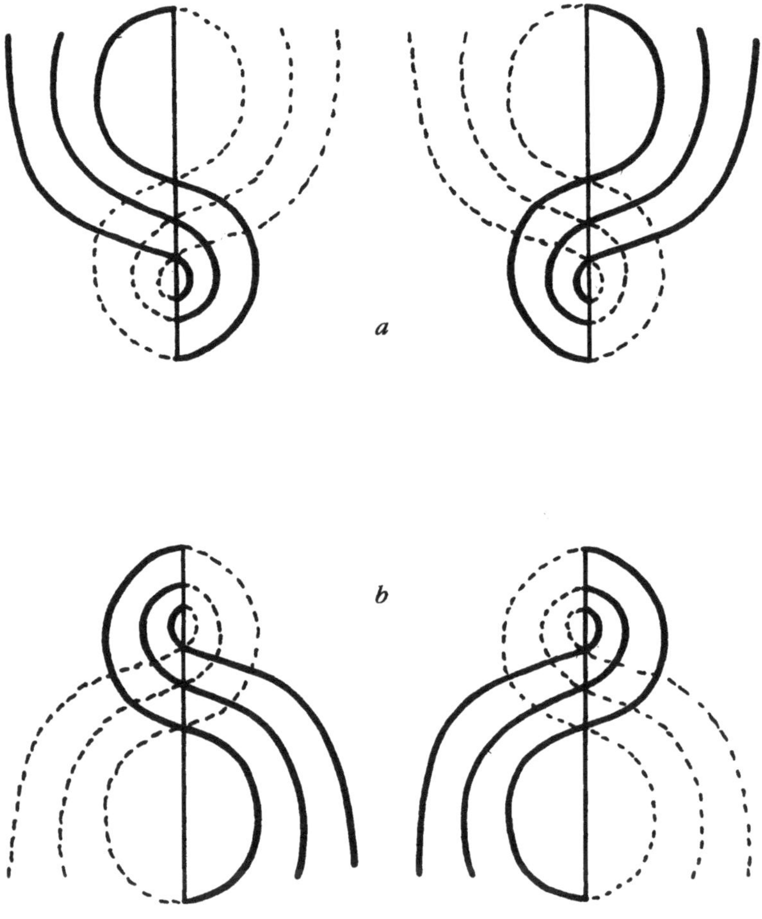

Abb. 5: Blumenstab (a: für den Unterricht; b: als Hausaufgabe)

VI. Konvexes und konkaves Spiegeln: Die Blumenstabübung (ab 8 Jahren)[57]

Die Lehrerin bittet das Kind, zwei Wachsmal- oder Buntstifte aus einer reichen Auswahl von Farben auszusuchen und ihr einen davon zu geben. Sie sitzt neben ihm, links vom Rechtshänder und rechts vom Linkshänder.

1. Sie bittet das Kind, eine senkrechte Linie mitten auf ein hochkant vor ihm liegendes DIN A4-Blatt zu zeichnen. Sie kann ihm helfen, indem sie etwa 4–5 cm vom oberen und unteren Rand entfernt je einen Punkt auf das Blatt malt. Der Schüler verbindet die Punkte mit einer geraden Linie.
2. Danach zeichnet sie die eine Hälfte einer gleichmäßig proportionierten Lemniskate, indem sie oben beim Punkt beginnt, mit dem Stift nach links fährt, die Linie in der Mitte des Blattes halbiert und in einem Rechtsbogen zum unteren Punkt auf der Mittellinie führt (siehe Abbildung 5).
3. Sie bittet den Schüler, die gleiche Form auf die andere Seite der Linie zu zeichnen und so das Original zu spiegeln. Die meisten Schüler beginnen dort, wo die Lehrerin angefangen hat, nämlich oben. Andere wiederum setzen die Linie an der Stelle fort, an der sie geendet hat, und zeichnen aufwärts.
4. Die Lehrerin erzählt davon, dass mit der ersten Zeichnung die Knospe und die Zwiebel einer Blume entstanden sind. Jetzt kommt die Sonne, und an der Knospe öffnet sich ein Blatt. Wir zeichnen oben weiter links beginnend, in geringem Abstand zu der geschlossenen Form, eine oben geöffnete halbe Lemniskate, die innerhalb der Zwiebel in einem kleineren Bogen an der unteren Mittellinie endet.
5. Wieder wird das Kind dazu aufgefordert, die neue Form zu spiegeln.
6. Wir wiederholen dies noch ein zweites Mal.
7. Die Lehrerin wiederholt nun die Schritte 1.–6. auf einem leeren

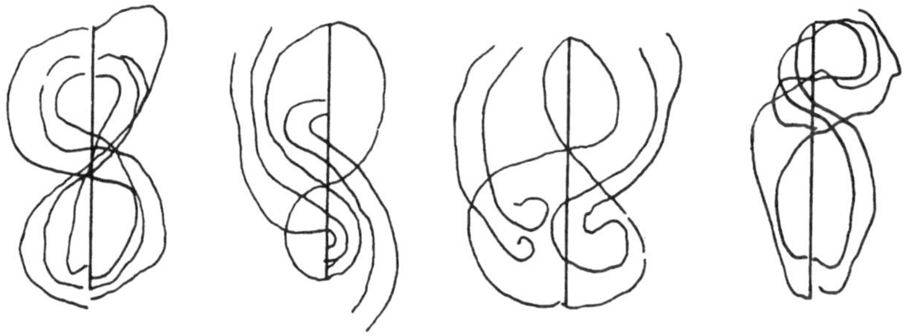

Abb. 6: Beispiele für den Blumenstab, Version 3

Blatt, nur dass sie dieses Mal von oben beginnend nach rechts zeichnet und das Kind auf der linken Seite spiegelt.

8. Zum Schluss bittet sie das Kind, die ganze Form einschließlich der vertikalen Linie aus dem Gedächtnis auf ein drittes Blatt zu zeichnen (Version 3).

Beobachtungen

Die Lehrerin achtet auf die Haltung des Schülers beim Zeichnen der Linien. Lehnt er sich zurück und/oder senkt er seinen Kopf, wenn er die Linien von oben nach unten zeichnet? Zieht er dabei eine Schulter oder beide Schultern hoch? Tendiert sein Kopf dazu, den Bewegungen seiner zeichnenden Hand zu folgen? Diese posturalen Bewegungen sind Zeichen von Anspannung. Die Ursachen dafür liegen möglicherweise in feinen strukturellen Blockaden oder unvollständig integrierten unreifen Bewegungsmustern und/oder schwacher Augenmuskulatur (siehe Augenbewegung, S. 92f.).[58]

Das Zeichnen der Linien in dieser Übung (siehe Abbildung 5) zeigt uns, ob der Schüler in der Lage ist, sich die Raumesdimensionen innerlich vorzustellen, vom dreidimensionalen zum zweidimensionalen Raum und wieder zurück zu gehen. Die Beispiele der Abbildung 6 geben einen Eindruck möglicher Resultate.

Diese Übung kann sowohl therapeutisch wie auch als diagnostische

Übung eingesetzt werden. Manchmal kommt es vor, dass ein Kind seine schon gut ergriffenen Formen für eine Zeit wieder verliert. An dieser schönen Form können wir sehen, ob das Kind innerlich vom konvexen zum konkaven Spiegeln wechseln kann (siehe Kapitel 2, S. 34ff.), ob es den inneren Willen entwickeln kann, etwas aufzunehmen (die offenen Linien oben am Blattrand). Sie drückt ebenfalls archetypische Seelenqualitäten des Kindes aus (siehe Einleitung und Anhang A: Urbilder). Wenn die Seite der Lehrerin schön gezeichnet ist, wirkt sich dies auch auf das Kind aus, das letztendlich in der Lage sein wird, selbst die ganze Form schön zu gestalten.

Ein Schüler, der die meisten Linien von unten nach oben zeichnet, schreibt gewöhnlich auch viele seiner Buchstaben und Zahlen von unten nach oben. Dies kann ein Zeichen dafür sein, dass das Stretching-Element überwiegt; der «astrale Druck» von unten trifft nicht auf die Ich-Organisation von oben.[59]

VII. Farbneigung der Augen (ab 7 Jahren)

Ein DIN A4-Blatt liegt im Querformat auf dem Tisch, daneben befindet sich die volle Auswahl an Farben (möglichst 18 bis 24 Farben). Die Lehrerin fordert den Schüler auf:

1. «Zeichne einen blauen Mond und eine rote Sonne» (siehe Abbildung 7, S. 97) – es ist wesentlich, dass die Anweisung in dieser Reihenfolge erteilt wird. (Die Rückseite des Blattes kann für das Mensch-Haus-Baum-Bild verwendet werden.)
2. Schreibe deinen Namen in die rechte untere Ecke.

Beobachtungen

Die Lehrerin achtet darauf, mit welcher Hand der Schüler den Bunt- oder Wachsmalstift aufnimmt. Wenn er fragt, ob er einen vollen oder einen halben Mond zeichnen soll, lässt sie es ihn selbst entscheiden. Einige Kinder hören nicht «Zeichne einen blauen Mond und eine rote

Sonne» und nehmen Gelb anstatt Rot. Andere nehmen das helle Zinnoberrot. Wieder andere übermalen das Rot mit Gelb, oder sie umranden das Rot mit Orange und Gelb. Alle Farben werden zugelassen.

Bis jetzt hat die Lehrerin versucht wahrzunehmen, wie das Kind seinen Körper in Beziehung zum äußeren Raum erfährt und ob es davon ein inneres Bild hat. Nun will sie herausfinden, wie frei es seinen eigenen inneren Bezug zum Raum erlebt. Die Farben Rot und Blau haben ihre eigene objektive Qualität. Blau gehört zum Raum, der sich ausdehnt, uns umgibt und hält. Wir erleben dies im Blau des Himmels. Rot ist eine Farbe, die bündelt, auf uns zukommt. Rot ist eine aktive Farbe, Blau hingegen eine passive. Wenn wir diese Farben innerlich wahrnehmen, wecken sie unsere Gefühle.

Unsere Augen haben bestimmte Funktionen. Das linke Auge überblickt den Raum, das rechte greift die einzelnen Punkte heraus und richtet sich darauf wie zum Beispiel beim Zielen. Ernst Lehrs schildert in seinem Buch *Mensch und Materie*, dass zwischen dem rechten Auge und der Farbe Rot und dem linken Auge und der Farbe Blau eine objektive physiologische Beziehung besteht.[60]

Lässt man Schüler einen blauen Mond und eine rote Sonne malen, wählen einige spontan die blaue Farbe (dem linken Auge entsprechend) für die linke Seite, den Mond, und die rote Farbe (dem rechten Auge entsprechend) für die rechte Seite, die Sonne. Andere vertauschen die Farben. Es hat sich herausgestellt, dass sich bei Schülern nach einigen Extrastunden, in denen sie mit den hier beschriebenen Übungen gearbeitet haben, die Farbwahl korrigiert und das archetypische Bild mit dem blauen Mond links und der roten Sonne rechts erscheint.

Wird für die Sonne eine Mischung von Farben ausgewählt, ist dies ein Zeichen von Anspannung und Überstimulierung des *Stretching*-Elementes. Hat sich das Kind entspannt und harmonisiert, verschwinden diese zusätzlichen Farben, und es wird Karminrot verwendet.

Die Erfahrung hat gezeigt, dass die Wiederholung einer ungewöhnlichen und abwegigen Farbwahl, etwa Rot-Gelb, oder das Übermalen von

Farben, zusammen mit unnatürlicher Platzierung der Formen – z. B. sehr kleine Formen in den äußersten oberen Ecken des Papiers oder sehr eng zusammengestellte Formen – bedeutet, dass das Kind dem Arzt vorgestellt werden sollte, um psychische Schwierigkeiten auszuschließen. Die Probleme des Kindes haben dann tiefere Ursachen, als wir sie mit erzieherischen Mitteln allein beseitigen können.

Mondsicheln entwickeln sich zunehmend zum Vollmond, wenn die Übung «Rechtwinkliges Dreieck» (siehe Kapitel 5, S. 170ff.) angewendet worden ist und dadurch ein Gleichgewicht zwischen *Stretching und Lifting* herbeigeführt wurde (siehe Kapitel 1 und 2).

Man kann sagen, dass beim Vertauschen der Farben die Willenskräfte des Individuums in den Gewohnheitsmustern und den organischen Prozessen gebunden sind. Dieses Kind «schläft» noch und lebt passiv in dem, was es von seinen Eltern vererbt und vorgelebt bekommen hat. Eigentlich richten wir mit diesem Test an das Kind die innere Frage: «Reitest du dein Pferd, oder musst du es tragen?» Gelingt es uns durch den Unterricht, die richtige Farbneigung des Auges zu etablieren, haben wir die Individualität des Kindes gestärkt. Ein gesundes Ein- und Ausatmen zwischen dem Seelisch-Geistigen und dem ätherischen und physischen Leib im Tagesrhythmus kann darauf aufbauen.

Sind die Farben bei einem Kind vertauscht, das scheinbar keine Schwierigkeiten hat, zeigt dies eventuell eine beginnende neue Entwicklungsstufe an. Die Umkehrung korrigiert sich von selbst, wenn dieser Schritt getan ist, z. B. bei einem Neunjährigen, wenn sich das Kind plötzlich als eigenständige Einheit und von seiner Umgebung getrennt fühlt.[61] Die Farben können auch dann vertauscht werden, wenn das Kind physisch oder intellektuell überstrapaziert ist oder wenn es zu Hause mit emotionalen Schwierigkeiten zu tun hat, z. B. bei Problemen zwischen den Eltern oder wenn es vor und nach einer Erkrankung geschwächt ist. Farbvertauschungen sind eine Art Frühwarnsystem. Sie weisen auf eine Not hin, die durch die Anwendung einer passenden Übung aus der gegebenen Auswahl verbessert werden kann. Wenn sich das Problem von selbst löst, zeigt das Kind eine Stärke, die es ihm ermöglicht, seine Entwicklung ohne Unterstützung fortzusetzen.

Somit sagt uns die Farbneigungsübung, durch Intensität und Stellung der Farben, dass wir auf Folgendes achten sollen:

- Konstitution des Kindes. Ist es kränkelnd? Atmet es flach? Hat es permanent leichte Beschwerden? Wenn das Nervensystem in einer guten Verfassung ist, müssen Lesen und Schreiben nicht betroffen sein. Wenn die Vitalität des Kindes gelitten hat, ist es wahrscheinlicher, dass das Nervensystem überstimuliert worden ist.
- Verhaltensschwierigkeiten in der Klasse und zu Hause. Sind Umgebung und Vererbung verantwortlich dafür, dass der Schüler «das Pferd trägt» anstatt «das Pferd zu reiten»?
- Entwicklung intellektueller Fähigkeiten.

Die Blockade einer der oben genannten Stufen kann eintreten, wenn keine Hilfe angeboten wird. Ist das Ergebnis der Blumenstabübung auch schwach, dann hat sich die Schwierigkeit in einer tieferen Schicht eingeprägt, und positive Ergebnisse lassen länger auf sich warten.

Auf S. 97 sind vier Beispiele der Farbneigungsübung zu sehen (siehe Abbildung 7a–d), die den Umstellungsprozess während der Förderung durch Extrastundenübungen veranschaulichen. Die Endversion in Abbildung 7d mit den richtig platzierten vollen runden Formen, welche die gesamte Seite beanspruchen, verdient Beachtung.

Farbneigung – Weitere Beobachtungen

Aus Steiners pädagogischen Vorträgen[62] wissen wir, dass wir im Nerv die physische Entsprechung zu den Antipathiekräften besitzen, auf denen das begriffliche Denken fußt. Im Blut dagegen wurzeln die Seelenkräfte der Sympathie. Mit diesen Kräften ist unser Willensleben verbunden. Im Auge halten sich Nerven und Blut so die Waage, dass objektive Sinneswahrnehmungen möglich sind.

Schon die Qualität der Farben, das kühle Blau und das warme Rot, legen eine Beziehung zum Denken und zum Wollen nahe. Zu welchem Auge gehören Rot und Blau? Die Malkunst kann uns darauf Antworten geben. William Turner ist derjenige unter den Malern, von dem wir wissen, dass er Goethes Farbtheorie am gründlichsten studierte. Wenn wir die Landschaften in seinen Bildern genauer betrachten, sehen wir immer wieder die blauen Töne auf der linken und die roten und gelben auf der rechten Seite.[63] Wenn er die Farben vertauscht, handelt es sich um ein Nachtbild, zum Beispiel «Fire on the Thames».

Verfolgt man das Zusammenspiel dieser Farben geschichtlich zurück, kommen wir zu Maria, der Symbolfigur für das universelle Seelenwesen der Menschheit. Sie ist in Blau und Rot gekleidet. Aus diesem völligen Gleichgewicht ihrer Seelenkräfte heraus kann sie das archetypische Menschenkind tragen. Die Vergangenheit erreicht uns von links, was mit der Erdentwicklung zu tun hat; von rechts strömen die erneuernden Lebenskräfte ein.[64] Dieser imaginative Weg führt uns zu denjenigen Tatsachen, die Lehrs, wie oben angedeutet, in seiner Studie über die Goethesche Farbenlehre beschrieben hat.[65]

Die oben dargestellten Betrachtungen deuten auf die tatsächliche Affinität der Seele zu diesen Kräften, die sich in den Augen manifestieren. Wenn wir diese Affinität in ein fantasievolles Bild kleiden, kann uns das Kind zeigen, welches Verhältnis es zu diesen Kräften hat, die an seiner körperlichen Konstitution arbeiten.

Sehkraft, Dominanz und Farbneigung der Augen sind getrennt voneinander anzuschauen. Diese Unterscheidung ist sehr wichtig. Auf keinen Fall bedingen sie einander. Sehstärke, Weit- oder Kurzsichtigkeit, Astigmatismus, ein Auge sieht besser als das andere – all dies bezieht sich auf die physische Konstitution und beeinträchtigt nicht unbedingt die Wahl der Dominanz. Ein Kind kann zum Beispiel ein starkes linkes Auge mit ausgereifter Rechtsdominanz im rechten Auge und der rechten Hand erworben haben. Ein Kind mit vollständig abgeschlossener Linksdominanz kann eine richtige Farbneigung vorweisen, wie auch

Kinder es können, die ein schlechtes Sehvermögen bei einem oder beiden Augen haben.

Die Anweisung des Schularztes, die Augendominanz eines Schülers von Links auf Rechts zu ändern, warf in mir die Frage nach der Farbneigung als innerer Beziehung zum Raum auf. Es wurde vorgeschlagen, das linke Auge des Schülers mit einer farbigen Linse abzudecken und ihn dann mit einem Stift in der gleichen Farbe schreiben zu lassen. Dies führte mich zu der Farbneigung Blau für das linke Auge und Rot für das rechte Auge, die normalerweise im Alter von sechs bis sieben Jahren festgelegt wird. Für die Lehrerin kann dieser Test eine deutliche Sprache sprechen. Er ist vergleichbar mit der Antwort des Kindes auf die unausgesprochene Frage: «Bist du imstande, deinen Leib zu durchdringen? Bist du wirklich ‹wach› in ihm?»

VIII. Spiegelungsübung (ab 9 Jahren)

Lehrerin und Schüler stehen einander gegenüber. Die Lehrerin spricht und führt dabei diese Übung zusammen mit dem Schüler aus. Sie beobachtet, ob er den Anweisungen folgt – oder dem, was sie vorführt und was er sieht.

A. Mit geballten Fäusten und auf der Brust überkreuzten Armen sagt und macht die Lehrerin Folgendes vor (der Schüler folgt ihren Anweisungen):

1. «Rechte Hand». Die Lehrerin bewegt den rechten Arm nach rechts außen und spreizt dabei die Finger. Dann kehrt sie zur Ausgangsposition zurück.
2. «Linke Hand». Die Hand macht die entsprechende Geste nach links und wieder zurück.
3. «Beide ... und beide zusammen». Beim Wort «beide» bewegen sich rechter und linker Arm nach außen, die Hände öffnen und die Finger spreizen sich wie zuvor. Bei «und» gehen beide Arme

zur Ausgangsposition zurück. Bei «beide zusammen» wird diese letzte Bewegungsfolge (Punkt 3) wiederholt.
4. Sie wiederholt die Schritte 1, 2 und 3, bis sich ein guter Rhythmus eingestellt hat. Während der Übung lässt sie alles unkommentiert, was der Schüler tut.

B. Jetzt sind die Füße dran. Mit geschlossenen Beinen sagt und macht die Lehrerin Folgendes vor (der Schüler folgt ihren Anweisungen):
1. «Rechter Fuß». Der rechte Fuß geht einen Schritt zur rechten Seite und wieder zurück.
2. «Linker Fuß». Der linke Fuß tritt nach links und wieder zurück.
3. «Springen». Sie springt in die Grätsche.
4. «Kreuzen». Sie springt kurz hoch und kommt mit gekreuzten Füßen auf.
5. «Springen». Sie springt wieder in die Grätsche.
6. «Zusammen». Sie springt in die Ausgangsposition zurück.

Diese Abfolge wird wiederholt, bis sich ein Rhythmus einstellt.

C. Spiegelt der Schüler mit seinen Händen und Füßen die Bewegungen der Lehrerin nicht mehr unmittelbar, sondern folgt den verbalen Anweisungen, welche Seite er bewegen soll, kombiniert die Lehrerin Folge A mit Folge B und spricht dabei folgende Worte: «Rechts; links; beide; kreuzen; beide; zusammen.» Zwischendurch bewegt sie die Arme auch nach oben und unten im Wechsel mit den anderen Armbewegungen.

Beobachtungen

Obwohl nicht zwingend notwendig, kann die Spiegelungsübung in der ersten Extrastunde eingesetzt werden, um herauszufinden, ob Hören und Sehen bereits unabhängig voneinander funktionieren.[66]

Die Lehrerin setzt die Übung eine Weile fort, ohne zu korrigieren, und lässt zu, dass die Bewegungsaktivität allmählich das Bewusstsein durchdringt. Der Schüler hört die Anordnung, welche Seite jetzt an der Reihe ist, wenn die *Lifting*-Bewegungen von den dominanten *Stretching*-Bewegungen befreit sind (siehe Kapitel 1 und 2).

Bei Kindern mit Auffälligkeiten ist manchmal der Muskeltonus in den Händen schwach, und die Hände wissen nicht, was sie tun, oder die Oberarme sind dicht an den Körper gepresst. In beiden Fällen werden die Bewegungen mechanisch und ohne Bewusstsein kopiert. Wenn die Lehrerin diese Übung im Förderunterricht einsetzt, dann übertreibt sie die eigenen Armbewegungen so lange, bis das Kind wirklich nachahmt. Bleiben die Handbewegungen schwach, verwendet sie eine Zeichen- und Farbübung (Nachfahren und Ausmalen der Hände in Kapitel 5, S. 127).

IX. Unreife Bewegungsmuster und die unteren Sinne (Tast-, Lebens-, Eigenbewegungs-, Gleichgewichtssinn)

Einige Kinder zeigen subtile Blockaden in fein- und/oder grobmotorischen Bewegungsabläufen. Sie scheinen unfreiwillige Bewegungsmuster aufzuweisen, welche die beabsichtigten Bewegungen beeinträchtigen und freie, gut koordinierte Bewegungen stören. Normalerweise werden diese automatischen Reflexbewegungen im Laufe der Bewegungsentwicklung der ersten sieben Lebensjahre integriert (Karl König nannte sie «vererbte Bewegungen»)[67], wenn sich das Kind allmählich in seinen Leib inkarniert und seine Bewegungen immer koordinierter, zielgerichteter und kontrollierter werden (siehe Kapitel 1). Einige dieser frühen Reflexbewegungen werden während des ersten Lebensjahres auf natürliche Weise durch Robben und Krabbeln abgelegt (integriert). Andere dienen dem reifenden Gleichgewichtsorgan (Gleichgewichtssinn), das die Anziehung der Schwerkraft der Erde auf den Körper registriert. Der Säugling beginnt, sich gegen die Erdanziehungskraft zu stemmen, indem er, auf Bauch oder Rücken liegend, seinen Kopf anhebt. In einem bestimmten Stadium liegt der Säugling auf dem Bauch und hebt gleichzeitig Kopf, Arme und die ausgestreckten Beine an (wie ein Vogel; siehe Joan Salters, *The Incarnating Child*). Etwa gegen Ende des ersten Lebensjahres ist das Kind in der Lage, die Schwerkraft so weit zu überwinden, dass es aufstehen und frei laufen kann. Später kann es auf zwei Beinen hüpfen und dann auf einem Bein. Bestimmte frühkindliche Bewegungsmuster sind bekannt als primäre Reflexe. Mit ihnen befassen sich Ergo- und Physiotherapeuten sowie die neurophysiologische Psychologie.[68]

Für die Pädagogik sind diese Aspekte insofern von Bedeutung, als bestimmte, in geringem Maße beibehaltene Bewegungsmuster die Körperhaltung und die Bewegungsfreiheit beeinträchtigen können, die besonders für das Schreiben und Abschreiben von der Tafel benötigt werden. Schlechte Sitzpositionen in den Unterrichtsstunden kommen oft dadurch zustande, dass an solchen manchmal kaum wahrnehmbaren Bewegungsmustern subtil festgehalten wird. Sie sollten als Symptom erkannt werden, das unsere Aufmerksamkeit erfordert, da sie das Schulkind von sich aus normalerweise nicht überwinden kann. Das Kind, dessen Kopf während der Blumenstab-Übung den Bewegungen seiner Hand folgt, wird oben erwähnt. Ein weiteres Beispiel stellen jene Kinder dar, die mehr Platz auf ihren Tischen brauchen. Ständig kommen sie dem Nachbarn ins Gehege, weil sie die Tendenz haben, den Arm auszustrecken, wenn sie den Kopf drehen. Sie müssen sich seitlich ausbreiten, um ihre Hände zum Schreiben auf das Papier zu legen. Einige Kinder halten das Papier nicht mit der nichtdominanten Hand fest, weil der Arm in eine Beugung gezwungen wird. Sie verstecken diese Bewegung, indem sie den Arm als Kopfstütze verwenden. Auch solche Kinder sind betroffen, die oft ein gebeugtes Bein auf den Stuhl legen und sich daraufsetzen.

Diese noch vorhandenen unreifen Bewegungsmuster und/oder ein schlecht integrierter Eigenbewegungs- und Gleichgewichtssinn können dazu führen, dass Aktivitäten wie Eurythmie, Turnen oder Spielen für manche Kinder eine reine Qual bedeuten, der sie aus dem Weg zu gehen suchen, zum Beispiel durch schlechtes Benehmen. Einige ältere

Schüler fangen Bälle immer noch mit beiden Händen und sind ungeschickt bei allen praktischen Arbeiten. Dies kann von unvollständiger bilateraler (Rechts-Links-) Integration herrühren sowie daher, dass die vertikale Mittellinie (siehe unten) noch nicht vollständig integriert ist. Andere Kinder wiederum haben Mühe, ihre Arm- mit ihren Beinbewegungen zu koordinieren. Dafür kann ursächlich eine schlechte Oben-Unten-Integration mit einer noch vorhandenen horizontalen Mittellinie als Barriere (siehe unten) verantwortlich sein.

Wenn die natürliche Entwicklung des kleinen Kindes forciert wird, indem man ihm z. B. Gehhilfen gibt, bevor es aus eigener Kraft stehen kann, kann es zu einem subtilen Festhalten an frühen Reflexbewegungen kommen. Das Überspringen des Kriech- und Krabbelstadiums sowie die fehlende Übung, den Körper aus eigenem Antrieb gegen die Schwerkraft aufzurichten, sind weitere Ursachen (s. Kapitel 1). Neuere Untersuchungen haben ergeben, dass sich eine hohe Dosierung von Antibiotika, das Erleiden eines Schleudertraumas, ein Sturz oder außergewöhnliche Stressbelastung auf subtile Weise auf die Bewegungen des Kindes, das seine frühen Reflexbewegungen bereits erfolgreich integriert hatte, auswirken können, sodass diese wiederkehren.[69]

Sind Tast-, Lebens-, Eigenbewegungs- und Gleichgewichtssinn gut entwickelt, bilden sie die Basis für die Integration unreifer Bewegungsmuster, für die «Auflösung» der Barrieren durch die vorhandenen Mittellinien, die Entwicklung der Dominanz, für Raumesorientierung, Körpergeografie, fein- und grobmotorische Fertigkeiten, Haltungskontrolle, die Fähigkeit zu Augenbewegungen sowie für ein gesundes Rhythmusgefühl, Belastbarkeit und gesundes Atmen. Diese unterbewussten Willenssinne sind wichtige Werkzeuge, durch die sich die genannten Fähigkeiten überhaupt entwickeln können. Die vier Willenssinne reifen und integrieren sich hauptsächlich im Uterus und während der ersten sieben Lebensjahre (s. Kapitel 1). Wir erleben oft, dass das *Lifting*-System des Kindes vom Stretching-System dominiert wird, wenn wir es mit schwach integrierten Willenssinnen zu tun haben (s. Kapitel 1 und 2).[70]

In einem Vortrag über die spirituellen Prozesse in den menschlichen Sinnesfunktionen spricht Rudolf Steiner davon, dass Lebenssinn, Eigenbewegungssinn und Gleichgewichtssinn von den Wesensgliedern des Menschen, die uns durch die geistige Welt verliehen wurden, erhalten werden.[71] Er beschreibt, wie der Geistmensch – das Wesensglied des Menschen, das wir in der fernen Zukunft entwickeln werden – den Ätherleib völlig durchdringt und damit dem Lebenssinn zugrunde liegt. Der Lebensgeist arbeitet im Eigenbewegungssinn. Das Geistselbst, das zu entwickeln die gegenwärtige Aufgabe des Menschen ist, erhält den Gleichgewichtssinn aufrecht. Diese drei unbewussten Sinne, die uns im Irdischen verankern und uns Objektivität verleihen, sind also gleichzeitig geistige Wahrnehmungsorgane.

Arbeitsweisen und Beobachtungen

In der ersten Extrastunde beobachtet die Lehrerin den Schüler insbesondere bei folgenden Aktivitäten:

1. Solange das Kind die vertikale Linie (Kreuztest, S. 44, und Blumenstabübung, S. 71) und die horizontale Linie (siehe Schuleintritt, S. 113) am Tisch zeichnet, wird darauf geachtet, ob die Kopfbewegungen mit seinen Hand-/Armbewegungen verbunden sind, sodass sein Kopf genau der sich bewegenden Hand folgt.

Bei den nächsten Schritten demonstriert die Lehrerin die Bewegungen und führt sie mit dem Kind gemeinsam aus:

2. Das Kind kriecht auf seinem Bauch (wie eine Eidechse).
3. Das Kind krabbelt auf Händen und Knien.

Sind seine Bewegungen dabei gekreuzt (gegenläufig), koordiniert und rhythmisch?

Beim gekreuzten Robben und Krabbeln bewegen sich eine Hand

und der diagonal gegenüberliegende Fuß/das gegenüberliegende Bein gleichzeitig. Setzt das Kind zum Robben auf dem Bauch den großen Zeh eines jeden Fußes ein, um sich nach vorne abzustoßen? Das Kind, das unauffällig oder offen den Kontakt mit dem Boden vermeidet, ist gewöhnlich sehr empfindlich gegenüber Berührungen; das kann die Lehrerin auch in anderen Situationen bemerken. Es gibt Kinder, die es umgehen, ihre Hände flach auf den Boden zu legen, und stattdessen die Fingerspitzen einsetzen oder ihre Finger einrollen. Beim «Krebs» oder «Schubkarren» drückt das Körpergewicht die Hände flach auf den Boden; beim «Wettkampf» berühren die Kinder unweigerlich den Boden mit dem Bauch. (Siehe Kapitel 5 für Übungen, die Kindern mit unkoordiniertem Robben und Krabbeln nützen. Siehe dort auch die Übungen für die Handflächen: Würfelübung, Rollen von Bienenwachskugeln, Wollwickelübung.)

4. Das Kind krabbelt mit Knien und Unterarmen auf dem Boden.
Dies enthüllt viele der unbewusst im Körper festgehaltenen und verborgenen Gesten. Manche Kinder krabbeln mit ihrem Kinn in der hohlen Hand und mit auf die Ellbogen gestützten Armen. Andere ballen ihre Fäuste, bis die Fingerknöchel weiß sind, und krabbeln Arm über Arm, wobei sich die Hände auf den Körper zubewegen, als ob sie alles Mögliche vor ihrer Brust sammelten. Manchmal hinkt ein Bein hinterher, oder es kann nicht völlig gebeugt werden, oder die Füße wirken leblos und werden mitgeschleift, anstatt die Zehen in die Bewegung mit einzubeziehen. Die meisten Kinder erfahren die Schwere ihrer Körper. Oft ist ihr Nacken zwischen den Schulterblättern eingeschlossen, sodass sie den Kopf nur schwer drehen können. Zur Abhilfe kann den Kindern die Raupenübung gezeigt werden (S. 145f.).

5. Lehrerin achtet darauf, ob das Kind von der Schwerkraft beeinträchtigt ist (was auf einen geschwächten Gleichgewichtssinn hindeutet; dieser Sinn ist unser Sensor für die Schwerkraft):

a. Ist das Kind fähig, jedes einzelne Bein hoch genug anzuheben, um einen Ball unter dem Bein durchzureichen, anstatt sich zum Bein hinunterzubeugen (siehe Oben-Unten-Integration)?

Wenn es dazu nicht in der Lage ist, zeigt dies nicht nur einen schwach ausgeprägten Gleichgewichtssinn, sondern auch mangelnde Integration von Oben und Unten.

b. Das Kind legt sich auf den Bauch und beugt die Arme so, dass die Finger die Schultern berühren (Arme wie Flügel), dann hebt es Kopf, oberen Brustraum und Arme hoch, während die Beine gerade gehalten bleiben (wie starke Schwanzfedern). Die Lehrerin kann dabei an einen aufsteigenden Adler erinnern.

Kinder, die bei dieser Übung ihre gestreckten Beine nicht hochheben können, die entweder ihre Oberschenkel auf dem Boden liegen lassen oder ihre Beine an den Knien beugen, zeigen, wie wenig sie imstande sind, sich aus der Schwerkraft zu lösen. Diese und die folgenden Positionen sollen jeweils dreißig Sekunden lang gehalten werden. Die Lehrerin achtet darauf, ob das Kind aufgrund der Anstrengung seinen Atem anhält. Es kann auch eine strukturelle Blockade im Kreuzbein und/oder an der Wirbelsäule vorliegen.

c. Das Kind liegt auf dem Rücken mit den Armen an den Seiten und hebt den Kopf, um seine Zehen zu «begrüßen». Als Nächstes versucht es, Stirn und Knie zusammenzubringen, indem es die Beine beugt und gleichzeitig den Kopf anhebt. Dabei hält es die Arme seitlich am Körper. Zuletzt hebt es wie zuvor Kopf und gebeugte Beine, schlingt die Arme um die Beine und macht sich so klein und rund wie ein Stehaufmännchen.

Wenn das Kind zum Anheben seines Kopfes die Hände gebraucht, den Kopf zur Seite beugt, bevor es ihn anhebt, oder unfähig ist, den Kopf für mehr als einen kurzen Augenblick oben zu halten, sollten wir die Eltern fragen, ob das Kind bei einem Sturz auf den Kopf gefallen ist (oder einen Sturz mit anschließendem Schleudertrauma hatte). Schwierigkeiten beim Zusammenrollen können auch auf eine strukturelle Blockade im Nacken hindeuten, insbesondere dann, wenn das Kind den Kopf kaum oben halten kann. Die Fähigkeit, den Körper zusammenzurollen, ohne dabei die Arme zu gebrauchen, zeigt, dass das Kind in dieser Position die Schwerkraft überwinden kann.

Viele Kinder kippen beim Zusammenrollen mit um die Beine geschlungenen Armen zur Seite. Dies zeugt normalerweise von einem schwach ausgeprägten Gleichgewichtssinn.

6. Für weitere Bodenübungen, welche die Entwicklung fördern und eine eventuelle Einschätzung ermöglichen, siehe Kapitel 5.
7. Siehe auch die Übung zur Überprüfung der Fußdominanz hinsichtlich weiterer Beobachtungen zum Gleichgewichtssinn.
8. Man kann auch die Reaktionen des Schülers auf die Nähe der Lehrerin beobachten und wie er auf eine leichte Berührung seines Rückens reagiert, besonders wenn sie unerwartet geschieht. Viele Schüler, die in den Förderunterricht kommen, haben einen überempfindlichen Tastsinn. Sie erleben oft eine zarte Berührung als schmerzhaft und schlagen schnell zurück, um sich zu verteidigen (taktile Überempfindlichkeit), beschuldigen dann die Person, die sie angreifen, zuerst geschlagen zu haben. Nicht selten sind es auch diese Kinder, die kleine Rangeleien beginnen, wenn sie mit anderen in einer Reihe stehen und in einer Gruppe scheinbar aggressiv reagieren. Sie sind meistens empfindlich gegenüber Geräuschen, die sie umgeben, und versuchen, diese auszublenden, indem sie die ganze Zeit über schnell reden, manchmal mit leiser Stimme, manchmal, indem sie selbst Geräusche produzieren. Oft reagieren sie auch empfindlich gegenüber Gerüchen und protestieren als Erste, wenn beispielsweise Farbe zu riechen beginnt, weil sie zu lange im Malschrank gestanden hat.

Die Lehrerin kann durch sorgfältige Beobachtung der Art und Weise, wie sich Kinder in der Schule bewegen und wie sie sitzen, erkennen, ob ihre Bewegungen infolge eines fast unmerklichen Festhaltens an den erwähnten unwillkürlichen Reflexbewegungen oder aufgrund unzureichender Integration der unteren Sinne (Tast-, Lebens-, Eigenbewegungs- und/oder Gleichgewichtssinn) unfrei sind.

Mit Erfahrung lässt es sich leichter feststellen, ob Schüler aufgrund mangelhafter Integration der vier Willenssinne in ihrer Entwicklung beeinträchtigt sind. Wenn anhaltende Schwierigkeiten infolge unreifer Bewegungsmuster oder durch Probleme bei Tastsinn (taktiler Sinn), Eigenbewegungs- (Körperwahrnehmung) und Gleichgewichtssinn (Gleichgewichtssystem) vorzuliegen scheinen, kann professioneller Rat von Ergo- und Physiotherapeuten eingeholt werden. Das Spezialgebiet der Sensorischen Integrationstherapie hat sich als sehr hilfreich erwiesen, weil es diese Bewegungsblockaden auf spielerische Weise löst.[72] Übungen und Spiele, welche die Integration unreifer Bewegungsmuster fördern und die Entwicklung der Willenssinne vorantreiben, werden in Kapitel 5 unter der Überschrift «Übungen zur Integration frühkindlicher Bewegungsmuster» vorgestellt. Wie bereits erwähnt, dienen alle Übungen in diesem Buch dazu, die Entwicklung der ersten sieben Lebensjahre zu wiederholen.

Den Lebenssinn, der sich auf Ausdauer, Atmung und körperliches Wohlbefinden bezieht, stärken wir durch gute Ernährung, viel gesunden Schlaf, regelmäßigen täglichen, wöchentlichen, jahreszeitlichen Rhythmus und durch einen Ausgleich von grobmotorischen Aktivitäten (im Freien) und feinmotorischen künstlerischen Tätigkeiten (Musizieren, Malen, Zeichnen, Modellieren, Handwerken). Jedes mögliche konstitutionelle Ungleichgewicht sollte von einem anthroposophischen Arzt behandelt werden. Die «Übungen zur Entwicklung rhythmischen Empfindens zusammen mit der Harmonisierung der Körperwahrnehmung und der Atmung» (siehe Kapitel 5, S. 159ff.) helfen ebenfalls, diesen Sinn zu stärken.

X. Barrieren durch bestehende Mittellinien

A. Die horizontale Mittellinie (Übungen ab 6 Jahren)
Um herauszufinden, ob bei dem Schüler noch eine Mittellinie vorhanden ist und seine Bewegungen stört, bittet die Lehrerin ihn um Folgendes (ohne Demonstration):

1. Er soll durch einen senkrecht auf dem Boden stehenden Hula-Hoop-Reifen gehen.
2. Auf dem Boden liegende Gegenstände aufheben.
3. Eine weitere Möglichkeit ist, den Schüler verschiedene Körperteile unterhalb der Taille berühren zu lassen, indem die Lehrerin die folgenden Anweisungen aus der «Körpergeografie-Übung» gibt: Sie bittet ihn, mit beiden Händen seine Füße, Knöchel, Fersen, großen Zehen, kleinen Zehen, Schienbeine und/oder seine Knie zu berühren.

Beobachtungen
Wenn diese Mittellinie noch besteht, stellt sie eine fast unmerkliche Behinderung im Bewegungssystem dar. Der Schüler wird dann in der Regel eher in die Knie oder die Hocke gehen, als sich zu bücken, um durch den Hula-Hoop-Reifen zu steigen, die Gegenstände aufzuheben oder die Körperteile unterhalb der Taille zu berühren.

Diese unsichtbare Barriere ist die Ursache, weshalb ein kleines Kind in die Hocke geht, um eine Muschelschale am Strand aufzusammeln, ohne sich zu bücken. Das ist etwa bis zum vierten Lebensjahr der Fall. Danach bückt es sich natürlicherweise, indem es sich von der Taille an nach vorne beugt. Wenn Schulkinder immer enge Gürtel tragen wollen oder sich einen Pullover um die Taille binden, liegt es möglicherweise daran, dass sie die horizontale Mittellinie erleben. Ein vorstehendes Bäuchlein (wie bei einem jüngeren Kind) verschwindet oft, sobald die Mittellinie bei einem Schulkind überwunden und integriert ist.

Ist sie bei einem älteren Kind noch als störendes Element vorhanden, dann hat es Schwierigkeiten damit, eine Verbindung zwischen Ober- und Unterkörper herzustellen. Seine Beinbewegungen erscheinen möglicherweise eckig, und eine Tendenz zu Plattfüßen kann sich einstellen. Der Schulalltag wird dadurch nicht unbedingt immer beeinträchtigt. Eine nicht überwundene Mittellinie zeigt sich besonders in Eurythmie-, Turn- oder Spielstunden.

Die «Körpergeografie-Übung» (in Kapitel 5, S. 124ff.) gibt dem Schüler die Gelegenheit, die horizontale Mittellinie zu überwinden. Für die Lehrerin ist es wichtig zu betonen, dass der Schüler seine Füße auf dem Boden halten soll und in eine «verkehrte Welt» eintritt, wenn er sich jetzt nach vorne beugt und beim Berühren seiner Körperteile unterhalb der Taille den Raum einmal kopfüber, «verkehrt herum», betrachtet.

B. Die vertikale Mittellinie (Übungen ab 8 Jahren)

Die Lehrerin überprüft diese Mittellinie, indem sie folgende Anweisungen *ohne Demonstration* gibt:

1. Der Schüler soll mit beiden Händen
   - den Kopf berühren
   - die Schultern berühren
   - die Knie berühren
   - die Taille berühren
   - die Ellbogen berühren
   - die Ohren berühren
   - die Stirn berühren.
2. Die Lehrerin kann den Schüler auch bitten, Arme und Hände nach vorne zu strecken und kleine Kreise in die Luft zu malen, die langsam immer größer werden.
3. Wenn sie den am Tisch sitzenden Schüler von hinten beobachtet, während er die unterschiedlichen Aufgaben der ersten Extrastunde löst, kann sie sehen, ob er sich tendenziell zur Seite lehnt, seinen Oberkörper verdreht oder das Blatt um 90 Grad dreht, damit er nicht an der vertikalen Mittellinie arbeiten oder sie kreuzen muss.

Beobachtungen

1. Wenn der Schüler aufgefordert wird, seine Ellbogen zu berühren, und die vertikale Mittellinie noch vollständig besteht, wird er versuchen, seine Handgelenke und Finger so weit wie möglich nach hinten zu verbiegen, um den Ellbogen desselben Armes zu erreichen. Ist die Barriere der Mittellinie nur teilweise überwunden, zögert der Schüler, dann berührt er zuerst den einen Ellbogen des gegenüberliegenden Armes, dann den anderen. Bei vollständig überwundener vertikaler Mittellinie greift der Schüler gleichzeitig mit beiden Händen nach den gegenüberliegenden Ellbogen und kreuzt damit die Körpermitte. *Dieser Test ist nur sinnvoll, wenn dem Schüler diese Art, die Ellbogen zu berühren, vorher nicht gezeigt wurde.*
2. Die Lehrerin beobachtet, ob der Schüler beim Malen der großen Kreise in der Luft seine Hände oder sogar seine Unterarme kreuzt. Der Schüler mit bestehender Mittellinie vermeidet das Kreuzen. Möglicherweise kreuzt er leicht die Hände, aber sicherlich nicht die Arme.
3. Diese und andere Beobachtungen bestätigen, dass die vertikale Mittellinie noch vorhanden ist. Sie zeigen auch, wie beeinträchtigt der Schüler dadurch ist.

Die unsichtbare vertikale Wand durch die Mitte des Körpers teilt ihn in eine rechte und eine linke Hälfte. Beim kleinen Kind ist sie vorhanden, um beide Körperhälften zu entwickeln. Das kleine Kind nimmt seine rechte Hand, um etwas auf seiner rechten Seite aufzuheben, und seine linke Hand, um das Gleiche auf der linken Seite zu tun. Es wechselt mit seiner rechten Hand kaum hinüber zur linken Seite, um etwas aufzusammeln, und umgekehrt (siehe Links-Rechts-Integration in Kapitel 1). Diese Schranke sollte um das siebte Lebensjahr herum verschwunden sein.

Wenn die Mittellinie beim Schulkind noch besteht, hat es oft Schwierigkeiten mit dem Schreiben. Der rechtshändige Schüler legt sein Blatt

Papier möglicherweise weit rechts auf den Tisch, damit es rechts von der Mittellinie liegt. Oder er lehnt sich weit nach links oder dreht seinen Oberkörper nach links. Oder er dreht sich auf seinem Stuhl um und sitzt seitlich zum Tisch – oder er dreht sein Blatt. Das alles sind Positionen, in denen der Schüler zu vermeiden versucht, dass er die Mittellinie berührt oder kreuzt.

Das Lesen ist für solche Kinder oft sehr schwer, da die Augen ständig die Mittellinie überqueren müssen, wenn sie eine Zeile lesen und dann zum Anfang der nächsten Zeile zurückgehen. Bei der Übung zu den Augenbewegungen (S. 92) können wir oft die Schwierigkeiten erkennen, die der Schüler beim Kreuzen dieser Mittellinie hat. Möglicherweise zwinkert er unbeabsichtigt mit den Augen, wenn sie die vertikale Mittellinie kreuzen, oder die Augen zucken in einer sehr feinen, fast unmerklichen Weise zusammen, und/oder sie verlieren die Zeile, die sie in diesem Moment verfolgen, wenn sie die Mittellinie erreichen.

Kinder, welche die vertikale Mittellinie nicht frei überschreiten, vergessen leicht die Merkziffer, die man bei Addition oder Subtraktion übertragen muss. Es fällt ihnen möglicherweise auch schwer, die Zahlen bei langen schriftlichen Divisionsaufgaben in senkrechten Spalten festzuhalten. Diese Kinder schätzen es, wenn sie ein liniertes Blatt als Querformat verwenden dürfen oder ein angemessen groß kariertes Blatt für Rechenaufgaben bekommen. Dann können sie die Aufgaben mit weniger Fehlern lösen.

Viele Übungen in diesem Buch unterstützen die Kinder bei der Überwindung der durch die Mittellinie verursachten Barriere. Besonders hilfreich ist die «Zahlenstern-Übung» (siehe S. 193ff.; weitere Übungen in Kapitel 5). Die Förderlehrerin kann verschiedene Tätigkeiten im Haushalt, Klassenzimmer oder Garten vorschlagen, die bei der Integration der Mittellinie hilfreich sind. Die Lehrerin oder die Eltern sorgen dann dafür, dass das Kind dabei beide Hände an oder jenseits der vertikalen Mittellinie benutzt (siehe Kapitel 5, S. 149f.).

XI. Augenbewegung (ab 7 Jahren)

Die Lehrerin beobachtet, ob sich die Augen des Kindes in allen Richtungen frei bewegen können, wenn sie es auffordert, auf ihre Fingerspitze oder einen Gegenstand zu schauen, und diesen bewegt (45–60 Sekunden).

1. Sie hält einen Stift im Abstand von etwa 30 cm vor das Gesicht des Schülers und zeichnet langsam und gleichmäßig Kreise in die Luft, zuerst im Uhrzeigersinn, dann gegen den Uhrzeigersinn.
2. Sie bewegt den Stift horizontal und diagonal, zuerst von rechts nach links und dann von links nach rechts.
1. Danach führt sie den Stift vom Kind weiter weg und dann wieder näher an seine Augen heran und hält ihn für eine Weile zwei bis vier Zentimeter vom Nasenrücken entfernt, um zu sehen, ob sich beide Augen schielend aufeinander zu bewegen.

Beobachtungen

Übermäßiges Zwinkern, Tränen, Pausen oder Zuckungen in den gleichmäßigen Drehbewegungen der Augen oder die Unfähigkeit eines Auges, sich auf das andere zuzubewegen, mit dem sich nähernden Gegenstand im Blick, weisen meistens auf ein Ungleichgewicht im Auge hin.

Wir brechen die Übung ab, wenn sie für die Augen zu anstrengend wird.

Probleme der Augenmuskulatur können auf Gleichgewichtsstörungen (Gleichgewichtssinn) oder auf die Existenz einer nicht integrierten Mittellinie zurückzuführen sein; auch mit einem schwach entwickelten Eigenbewegungssinn können sie zusammenhängen. Möglicherweise bedürfen sie auch einer Untersuchung durch einen Optometristen, der mit den Methoden der Sehschule vertraut ist.[73]

Die Augen von Kindern, welche die vertikale Mittellinie noch nicht vollständig überwunden haben (siehe die vorhergehenden Überprüfungen unter X.), blinzeln häufig an der Mittellinie, machen hier kurz Halt, zucken oder verlieren den Gegenstand aus dem Blick. Ein Kind, das keine vollständige Kontrolle über seine Augenmuskeln hat, bewegt oft lieber seinen Kopf als nur die Augen, um einem Gegenstand mit Blicken zu folgen. Wenn dies der Fall ist, bitten wir das Kind, sein Kinn mit den Händen festzuhalten, damit sich die Augen ohne Kopfdrehen bewegen können. Alle Schwierigkeiten, die mit den Augenbewegungen zusammenhängen, können sich auf den Spiegelungsprozess beim Lesen und auf die Koordination von Auge und Hand beim Schreiben negativ auswirken. Man sollte die Sehschärfe des Kindes untersuchen und auch sonst alles unternehmen, was in diesem Zusammenhang erforderlich ist. (Hilfreiche Übungen hierfür finden sich in Kapitel 5.)

Zehnjährige und ältere Kinder, die dauerhaft Probleme mit Augenbewegungen haben, können einem Augenoptiker vorgestellt werden, der ganzheitlich arbeitet und möglicherweise eine Sehschule mit ihnen durchführt.[74]

XII. Oben-Unten-Integration: Ball- oder Säckchenwerfen
(ab 7 Jahren)

Die Lehrerin legt dem Schüler ein Säckchen oder einen Ball in die Hand und demonstriert die folgende Übung:

Bei einem jüngeren Kind hilft das Bild, dass das Säckchen durch einen Tunnel kommt. Für das ältere Kind wird in der ersten Extrastunde ein Säckchen verwendet, um Vertrauen zu schaffen; anschließend werden Softbälle benutzt.

1. Der Schüler hält das Säckchen in der rechten Hand und übergibt es dann von außen, unter dem angehobenen rechten Bein hindurch, der linken Hand.
2. Nun übergibt er das Säckchen unter dem linken Bein hindurch der rechten Hand.

3. Wir lassen den Schüler dabei beispielsweise zählen oder Einmaleinsreihen aufsagen und so seinen Rhythmus finden.

Beobachtungen

Verhält sich das Kind ungeschickt? Muss es sich richtig anstrengen? Wenn der Schüler Schwierigkeiten damit hat, die Hand- oder Armbewegungen mit den Beinbewegungen zu koordinieren, heißt das oft auch, dass die horizontale Mittellinie nicht vollständig integriert ist. Seine Kräfte sind nicht bis in die Füße vorgedrungen.

Kann er das Bein weit genug in die Höhe heben, um das Säckchen darunter hindurchzureichen, oder beugt er sich zum Bein herunter? Ist Letzteres der Fall, kann es als Zeichen für die übermächtige Wirkung des in die Schwerkraft führenden Stretching-Systems gesehen werden; der Schüler ist unfähig, dies mit dem Lifting-System auszugleichen. Verliert er das Gleichgewicht, wenn er das Bein anhebt? Behält er deswegen beide Füße auf dem Boden, beugt sich nach unten und versucht, das Säckchen unter sein Bein zu bekommen?

«Überkreuzt» er nach einer Weile, das heißt, reicht er das Säckchen mit der rechten Hand unter dem linken Bein hindurch und umgekehrt? In diesem Fall greift das Seelisch-Geistige zu stark in die physisch-ätherische Organisation ein, wobei der Lebensleib geschwächt wird. (Wir schauen uns zum Vergleich die Ergebnisse der Farbneigungsübung an.)

Ob wir diese Übung auch im *Förderunterricht* einsetzen, hängt davon ab, wie der Schüler sie hier durchführt. Anschließend bewegt er sich in den vorgegebenen Richtungen und spricht gleichzeitig rhythmische Verse oder das Einmaleins.

Wenn dem Schüler diese Übung leichtfällt, folgt die Oben-Unten-Ballübung mit zwei Bällen (S. 138f.).

XIII. Links-Rechts-Integration: Ball- oder Säckchenwerfen

(ab 8 Jahren)

Mit Säckchen, die in der ersten Stunde verwendet werden, gewinnt die Lehrerin Vertrauen. In den Folgestunden werden – außer für jüngere Kinder – Softbälle eingesetzt. Die Lehrerin hält in jeder Hand ein Wurfsäckchen und demonstriert, was sie im Folgenden erläutert:

1. Wirf ein Säckchen in die Höhe.
2. Übergib gleichzeitig der leeren Hand das andere Säckchen.
3. Fange mit der leeren anderen Hand das fallende Säckchen auf.
4. Setze diesen Reigen fort.
5. Nachdem der Schüler diese Übung in einer Richtung durchgeführt hat, beginnt er mit der anderen Hand in entgegengesetzter Richtung.

Beobachtungen

Wenn die Beidhändigkeit überwunden ist und eine bilaterale Integration stattgefunden hat, ist der Schüler in der Lage, diese Übung durchzuführen; jede Hand erfüllt dabei ihre Aufgabe: Die werfende Hand bewegt sich nach oben, und die andere kreuzt die vertikale Mittellinie, dann dreht sich die Handfläche nach unten, um das Säckchen in die empfangende Hand zu legen. Mit diesen besonderen Bewegungen wird die Hand rhythmisch aus der Schwerkraft herausgeholt und wieder in sie hineingeführt. Die Übung macht dem Schüler durch *Lifting*-Bewegungen seine linke und seine rechte Seite bewusst (siehe Lifting- und Stretching-Bewegungen, S. 32f.).

Oftmals werden beide Bälle gleichzeitig in die Höhe geworfen. Das zeigt, dass der Wille des Schülers seinen Leib nicht durchdringt. Möglicherweise kann das Kind den Ball ganz geschickt mit der rechten Hand zuerst hochwerfen, doch wenn es die Richtung wechselt (wie in 5.), folgt die rechte Hand den Bewegungen der linken und zeigt damit, dass sie als rechte Hand nicht unabhängig von der linken ist;

somit beherrscht der individuelle Wille des Schülers nicht seinen Körper. Das Gegenteil kann ebenso vorkommen – rechts dominiert links. Beide Situationen zeigen, dass der Schüler noch in der beidhändigen, beidseitigen (symmetrischen) Entwicklungsphase verhaftet ist (siehe Kapitel 1). Die Handbewegungen des kleinen Kindes haben die Tendenz, einander zu spiegeln, bis es ungefähr fünf Jahre alt ist. Bilaterale Integration entwickelt sich erst, wenn die vertikale Mittellinie freier gekreuzt wird; dann kann sich Dominanz vollständig etablieren. Die zwei Hände sind dadurch allmählich in der Lage, unabhängig voneinander und dennoch aufeinander abgestimmt Handlungen zu vollziehen, ohne die Bewegungen der anderen Hand zu spiegeln, zum Beispiel beim entspannten Halten eines Brotlaibs mit der einen Hand, während die andere sorgfältig eine Scheibe davon abschneidet.

Wir können hier erkennen, wie manche Kinder zu stark von den *Stretching*-Bewegungen bestimmt werden. Es fehlt das Gleichgewicht zwischen *Stretching*- und *Lifting*-Bewegungen. Das können wir beobachten, wenn die Kinder den Ball mit einem Klammergriff, d.h. mit nach unten gedrehter Handfläche, aus der Luft schnappen. Dieses Bedürfnis nach Umklammerung beim Festhalten von Sinneseindrücken kann durch die Kugeldreh- und die Ballprell-Übung korrigiert werden (siehe Kapitel 5, S. 163f. und 177f.).

Die Lehrerin beobachtet die Augen: Folgen sie dem Ball oder starren sie geradeaus? Dies zeigt an, wie stark die Koordination von Auge und Hand ist, wie stark sich die Augen an den Bewegungen der Hände beteiligen (siehe Kapitel 5, Links-Rechts-Ballübung, S. 136f. für weitere Gesichtspunkte zu dieser Übung).

Die beiden zuletzt genannten diagnostischen Übungen (XII. und XIII.) sind gleichzeitig auch die therapeutischen Übungen für das, was sich durch sie zeigt.

Abb. 7a–d: Blauer Mond und rote Sonne (siehe «Farbneigung der Augen», S. 73ff.)

a

b

Abb. 8 a–b: Toms Bilder (siehe Text S. 106ff.)

a

b

Abb. 9 a–b: Dicks Bilder (siehe Text S. 108f.)

a

b

Abb. 10 a–b: Harrys Bilder (siehe Text S. 109ff.)

XIV. Die Gesamtverfassung des Kindes: Das Mensch-Haus-Baum-Bild (ab 7 Jahren)

Wenn das Kind ein Bild mit einem Menschen, einem Haus und einem Baum unter den nachfolgend beschriebenen Bedingungen malt, vermittelt uns das Bild einen Gesamteindruck der Körpergeografie, der Raumesorientierung und der Seitigkeitsentwicklung des Kindes. Es bestätigt, was wir über das Kind mittels der vorhergehenden diagnostischen Übungen herausgefunden haben. Das *Haus* ist eine archetypische Form, bestehend aus einem Quadrat und einem Dreieck – dem Körper und der Seele. Die Einzelheiten des Hauses – Fenster, Schornsteine, Rauch, Tür und Weg – illustrieren das objektive strukturelle Bild des Körpers. Der Mensch gibt hier die dreigliedrige seelische Organisation des Leibes wieder – falls die Bildekräfte der Seele, die in die Gestaltung des Leibes strömten, ihre Arbeit schon vollendet haben. In einer detaillierten Darstellung der *menschlichen Gestalt* (Kopf, Ober- und Unterleib, Gliedmaßen) – also des dreigliedrigen Körpers – zeigt sich eine harmonische Integration der Kräfte, die innerhalb des Körpers als Bildekräfte gewirkt haben und jetzt, nach dem Zahnwechsel, für das Lernen frei sein sollten. Der *Baum* steht sowohl für das Atmungssystem generell als auch für das damit verbundene Nervenelement; ein Baum mit Äpfeln symbolisiert den Reichtum, den die Seele in das gegenwärtige Leben möglicherweise mitbringt. Ernst Marti liefert uns weitere Beobachtungen, die wir auf den gezeichneten Baum anwenden können. Er erklärt in wunderbar klaren Worten den Unterschied zwischen dem Ätherleib als solchem und dem Bildekräfteleib.[75]

Wenn wir das fertige Bild anschauen, können wir erkennen, ob die Raumesorientierung des Schülers ausreichend entwickelt ist. Steht das Haus auf dem Erdboden? Wie wird die Erde erlebt? Steht der Mensch auf der einen Seite des Hauses, der Baum auf der anderen? Wie werden Rechts und Links erfahren? Gibt es Himmel und

Erde (Oben und Unten)? Kommen die Dimensionen des Vorne und Hinten vor, indem sich etwas vor oder hinter dem Haus, dem Menschen oder dem Baum befindet? Gibt es einen Schornstein, aus dem Rauch austritt? (Das ist ein Zeichen von «Aktivität» im Haus – im Willen.)

Durch die Beobachtung der Kinder und das Studium ihrer Bilder lernen wir, sie zu «lesen».[76] Die Erfahrung hat gezeigt, dass manche Kinder aus unteren Klassenstufen beim Zeichnen des Mensch-Haus-Baum-Bildes mit Wachsmalblöcken die Tendenz haben, das Blatt mit schnellen, breiten Strichen zu versehen, welche die urbildlichen Formen wie Dreieck und Quadrat nur schemenhaft erscheinen lassen. Darin könnte man einen Mangel an Sorgfalt erkennen; oft malen sie schnell ein Bild, das sie einem wenige Minuten später schon aushändigen. Wenn Erst-, Zweit- und Drittklässler Wachsmal*stifte* verwenden, sehen wir dagegen gewöhnlich mehr Spiralformen (Bäume, Rauch, Wolken), zahlreiche Einzelheiten, die Dreigliedrigkeit der Gestalt und feinere Details am Haus.

Vorgehensweise

Die Lehrerin legt Wachsmal- und Buntstifte in allen Farben bereit: Rotviolett, Blauviolett, Karminrot, Zinnoberrot, Orange, Rosa, Schwarz, Grau, Weiß, je zwei verschiedene Töne von Braun, Gelb, Grün und Blau. Sie legt ein DIN A4-Blatt als Querformat vor den Schüler.

A. Bevor das Kind dieses Bild malt, muss es sich in unten beschriebener Weise bewegen, sodass wir kein «Fantasiebild», sondern einen Niederschlag dessen bekommen, wie es seinen Leib und den Raum ergreift – *dies ist eine wichtige Vorübung für das Zeichnen eines Mensch-Haus-Baum-Bildes.* Bei jüngeren Kindern demonstriert die Lehrerin nicht nur alle Sequenzen der Übung, sondern führt sie mit dem Kind zusammen durch. Ältere Schüler können nach kurzer Demonstration jede Bewegungsfolge selbst ausführen; auf diese Weise kann man sehen, ob das Kind den Rhythmus und die Richtungen aufnehmen kann, ohne den Erwachsenen nachzuahmen.

1. Der Schüler soll drei- oder viermal nacheinander so hoch wie möglich springen.
2. Dann steht er der Lehrerin gegenüber, und sie fordert ihn auf,
   a. abwechselnd vor dem Körper und hinter dem Rücken zu klatschen und dabei laut bis zehn zu zählen (eine Zahl pro Handschlag)
   b. abwechselnd über dem Kopf und hinter dem Rücken zu klatschen und dabei laut bis zehn zu zählen
   c. abwechselnd über dem Kopf und vor dem Körper zu klatschen und dabei laut bis zehn zu zählen
   d. oben, hinten und vorne (in dieser Reihenfolge) zu klatschen und dabei laut bis zwölf zu zählen.
3. Der Schüler wiederholt die Sequenz (2. a. – d.), wobei er laut zählt, klatscht und zusätzlich hochspringt.

B. Die Lehrerin bittet den Schüler: «Male ein Bild, auf dem ein Mensch, ein Haus und ein Baum zu sehen sind, und alles, was du sonst noch malen möchtest.»

Beobachtungen

A. Kinder, welche die Bewegungsrichtungen für das Klatschen umkehren, zeigen diese Schwierigkeit oft auch bei anderen diagnostischen Übungen. Dies sind gewöhnlich die Kinder, deren Lifting-System vom Stretching-System unterdrückt wird. Wenn Kinder Schwierigkeiten damit haben, Klatschen, Springen und Zählen miteinander zu koordinieren, werden sie möglicherweise durch die horizontale Mittellinie beeinträchtigt.

B. Die Lehrerin achtet darauf, wie das Kind den Wachsmal- oder Buntstift hält – gibt es irgendeine Anspannung, wirken die Gelenke eher locker oder werden die Finger umständlich um den Stift herum platziert? Sie vergleicht diese Haltung mit der Fingerstellung beim Schreiben (siehe II. Schreiben, S. 48ff., und Abbildung 1). Mit welcher Hand nimmt das Kind den Stift auf, mit welcher Hand zeichnet es? Dreht es das Papier um oder sind seine Finger-, Hand-, Unter- und Oberarmgelenke beweglich genug, um die verschiedenen Kurven und Formen auf das Bild zu zeichnen? Was malt es als Erstes, Zweites, Drittes? Malt es beim Menschen zuerst den Kopf? Sitzt es gerade mit dem Blatt genau vor sich? Was machen seine Füße? Bewegt es während des Zeichnens seinen Kiefer oder seine Zunge? Folgt der Kopf der malenden Hand?

Viele dieser Beobachtungen bestätigen, was wir zuvor in der diagnostischen Situation gesehen haben. Schwierigkeiten bei der Körperhaltung – zum Beispiel wenn die Füße um die Stuhlbeine geschlungen werden, der Kopf mit den Handbewegungen verbunden ist, umständliche Stifthaltungen vorliegen – weisen normalerweise auf unvollständige Integration des posturalen Systems hin (Eigenbewegungs- und Gleichgewichtssinn) sowie auf unreife Bewegungsmuster. Umständliche oder verkrampfte Stifthaltung ist auch ein Zeichen für eine unreife feinmotorische Entwicklung der Hand. Solche Beobachtungen machen wir bei Kindern, deren Körpergeografie unvollständig entwickelt ist und die oft auch keine ausreichende Raumesorientierung haben.[77]

Wenn Körper- und Stifthaltung in der oben beschriebenen Weise beeinträchtigt sind, ist es wichtig, das Kind einem Osteopathen vorzustellen, damit Blockaden im Strukturleib ausgeschlossen werden können. Erhält ein Schüler Craniosacrale Therapie, sind Extrastunden-Übungen geradezu empfohlen, um das Bewegungssystem in Verbindung mit dieser Therapie umzuschulen. Besonders hilfreich sind die Übungen «Großer Wagen», «Dreifache Spirale», «Gerade Linie und Acht» wie auch die Übung «Rechtwinkliges Dreieck» oder die Kupferkugelübung (siehe Kapitel 5). Wenn die feinmotorische Entwicklung verzögert ist, sollten Lehrer und Eltern darauf achten, dass das Kind regelmäßig künstlerisch und handwerklich tätig ist und zudem Aufgaben und Pflichten in Haus (Küche) und Klassenzimmer übernimmt. Mit Scheren schneiden, Papier (Origami) falten, nähen, filzen, stricken, Teig oder Ton kneten, Schuhe polieren, Lappen auswringen und das Geschirr von Hand spülen – das alles sind Tätigkeiten, welche die Feinmotorik der Hände schulen. Da das Kind dabei beide Hände an der Mittellinie einsetzt, integrieren diese Tätigkeiten auch die vertikale Mittellinie (siehe die oben beschriebene Überprüfung der Mittellinien und Kapitel 5).

Beispiele und Interpretationen von Mensch-Haus-Baum-Bildern
Die folgenden Hinweise zum Lesen eines Mensch-Haus-Baum-Bildes gelten nur dann, wenn die Zeichnungen unter folgenden Bedingungen angefertigt worden sind: am Ende einer Stunde, in der das Kind getestet wurde, und im Anschluss an die oben beschriebene Spring- und Klatschübung. Diese Hinweise können auch auf die unten beschriebene Stichprobensituation (S. 117) angewendet werden.[78]

Die Bilder auf den Abbildungen 8, 9 und 10 (S. 98ff.) stammen von drei Jungen; nennen wir sie Tom (7 Jahre, 9 Monate), Dick (10 Jahre, 4 Monate) und Harry (12 Jahre). Dick war ein Jahr zuvor von einer staatlichen Schule gekommen. Nach einem ganz guten Anfang stagnierte plötzlich seine Entwicklung, und er zog sich zurück. Als Ursachen vermutete der Schulpsychologe einen Schock durch den Tod seines Freundes und einen Krankenhausaufenthalt nach einem Unfall.

Toms Schrift war groß und unsicher mit vielen Buchstabenverdrehungen. Die zwei anderen Jungen schrieben in spitz zulaufenden Buchstaben. Harrys Schrift war unleserlich. Die Dominanz von Tom und Dick war gekreuzt; Harry war vollkommener Linkshänder. Die Wahl der Gliedmaßen sowie die Bewegungsfolgen (beim Seitigkeitstest) waren bei allen drei Jungen sehr auffällig. In der Farbneigungsübung waren die Farben vertauscht. Der Blumenstab bei der Blumenstabübung war ein «Flaschenhals»; alle Linien liefen durch einen Punkt; in Dicks und Harrys Übung waren sie oben geschlossen.

A. Toms Bilder

Das *Haus* als archetypische geometrische Form besteht aus *Quadrat* (physischer Leib und Ätherleib) und Dreieck (das Geistig-Seelische). In Toms erstem Bild (s. Abbildung 8a, S. 98) sind diese beiden Urtypen vorhanden; dabei zeigt sich jedoch beim Haus die gleiche Bewegungsgeste wie beim Menschen. Es gibt keinen Ein- oder Ausgang, da Türen und Fenster weggelassen sind. Es kommt auch kein Rauch aus dem Schornstein.

Der Mensch (Jungen zeichnen gewöhnlich einen Mann) weist nicht die vollständige Dreigliedrigkeit auf, die wir im Vorschulstadium erwarten: Kopf – Oberkörper und Arme – Unterkörper und Beine. Hier dagegen ist der Körper ein Rechteck, und die Arme ragen ungelenk heraus, als ob auf der einen Seite bewusst ein griechisches Kreuz (+) und auf der anderen ein lateinisches Kreuz (†) dargestellt sei. Beides sind urbildliche Stadien, die hier miteinander in Konflikt geraten sind. Auffallend ist auch, dass Rot (Haus) und Blau (Oberkörper) hier, so wie in seiner Farbneigungsübung, vertauscht sind.

Als Tom den Mann zeichnete, begann er mit den Beinen. Sie stehen in einem ungünstigen Winkel zueinander – wie auch Tom, als Folge eines Unfalls, seine Beine beim Laufen in ungewöhnlicher Weise bewegte. Die Farbe Rotviolett zeigt, dass er sich wohl der Lebenskräfte bewusst ist, die nach unten strömen; sie erreichen jedoch nicht die Füße. Es sind Hände zu sehen, doch er zeichnet sie wie ein Fünfjähriger. Oberflächlich betrachtet könnte man meinen, es sei für ein Kind das Normalste der Welt, einen Hut zu zeichnen; die Erfahrung lehrt aber etwas anderes. Der Hut deutet darauf hin, dass der Strom der Bildekräfte vom Kopf in den Leib blockiert ist (zum Beispiel durch die Flut von Sinneseindrücken in den ersten Jahren; siehe Kapitel 1 und 2).

Der Baum als Urbild wird mit vielen Funktionen des *Rhythmischen Systems* in Verbindung gebracht – in diesem Fall mit seiner Struktur. Es sind keine Blätter vorhanden, was bedeutet, dass sich die Seele nicht stark genug mit Ätherleib und physischem Leib verbindet. Die Zweige sind unregelmäßig und disharmonisch angeordnet.

Räumlich gesehen ist das Bild unreif. Oben und Unten sind lediglich angedeutet. Vorn und Hinten lassen sich aus der Position des Mannes vermuten, er ist jedoch zwischen Haus und Baum wie eingekeilt. Wir haben das Bild einer Entwicklung, die im Stadium eines Fünfjährigen stehengeblieben ist.

Rätselhaft in der ersten Zeichnung ist der Haken, der am Hals zu sehen ist. Auf Nachfrage erfuhren wir, dass Tom im Alter von fünf Jahren aus dem Bett gefallen war und dabei seinen Kiefer gebrochen hatte. Es wurde angeraten, einen Osteopathen zu Rate zu ziehen. Die Untersuchung ergab, dass die Verletzung des Kiefers eine Fehlanpassung der Halswirbel zur Folge hatte, die eine feine Störung im Nervensystem verursachte.

Toms zweites Bild (s. Abbildung 8b, S. 98) entstand ein Jahr nach den Behandlungen durch den Osteopathen. Außer der Arbeit im Klassenverband waren keine weiteren Fördermaßnahmen ergriffen worden. Auf dem Bild hat sich alles verändert: Figur, Baum und Haus. Die größte Weiterentwicklung zeigt sich im *Haus* (dem Leib).

Rauch kommt aus dem Schornstein, und das Haus verfügt nun über ein Fenster. *Fenster stellen ein Bindeglied zwischen den inneren und den äußeren Sinneserfahrungen dar.* Ihre Anzahl verrät uns auch, wie das Seelenleben seine Verbindung zum Körper ausdrückt. Während des Schlafes weitet die Seele ihre Erfahrung bis in den Kosmos aus; die Kräfte des Tierkreises, welche die Seele dort erfährt, werden im physischen Leib und im Ätherleib widergespiegelt. Ein einzelnes Fenster bedeutet, dass diese Erfahrung in der Seele bleibt – das Dreieck des Hauses – und dass sie nicht imstande ist, in den Willen bzw. den Stoffwechsel einzudringen. Deshalb bleibt das Ich in einer Art «Schlafzustand» in Bezug auf seinen Inkarnationswillen. Es gibt kein Kreuz im Fenster, das heißt, die Seele wird von den Sinneseindrücken überwältigt. Die neuen Lebenskräfte (rotvioletter

Fensterrahmen) versuchen einzuströmen, aber sie werden von dem Blauviolett (im Fenster) zurückgehalten.

Kein Untergrund, keine Hände und Füße, keine Tür, ein Hut auf dem Kopf – all das zeigt uns, dass Tom von einer Förderung durch die Extrastunde profitieren würde.

B. Dicks Bilder

Dicks erstes Bild (s. Abbildung 9a, S. 99) ist selbst nach einem Jahr Waldorfschule sehr karg. Es gibt keinen farbigen Himmel und nur eine schmale Linie für die Erde. Der Mensch, das Haus und der Baum befinden sich in der rechten Blatthälfte, sodass das *Willenselement im Raum in Form eines Vorne und Hinten* fehlt. Der *Baum* ist die «Lebensader», und auch sie ist nur schwach gezeichnet. Die Baumdarstellung zeigt den Weg der Seele in die Atemorganisation – die Atemwege –, ist aber nur zart angedeutet. Der Lungenbereich zeigt sich in dem die Äste umgebenden Grün.

Das *Haus* ist nur *zur Hälfte* sichtbar. Dieses Motiv taucht in der letzten Zeit immer häufiger auf. Das Haus bildet nicht wirklich die Urbilder ab (Dreieck und Quadrat, Tür, Schornstein). Es gibt nur ein Fenster mit einem vagen Kreuz. Obwohl die Seele in den Leib eintaucht (es gibt keine Linie zwischen Dach und dem Quadrat des Hauses), versucht sie, sich vor überwältigenden Sinneseindrücken zu schützen (das Kreuz im Fenster). Sowohl das *Haus* als auch der *Mensch* sind dunkelbraun. Kinder verwenden diese Farbe, wenn bei ihnen die alten, vergangenen Kräfte überwiegen, zum Beispiel starke Vererbungskräfte, alte Gewohnheiten, Triebe usw., die einer freien Entwicklung im Wege stehen.

Wieder ist der *Mensch* sehr einfach dargestellt – nicht einmal so, wie ein jüngeres Kind ihn zeichnen würde. Er hat weder Hände noch Füße, sondern nur ein Mund (Kiefer) ist zu erkennen. Wir denken hier an die Beobachtung Rudolf Steiners, dass der Unterkiefer und sein muskuläres System alles empfangen, was an Geistigem vom Kopf herabströmt.[79]

Nun schauen wir darauf, wie der Kopf auf Hals und Armen sitzt. Wir erfuhren von Dicks Unfall und baten wieder um eine orthopädische Untersuchung. Dieses Mal ergab ein Röntgenbefund, dass ein Rückenwirbel in der unteren Halsregion verschoben war. Nach einer osteopathischen (craniosakralen) Behandlung sagte Dick: «O Mama, ich fühle mich auf einmal so frei!» Die Arbeit mit der Extrastunde wurde fortgesetzt, sodass die körperliche Koordination nachreifen konnte. Den weiteren Hilfebedarf deckten der Schulpsychologe und die Lehrer.

Das zweite Bild (s. Abbildung 9b, S. 99) wurde ein Jahr später gemalt (das vierte in einer sehr interessanten Reihe). Der dreidimensionale *Raum* ist nun vorhanden. Der *Baum* hat sich entfaltet. Das *Dreieck des Dachs* ist sichtbar und von den Wänden abgesetzt. Die Farbe hat sich bei diesem Gebäude und bei dem Baum in einen gesünderen Braunton verwandelt. Die beiden Fenster erzählen uns, dass die Seele damit beschäftigt ist, den zweigliedrigen Erbleib (Kopf – Rumpf) umzuformen.[80] Die *Tür* hat eine Klinke und ein Fenster. Auf einem früheren Bild (nicht abgebildet) wurden die Farben Blau und Rot benutzt. Das Rotviolett der neuen Lebenskräfte leuchtet in Haus und Garten in voller Pracht. Ein *Pfad* zur Tür ist entstanden, und eine *Person nähert sich* – eine Frau (wer Steiners Darstellung *Die Erziehung des Kindes vom Gesichtspunkte der Geisteswissenschaft* gelesen hat, versteht diesen Tatbestand). Dick hat mit seinen Willenskräften seinen physischen Leib noch nicht ganz durchdrungen; der Schornstein fehlt noch, aber die Sonne scheint, der Mensch hat Hände und Füße, und das Blauviolett (eine Farbe, die immer seelische Belastung oder Angst bedeutet) wird in das echte Rotviolett der Lebenskräfte umgewandelt.

C. Harrys Bilder

Raumesorientierung (Bewusstsein von Links–Rechts, Oben–Unten, Vorne–Hinten) ist bis zu einem gewissen Grad erkennbar; das Links-Rechts-Bewusstsein ist schwach (s. Abbildung 10a, S. 100). Die Seitigkeit hat sich noch nicht gefestigt; der Baum dominiert die Szene. Es handelt sich um einen «luftigen» Baum, denn seine Wurzeln berühren gerade noch den Boden. In diesem Baum sehen wir den Einfluss des Atems (Seele) auf seinen Träger, das Nervensystem. Das ausgeprägte Grün ist ein Zeichen von Intellektualität. Harry hatte immer eine Antwort parat. Er wusste einfach über alles und jeden Bescheid, aber er konnte seine eigene Nase nicht finden.

Das *Haus* ist hohl, und die Fenster schweben in der Wand (man beachte, dass die Fenster rotviolett sind und die Tür rot ist). Die *Struktur* des Dreiecks und des Quadrates fehlt; beide Elemente gehen nahtlos ineinander über. Das Blauviolett zeugt von zu früher seelischer Verantwortung. (Als Harry drei Jahre alt war, wurde sein körperlich behinderter Bruder geboren.) Das Fehlen des Rauchs ist ein Zeichen, dass die Willenskräfte nicht ausreichend am Stoffwechsel beteiligt sind.

Der *Mensch* steht höher auf der Erde als der Baum, doch er ist dreigliedrig. Das Blaugrün hängt möglicherweise mit der Temperamentsfärbung zusammen (melancholisch, phlegmatisch). Der rote Kopf ist ein Hinweis auf eine intensive Sinnestätigkeit. Die *Gebärde* der Gestalt deutet auf ein Gleichgewichtsproblem hin. Die abgeschnittene Darstellung der Sonne, getrennt vom umgebenden Himmelsblau, signalisiert Eifersucht.

Das zweite Bild (s. Abbildung 10b, S. 100) wurde zehn Monate später gezeichnet; es deutet auf eine große Veränderung hin. Der *Baum* ist stabil und steht fest auf der Erde. Stamm und Krone werden unterschieden, wobei der Stamm sich verästelt und die Krone in Spiralbewegungen gezeichnet wurde. Der *Mensch* wirkt robust und steht auf dem Boden; die braune Farbe zeigt, dass er in die Schwere seines physischen Leibes mit all seinen Gewohnheiten und Trieben hineingefunden hat. Dagegen weist das *Haus* mit seinem lieblichen Magenta (Rotviolett) und seinen drei Fenstern auf das Belebende des ätherischen Leibes hin. Haus und Dach sind differenziert, und das runde Fenster ist ein Zeichen dafür, dass das Geistig-Seelische im Schlaf aktiv an seinem

Leib arbeitet und nicht länger von seinem Temperament absorbiert wird. Der *Hund,* eine noch irdischere Intelligenz, führt den Menschen zu einem neu beseelten Haus (in Magenta / Rotviolett dargestellt), über dem eine zinnoberrote Sonne scheint.

Beobachtungen

Die Bilder, die unsere Schüler uns *unter diesen speziellen Bedingungen* schenken, sollten wir *mit ehrfürchtigem Interesse* betrachten. Wir sollten in der gleichen Art und Weise über sie nachdenken, wie wir es tun, wenn das Kind physisch anwesend ist. Wir müssen den Eindruck, den wir von dem Kind haben, und sein Bild in unsere Meditationen mit aufnehmen, um zu verstehen, was das Kind uns sagen möchte. Es ist sehr wichtig, dass wir *nicht verallgemeinern und zu einem schnellen Schluss kommen.*

In solchen Bildern können wir viele weitere Feinheiten finden, die mit dem Charakter und der Entwicklung des Kindes zusammenhängen. Ein diagnostisches Verfahren, so wie es hier als erste Extrastunde beschrieben wird, zeigt, ob die Entwicklung der ersten sieben Jahre in einem bestimmten Bereich stillsteht oder nicht, und liefert einen wichtigen und lebendigen Beitrag zur Kinderbesprechung. Ein teilweiser Entwicklungsstillstand ist ein fundamentaler Faktor bei Kindern mit Lernschwierigkeiten und sollte behandelt werden, bevor Nachhilfeunterricht erteilt wird. *Sinn und Zweck der Arbeit mit Extrastunden-Übungen ist es, jede notwendige anschließende Lernbetreuung auf der Basis einer soliden physiologischen und seelischen Entwicklung realisieren zu können.*

Zusätzliche Anwendungsmöglichkeiten der ersten Extrastunde

I. Der «Kurztest» für die ganze Klasse

Um festzustellen, welche Kinder die Entwicklungsstufen des ersten Jahrsiebts nicht vollständig durchlaufen haben, können Förder- oder Klassenlehrer in der zweiten Klasse (für Sieben- bis Achtjährige) sogenannte Kurztests durchführen.

A. Farbneigung der Augen

Alle Kinder erhalten ein Blatt Papier (DIN A4). Sie sollten ihre Wachsmalstifte verwenden und ein Farbspektrum zur Verfügung haben, das auch Rosa, Rotviolett, Blauviolett, zwei Rottöne, Braun und Schwarz beinhaltet. Sie legen das Papier im Querformat vor sich. Dann werden folgende Anweisungen erteilt:

1. Malt einen blauen Mond und eine rote Sonne.
2. Schreibt in die rechte untere Ecke des Blattes euren Namen.

B. Mensch-Haus-Baum-Bild

Danach drehen die Kinder das Blatt um; daran schließen sich folgende Schritte an:

1. Sie stehen auf.
2. Sie führen die Spring- und Klatschübung in der oben beschriebenen Weise durch (siehe S. 103).
3. Nun malen sie mit ihren Wachsmalstiften und mit den oben erwähnten Farben das Bild mit Mensch, Haus und Baum und allem, was sie sonst noch gerne malen möchten.

Dieses Bild entspringt in gleicher Weise dem Organismus, so wie das Auge die Gegenfarben erzeugt. Wir sehen die innerlich objektive Beziehung des Kindes zu seinem Leib und seinen Bewegungen im Raum. Zu Interpretationen siehe die vorangehenden Abschnitte.[81]

Die Lehrerin kann so erkennen, welche Schüler von individueller Förderung profitieren würden; für ihre Einschätzung kann sie die Zeichnung von jedem Kind zugrunde legen sowie ihre Wahrnehmung der Schüler, die mit Schwierigkeiten zu kämpfen haben.

II. Einschulungstest und Test für Quereinsteiger in die Klassen 1 – 4

Einschulung in die erste Klasse (ab 6 ½ Jahren)
Bei Schuleintritt im Herbst sollte das Kind sechseinhalb Jahre alt sein, um in die erste Klasse gehen zu können. In manchen Waldorfschulen ist es üblich, Eltern davon zu überzeugen, dass sie ihren Kindern ein weiteres Jahr im Kindergarten gönnen, wenn deren Geburtsdatum in die Zeit nach Ostern fällt. Nach einem solchen Jahr haben die Vorteile immer überwogen. Unser wachsendes Lebenstempo und seine negativen Auswirkungen auf die Sinne sorgen heutzutage dafür, dass Kinder im Alter von sechs Jahren immer weniger reif für die Schule sind. Sie brauchen oft noch weitere sechs Monate, um das letzte Stadium ihrer Entwicklung, die sie im Kindergarten durchmachen, vollständig abzuschließen.[82]

Wenn wir das Kind, das eingeschult werden soll, um das Folgende bitten, können wir uns ein Bild von seiner Entwicklung machen. All dies kann ebenso zu diagnostischen Zwecken (erste Extrastunde) angewendet werden.

A. Zeichnen horizontaler Geraden und Wellenlinien
Die Lehrerin legt einen schmalen Streifen Papier (normales Schreib- oder Zeichenpapier) – ungefähr 43 cm breit und 9 cm hoch – horizontal

und mittig vor das Kind, das auf seinem unter den Tisch geschobenen Stuhl sitzt. Dann bittet sie das Kind um Folgendes:

1. Zeichne eine Linie von links nach rechts über das Papier.
2. Nun zeichne eine Linie unterhalb der ersten in die entgegengesetzte Richtung.

An dieser Zeichnung erkennen wir, ob das Kind die vertikale Mittellinie frei kreuzt oder ob es sich zur Seite lehnt, dreht oder seitlich sitzt, ob es das Papier über die Mittellinie bewegt, um das Kreuzen zu vermeiden, oder ob es das Blatt um 90 Grad dreht und die Linie vertikal zeichnet, also von oben nach unten. Es ist besonders hilfreich, wenn wir das Kind beim Malen dieser Linien unauffällig von hinten beobachten. Jegliche Bewegung des Oberkörpers ist von hinten besser zu erkennen (siehe die Ausführungen zur vertikalen Mittellinie, S. 89ff.). Wir sehen auch, ob zwischen Seele und Ätherleib bzw. physischem Leib, was die Bewegung betrifft, eine gesunde Beziehung besteht. Kinder, welche die Linie unterbrechen oder darübermalen, können nicht ausreichend über ihre Willenskräfte verfügen. Zu starker oder zu schwacher Druck deutet auf Schwierigkeiten bei der Bewegungskoordination hin. Wenn die nichtdominante Hand das Papier festhält, ist dies ein Zeichen für eine gute bilaterale Integration; in diesem Fall arbeiten die beiden Hände wirkungsvoll zusammen und können sich letztendlich kreuzen.

3. Jetzt soll das Kind eine Wellenlinie von links nach rechts über das horizontal vor ihm liegende Blatt zeichnen.
4. Dann soll es eine zweite Wellenlinie von rechts nach links, also wieder zurück, zeichnen.

Dies zeigt, wie geschickt die Hand ist und ob das Kind sein Handgelenk frei bewegen kann. Kann es zwischen *Stretching-* und *Lifting*-Bewegungen abwechseln? Kinder, welche die Wellenlinie zum Beispiel gerade zeichnen, können die Reaktion der *Lifting*- auf die *Stretching*-Gebärden nicht spüren (siehe Kapitel 1 und 2). Wollwickelübung, Murmelübung, Kugeldrehübung und die Übung «Dehnen und Zusammenziehen der Hand» (siehe Kapitel 5, S. 129, 133, 163 und 182) können dabei helfen.

B. Vierblättrige Blütenform

1. Die Lehrerin zeichnet den Umriss einer vierblättrigen Blüte (ungefähr 5 x 5 cm) – die Mitte bleibt leer – und fragt das Kind, was dies sein könnte.
   Wenn der Begriffssinn und die innere Vorstellungskraft nicht gestört sind, sagt das Kind: «Das ist eine Blume» oder «ein vierblättriges Kleeblatt» oder «ein Schmetterling».
2. Dann bittet die Lehrerin das Kind, die Form zu vervollständigen.

Malt es nur den Stiel dazu oder auch Blätter, Boden und Wurzeln? Und malt es alles farbig an? Wir bekommen dadurch einen Eindruck von der Vitalität und dem Gesundheitszustand des Kindes.

C. Die Lehrerin lässt danach folgende Übungen machen (siehe die Anleitung auf den vorherigen Seiten):

1. Ball- oder Säckchenwerfen
2. Test zur Koordination von Hand, Auge und Sprache
3. Tests zur «einfachen» Dominanz
4. Augenbewegungstest

D. Zeichnen einer Lemniskate

Die Übung eignet sich für Kinder, die in die erste Klasse kommen (oder in die zweite Klasse), oder für Kinder, bei denen wir zu anderen Gelegenheiten die Tendenz bemerkt haben, dass sie das Kreuzen vermeiden.

1. Die Lehrerin zeichnet zwei Punkte auf ein hochkant vor ihr liegendes Blatt Papier, einen über den anderen, und darum herum eine

senkrechte Acht; sie kann die beiden Punkte mehrmals umfahren. Man kann sich dazu ein Bild überlegen.

2. Dann legt sie ein Blatt mit zwei Punkten vor das Kind und bittet es, das Gleiche zu tun. Wenn dies dem Kind nach mehreren Versuchen nicht gelingt, liegt möglicherweise eine Schwierigkeit bei der Koordination von Links und Rechts und/oder von Oben und Unten vor; dann ist eventuell eine medizinische Untersuchung erforderlich.

E. Die diagnostische Einschätzung kann wahlweise mit folgenden Übungen fortgesetzt werden (die Beschreibungen hierzu befinden sich auf den vorhergehenden Seiten):

1. Farbneigungsübung
2. Übungen zum Robben und Krabbeln auf dem Boden
3. Überprüfung der Mittellinien
4. Mensch-Haus-Baum-Bild mit vorheriger Spring- und Klatschübung.

Eintritt in die Klassen 2–4

Ab dem Ende der zweiten Klasse kann man die Kinder auch Folgendes durchführen lassen:

1. Blumenstabübung
2. Spiegelungsübung
3. Seitigkeitstest
4. Das Zeichnen der geraden und welligen Linien, der Lemniskate und der vierblättrigen Blütenform sind Übungen, die nach der zweiten Klasse eingesetzt werden können, wenn die Lehrerin es befürwortet.

III. Wiederholung der Diagnostik innerhalb einer Klasse

Kinder, die im Klassenzimmer Schwierigkeiten zeigen, bei denen sich aber keine Gelegenheit für individuellen Förderunterricht ergibt, können im Alter von neun Jahren und nochmals mit elf bis zwölf Jahren durch folgende Übungen neu angeschaut werden:

1. Kreuztest
2. Farbneigungsübung
3. Blumenstabübung
4. Überprüfungen der «einfachen» Dominanz
5. Seitigkeitstest, wenn sich bei Punkt 4 und 5 in einem früheren Testverfahren Auffälligkeiten zeigten
6. Mensch-Haus-Baum-Bild mit vorheriger Spring- und Klatschübung.

Auf diese Weise können Lehrer sämtliche Fortschritte seit der Einschulungsuntersuchung feststellen und die allgemeine konstitutionelle Weiterentwicklung ihrer Schüler mitverfolgen. Damit lassen sich leichter Schwierigkeiten voraussehen, die möglicherweise in der Pubertät auftreten werden. Wenn wir zur rechten Zeit angemessen handeln, können wir unseren Schülern die notwendige Hilfe und Unterstützung zukommen lassen.

Die diagnostische Stunde: Weitere Bemerkungen

Bringt ein Kind schon eine ganze «Krankengeschichte» mit – Komplikationen bei der Geburt oder größere Unfälle, etwa plötzliche Stürze, Kopfverletzungen, die es sich durch Stürze beim Rennen zugezogen hat –, können wir vermuten, dass seine grob- und seine feinmotorische Entwicklung sowie seine Lernfähigkeit eventuell durch subtile Blockaden des Strukturleibs beeinträchtigt sind. Der Schularzt kann das Kind deshalb zur weiteren Diagnostik an einen Physiotherapeuten oder Osteopathen verweisen, der sich mit der von William Garner Sutherland entwickelten Craniosacralen Osteopathie auskennt.[83]

Aber auch dann muss das Bewegungssystem des Körpers noch «umgeschult» werden, während gleichzeitig an den strukturellen, orthopädischen Beeinträchtigungen gearbeitet wird. Dementsprechend ist es hilfreich, die Übungen aus diesem Buch sowie räumlich orientierte Bothmergymnastik bzw. Spacial Dynamics oder hygienische Eurythmie anzuwenden. Heileurythmie ist angezeigt, wenn die schlechte Haltung eines Kindes medizinisch-orthopädische oder psychologische Ursachen hat, zum Beispiel Skoliose oder Depression.

Diese Schwierigkeiten lassen sich vorhersehen, wenn Vorschulkinder folgende Schwächen oder Auffälligkeiten zeigen:

- schlaffe Gliedmaßen
- Beine, die seitlich nach hinten gespreizt sind («W-Sitz»), wenn das Kind auf dem Boden sitzt
- Verhaltensschwierigkeiten in Gruppensituationen, zum Beispiel wenn das Kind boxt oder zwickt, um zu kommunizieren
- die Unfähigkeit, zuzuhören und sich zu konzentrieren
- eine mangelhafte Nachahmungsfähigkeit.

All diese Faktoren sind, wie in den vorangehenden Kapiteln beschrieben, das Ergebnis unvollständiger Bewegungs- und Sinneserfahrung in der frühen Kindheit.

Klassenlehrer sollten die Erzieherinnen konsultieren, wenn ein Kind Schwierigkeiten damit hat, sich in den Schulalltag einzuleben. Ist ein Kind im Kindergarten richtig glücklich gewesen und wird erst in der Schule verhaltensauffällig, dürfen wir eine Unreife vermuten, die möglicherweise bald unsere Aufmerksamkeit verlangt.

Die Übungen der ersten Extrastunde zeigen uns, was wir bereits in der einen oder anderen Hinsicht vermuten. Sie bestätigen unsere Beobachtungen und geben uns gleichzeitig einen warnenden Hinweis, genau hinzuschauen und zu erkennen, wo sich die Schwierigkeiten offenbaren, und dann Maßnahmen zu ergreifen, bevor sich die Situation verfestigt hat.

Folgende diagnostische Übungen sind gleichzeitig therapeutisch einzusetzen:

IV. Test zur Koordination von Hand, Auge und Sprache
VI. Blumenstabübung
VIII. Spiegelungsübung
XII. Oben-Unten-Übung mit einem Ball
XIII. Links-Rechts-Übung mit einem Ball.

Die diagnostische Stunde: Abschließende Bemerkungen

Die diagnostische Stunde basiert auf den Grundsätzen der Waldorfpädagogik, und ihre Übungen gehören zur Schulerfahrung der Kinder, die im Unterricht ein «Atmen» zwischen den bewegten und eher ruhigen Tätigkeiten erleben. Die Übungen sollte eine erfahrene Lehrerin bzw. ein erfahrener Lehrer mit ihnen ausführen, am besten jemand, den sie kennen. Es ist besonders wichtig, *die Übungen in einer Stunde durchzuführen.* Einzelne Übungen sollten nicht aus dem Zusammenhang gelöst und in ungewohnten Situationen eingesetzt werden. Dies kann das Kind überraschen und somit sein intellektuelles Bewusstsein ansprechen. Das gilt vor allem für den individuellen Kreuztest und die Farbneigungsübung. Diese Übungen sollte die Lehrerin in der Extrastunde organisch in die Bewegungsübungen einflechten, sodass ein atmender Wechsel zwischen Verdichtung und Ausdehnung entstehen kann. Die Kinder sind an das Malen am Ende der Stunde gewöhnt, sodass das Mensch-Haus-Baum-Bild einen geeigneten Abschluss bildet.

Mittlerweile besteht in der anthroposophischen Pädagogik weitgehend ein Bewusstsein davon, dass viele der eigenartigen, zuweilen bizarr anmutenden Bewegungs- und Verhaltensauffälligkeiten, die man im Klassenzimmer feststellen kann, auf ein mangelhaftes Funktionieren des Gleichgewichtssinns (des vestibulären Systems) und des Eigenbewegungssinns (der Wahrnehmung der Eigenbewegung oder der Kinästhesie) zurückzuführen sind. Das ungeschickte Kind, der «Zappelphilipp», der bei jeder Gelegenheit auf seinem Stuhl kippelt, der Bleistifttrommler, das Kind, das alles fallen lässt, das Kind, das zu lang und zu laut lacht, dasjenige, das leicht ablenkbar ist, und dasjenige, das vom Stuhl fällt – sie alle zeigen Symptome, die auf Schwierigkeiten in den genannten Sinnesbereichen hindeuten.

Einige der in diesem Buch beschriebenen Übungen kann man auf einem Schaukelbrett machen; dadurch werden Gleichgewichts- und Eigenbewegungssinn noch mehr angeregt. Wenn die angesprochenen Probleme erkannt sind, können hygienische Eurythmie, Spacial Dynamics oder Bothmer-Gymnastik ebenfalls zum Ziel führen. Verhaltensprobleme wie die beschriebenen sind eher ein *Hilfeschrei* als bloße Ungezogenheit.

Manche Kinder können unsere verbalen Anweisungen nicht in allen Einzelheiten hören oder verarbeiten; möglicherweise wiederholen sie für sich selbst das Gesagte (manchmal flüsternd), stellen klärende Fragen und/oder brauchen die Anweisungen zum wiederholten Mal. Wenn dies in der ersten Extrastunde der Fall ist, kann man eine Abfolge von zwei, drei oder vier Bewegungsanweisungen erteilen, die das Kind erst dann ausführen soll, wenn die ganze Reihe aufgezählt worden ist und ein Signal ertönt; zum Beispiel: «Stampfe mit einem Fuß auf, berühre mit deiner rechten Hand das Kinn, dann hüpfe auf einem Fuß vorwärts.» Dies kann etwa von einem Dritt- oder Viertklässler verlangt werden. Schüler, die Schwierigkeiten mit der auditiven Verarbeitung und dem auditiven Gedächtnis haben, ersetzen möglicherweise diese Anweisungen durch andere, verkehren die Reihenfolge oder lassen eine oder mehrere aus.

Unsere eigenen Untersuchungen haben gezeigt, dass es auch Kinder gibt, die trotz ungenügender Raumesorientierung und mangelhafter Körpergeografie keine offenkundigen Lernprobleme haben. Doch fehlen diese Errungenschaften, dann werden sich auch Hindernisse bei der Entwicklung künftiger kognitiver Fähigkeiten einstellen, vor allem in Bezug auf Selbsterkenntnis und darauf, den eigenen Platz in der Welt zu finden.[84] Auch für diese Kinder muss Sorge getragen werden. Nach einer gewissen Zeit, in der wir mit ihnen die notwendigen maßgeblichen Übungen machen, können sie sich diese grundlegenden Fähigkeiten aneignen.

Die Gründe für all diese Schwierigkeiten sind vielfältig, zum Beispiel die konstante Anforderung, dass Kinder immer früher die statomotorischen Entwicklungsstufen durchlaufen sollen, indem die Erwachsenen etwa in das Erlernen des aufrechten Ganges eingreifen, oder das Fahren auf Dreirad, Fahrrad oder Tretauto, bevor das Kind fest mit den Füßen auf der Erde steht. Wenn das Kind ständig mit dem Auto gefahren wird und nicht oft genug – auch auf größeren Strecken – zu Fuß geht, wenn es lange fernsieht, anstatt frei zu spielen, und früh mit Computern und Videos in Kontakt kommt, so sind dies alles Faktoren, die dem Kind die Zeit zum Spielen rauben und die Erfahrung vorenthalten, den eigenen Körper in der dafür vorgesehenen Weise zu nutzen.

Der Druck auf Kinder, möglichst früh zu lernen, hat die Frage verstummen lassen: Was sind eigentlich die wesentlichen Erfahrungen, die ein Kind in den verschiedenen Wachstums- und Entwicklungsstufen machen sollte?

Kapitel 5

Die Übungen

Einführung

Die folgenden Übungen haben sich ursprünglich aus meiner Arbeit mit Kindern entwickelt, die elf Jahre oder älter waren. Seit Ende der Siebzigerjahre jedoch traten bei immer jüngeren Kindern Lernschwierigkeiten und Verhaltensauffälligkeiten auf. Seit der Jahrtausendwende erscheint es wesentlich, sich schon um das achte Lebensjahr herum ein vollständiges Bild von jedem Kind zu machen, da sich zu diesem Zeitpunkt bereits viele Schwierigkeiten zeigen. Durch schnelles Handeln können Not und Frustration verhindert werden. Sicherlich sind bei Bedarf auch vor dem achten Lebensjahr Untersuchungen und Behandlungen durch einen anthroposophischen Arzt, einen Heileurythmisten oder einen Chirophonetik-Therapeuten[85] sinnvoll.

Meine Schüler kamen einmal pro Woche eine Stunde lang zu mir nach Hause, die jüngeren während der Schulzeit, die älteren im Anschluss daran. Obwohl es wichtig ist, den für jedes Kind geeigneten Rhythmus zu finden, sollte sich die Förderlehrerin auch auf die besonderen Umstände einer jeden Situation einstellen. Für einige Kinder ist beispielsweise der wöchentliche Rhythmus unpassend; sie können zwei Wochen lang täglich eine Stunde ein intensives Übungsprogramm absolvieren und anschließend jeden Morgen zehn Minuten vor dem Unterricht kommen, um eine besondere Übung durchzuführen. Bewährt hat sich auch die Variante, das Kind einige Wochen täglich für zwanzig Minuten aus dem Unterricht zu holen (etwa in der ersten Hälfte des Halbjahres, während die zweite Hälfte des Halbjahres für andere Maßnahmen wie z.B. Heileurythmie oder Lernförderung genutzt werden kann); diese Abfolge sollte jedes Halbjahr für mindestens ein Jahr durchgeführt werden. Tägliche Einheiten sind möglich, wenn der Unterricht in der Schule stattfindet. Einige Förderlehrerinnen haben die Erfahrung gemacht, dass zweimal wöchentlich stattfindender Förderunterricht besonders für Schüler der etwas höheren Klassen hilfreich ist – eine Stunde für die Übungen der Extrastunde, die andere für die Arbeit am Lesen, an der Rechtschreibung, der Grammatik, dem freien Schreiben und dem Rechnen, wobei dafür immer kreative Methoden angewandt werden sollten (siehe Kap. 6). Die Schüler können Hausaufgaben bekommen, die zehn Minuten täglich in Anspruch nehmen und die sie zur nächsten Stunde wieder mitbringen. Ein entscheidender Aspekt ist der Rhythmus des physischen Leibes. Das Geistig-Seelische benötigt etwa ein Jahr, um seine Aktivität in die physische bzw. strukturelle Entwicklung des Körpers zu integrieren. Der Astralleib hat einen wöchentlichen Rhythmus; auf dem 24-stündigen Rhythmus des Ich beruht die Bedeutung täglicher Hausaufgaben.[86]

Bei jeder Übung findet sich die Angabe des Mindestalters in Klammern. Wenn nicht anders angegeben, macht die Lehrerin jede Übung zunächst vor, sodass der Schüler beobachten kann, was zu tun ist. (Wie bereits in Kap. 4 erwähnt, sollte sich die Lehrerin gründlich mit den Übungen vertraut machen, um sie exakt durchführen zu können.) Sie kann altersentsprechende Bilder verwenden, um den Schüler zu motivieren.

Übungen zur Entwicklung der Körpergeografie

I. **Körpergeografie 1** (für Klasse 1–3 bzw. im Einzelunterricht für Kinder von 7–10 Jahren)[87]

Die Lehrerin gibt die Anweisungen. Sie macht die Übungen *nicht* vor, da sonst die Wahrscheinlichkeit besteht, dass die Kinder ihre Bewegungen unmittelbar spiegeln.

Die Lehrerin kann beispielsweise zu den folgenden Handlungen auffordern.

A. 1. Klasse (7–8 Jahre)

1. Erstes Halbjahr: Die rechte Hand berührt nur verschiedene Teile der rechten Körperhälfte (zum Beispiel rechtes Knie, rechte große Zehe) oder mittig (zum Beispiel Nase, Bauch, Stirn), ohne Kreuzung zur linken Seite.
2. Zweites Halbjahr: Die rechte Hand berührt weiterhin nur Teile der rechten Körperhälfte, außerdem berührt jetzt «die andere Hand» (es ist unserer Einschätzung überlassen, ob wir hier auch bereits den Begriff «links» einführen) verschiedene Körperteile, ohne die Körpermitte zu kreuzen.

B. 2. Klasse (ab 8 Jahren)

Fortfahren wie am Ende der 1. Klasse (jetzt mit dem Begriff «links»); dabei sollte aber vorwiegend die rechte Hand gebraucht werden. Allmählich können die Anweisungen in schnellerem Tempo erfolgen. Es können zwei oder drei Anweisungen auf einmal gegeben werden, welche die Schüler nach einem Startzeichen ausführen sollen. Die Lehrerin bezieht weitere Körperteile mit ein.

C. Ab der 3. Klasse

Die rechte Hand kreuzt die Körpermitte, um die genannten Körperteile auf der linken Seite zu berühren. Die linke Hand kreuzt, um die Körperteile der rechten Seite zu berühren. Die Lehrerin gibt drei oder mehr Anweisungen auf einmal.

Überlegungen

Dieses bewusste Kreuzen in der 3. Klasse steht in Beziehung zu dem Bewusstseinswandel im Alter von ungefähr neun Jahren (dem sogenannten «Rubikon»). Das heißt nicht, dass jüngere Kinder keine Tätigkeiten ausführen sollen, bei denen die Hände die vertikale Mittellinie kreuzen. Ganz im Gegenteil – Klatschspiele und feinmotorische Aktivitäten, bei denen die Hände an oder über die Körpermitte geführt werden, spielen eine wichtige Rolle bei der Integration dieser Mittellinie. Der Unterschied zu der hier beschriebenen Übung besteht darin, dass das neunjährige Kind die Kreuzung jetzt bewusst ausführt.

Heutzutage müssen wir vielen Kindern dabei helfen, ihre Dominanz zu festigen, da die Dominanzentwicklung nicht mehr auf natürliche Weise gewährleistet ist, wie z.B. durch traditionelle Kinderspiele und die Anleitung der Erwachsenen, die rechte Körperhälfte für praktische Tätigkeiten zu nutzen (z.B. eine Tür mit rechts zu öffnen, zuerst den rechten Arm in den Ärmel zu stecken usw.). Erstaunlich viele Kinder wissen nicht, welches ihre rechte und welches ihre linke Hand ist. Neben anderen Faktoren kann die Formulierung «Das ist recht» im Sinne von «Das stimmt» für Verwirrung sorgen. Bei jüngeren Kindern sollte man die rechte Körperseite als solche benennen, während die linke Seite mit «andere Hand», «anderer Fuß» usw. bezeichnet wird.

Die beschriebenen Übungen können variiert werden, indem die Schüler (einer Klasse) die Anweisungen mit geschlossenen Augen hören (und sie dadurch aufnehmen, ohne auf Nachbarn oder Freunde zu schauen).

II. Körpergeografie 2 (ab 9 Jahren)[88]

Der Schüler (oder die ganze Klasse) steht vor der Lehrerin. Sie gibt die folgenden Anweisungen, ohne die Bewegungen selbst durchzuführen. (Wenn es sich um die ganze Klasse handelt, können die Schüler auch die Augen schließen.)

A. Version 1:

1. Berühre deinen Kopf mit den Fingerspitzen deiner rechten Hand.
2. Berühre dein linkes Knie mit deiner Nase usw.

B. Version 2:

Gleichzeitig:

1. Lege dein rechtes Handgelenk auf deine linke Schulter und deinen linken Ringfinger auf deinen Kopf. Tausche die Positionen der beiden Hände. Und noch einmal zurück.
2. Lege deine linke Handfläche auf dein Kinn und dein rechtes Handgelenk auf dein rechtes Knie. Tausche die Positionen. Und noch einmal wechseln.
3. Halte dein linkes Ohrläppchen zwischen linkem Zeigefinger und Daumen, dein rechtes Ohrläppchen zwischen dem rechten kleinen Finger und Daumen. Nun wird gekreuzt: linkes Ohr mit der rechten Hand fassen und rechtes Ohr mit der linken Hand fassen – in einer gleichzeitigen Bewegung.
4. Lege den rechten Daumen auf deine Nase, den linken Zeigefinger an dein rechtes Ohr. Dann umgekehrt.

In dieser Weise können wir viele weitere Kombinationsmöglichkeiten vorschlagen.

C. Version 3:
Um die Unabhängigkeit zwischen Hören und Sehen zu entwickeln, kann die Spiegelungsübung eingesetzt werden, die in Kap. 4 beschrieben ist (ab 9 Jahren).
Überlegungen: siehe I. Körpergeografie 1 (S. 124f.).

III. Die Hände nachfahren und ausmalen (ab 7 Jahren)

Wenn die Handbewegungen schwach sind – wie wir das bereits bei der Spiegelungsübung (Kap. 4) festgestellt haben – und das Kind kein Bewusstsein von Links und Rechts hat, sollte es die Umrisse jeder Hand mit einem Buntstift nachzeichnen. Anschließend wird die rechte Hand rot, die linke blau ausgemalt. Das ist eine gute Hausaufgabe.

IV. Würfelübung (ab 7 Jahren)

Gebraucht werden trockene, aus Ton modellierte Würfel (Kantenlänge 1–2 cm). Der Schüler steht und hat sein Gewicht gleichmäßig auf beide Füße verteilt.

1. Der Schüler hält jeweils einen Würfel zwischen den Endgliedern seiner Finger an einer Hand (insgesamt drei Würfel).
2. Diese drei Würfel werden zwischen den Fingern gehalten, während ein weiterer Würfel, der auf dem Handrücken derselben Hand liegt, hochgeworfen und mit der Handfläche dieser Hand aufgefangen wird. Statt des Würfels auf dem Handrücken kann zunächst auch ein Bohnensäckchen verwendet werden.
3. Nach einigen Würfen wird die Übung mit der anderen Hand wiederholt.
4. Der Schüler kann Zahlenreihen oder einen Spruch aufsagen, während er den vierten Würfel in einer rhythmischen Bewegung wirft und fängt.

Überlegungen

Was machen die Augen des Schülers? Folgen sie den Handbewegungen und den hochgeworfenen Würfeln? Was machen Zunge und Kiefer? Wenn sie sich entspannen, hat das Kind seine Hände vollständiger durchdrungen. Diese Übung ist hilfreich für Kinder, die Bälle mit ihren Fingerspitzen fangen, die beim Krabbeln und Kriechen ihre Handfläche nicht gerne auf den Boden legen und/oder dabei ihre Hand zur Faust mit eingeschlagenen Fingern ballen. Sie eignet sich auch gut, wenn Kinder ungeschickt oder angespannt den Stift halten oder wenn sie in ihrer feinmotorischen Entwicklung verzögert sind.

V. Rollen von Bienenwachskugeln (ab 7 Jahren)

Die Lehrerin verwendet eine blaue und eine rote Kugel aus Bienenwachs mit einem Durchmesser von ca. 4 cm. Der Schüler sitzt in guter Haltung am Tisch, beide Füße stehen flach auf dem Boden, die rote Kugel befindet sich unter der rechten, die blaue Kugel unter der linken Handfläche.

Die Kugeln werden gleichzeitig gerollt: die rote im Uhrzeigersinn mit der rechten Hand, die blaue gegen den Uhrzeigersinn mit der linken Hand.

Überlegungen

Zunge und Kiefer sollten wieder gut beobachtet werden. Wann sind sie in der Lage zu entspannen? Mit etwas Übung gelingt es dem Kind, dass die Kugeln nicht unter der Handfläche wegrollen, sondern in der Mitte bleiben. Auch bei dieser Übung kann das Kind gleichzeitig einen Vers sprechen. Ähnlich wie die vorhergehende ist diese Übung hilfreich, um die Handflächen zu spüren; sie hilft bei ungeschickter oder angespannter Stifthaltung und bei verzögerter feinmotorischer Entwicklung.

VI. Die Finger-Kupferstab-Übung (ab 7 Jahren)

Der Schüler hält das untere Ende eines senkrecht gehaltenen Kupferstabes oder einer Holzstange, wobei die Handfläche und alle Finger den Stab umschließen (Palmargriff) und der Daumen nach oben zeigt. Der Stab bleibt die ganze Zeit senkrecht.

1. Die Finger «wandern» am Stab entlang nach oben, indem Daumen und Zeigefinger den Stab schrittweise ein Stück weiter oben halten und die übrigen drei Finger nachfolgen.
2. Diese Bewegungen werden wiederholt, bis das Ende des Stabes erreicht ist.
3. Dann wandern die Finger am Stab entlang nach unten; dabei gehen die drei Finger voraus, während Daumen und Zeigefinger folgen. (Diese Richtung ist viel schwieriger!)
4. Die Übung wird mit der anderen Hand wiederholt.

Überlegungen

Diese Übung wird oft im Eurythmieunterricht eingesetzt. Sie ist eine ausgezeichnete Schulung der Fingergeschicklichkeit und eignet sich auch für Kinder mit ungeschickter oder angespannter Stifthaltung. Wenn die Bewegungen dem Kind sehr schwerfallen, genügt es anfangs, wenn das Kind in der Mitte des Stabes beginnt. Je stärker und geschickter die Finger werden, umso weiter unten kann die Hand anfangen. Auch hierfür gibt es passende Reime, die man dazu sprechen kann.

VII. Wollwickelübung (ab 7 Jahren)

Die Füße des Schülers stehen parallel und mit leichtem Abstand; das Körpergewicht ist gleichmäßig auf beide Füße verteilt. Dies ist ein wesentlicher Teil der Übung.

1. Das Kind windet den Faden eines ultramarinblauen Wollknäuels um den kleinen Finger und den Daumen der linken Hand in Form

einer Acht. Das Knäuel liegt auf dem Boden, möglicherweise in einem Korb. Die Finger bleiben vollkommen gestreckt, und die Wolle wird im Uhrzeigersinn um den linken kleinen Finger gelegt und gegen den Uhrzeigersinn um den linken Daumen. Dann wird die Wolle wieder zum Knäuel gewickelt (siehe unten, Punkt 3.).

2. Die Übung wird mit karminroter Wolle und umgekehrten Wickelrichtungen an der rechten Hand wiederholt (gegen den Uhrzeigersinn um den kleinen Finger, mit dem Uhrzeigersinn um den Daumen). Die Wolle wird wieder zum Knäuel gewickelt.
3. Beim Wickeln muss darauf geachtet werden, dass mit der rechten Hand von unten in Richtung Körper, dann nach oben, weg vom Körper, und wieder nach unten gewickelt wird, während die linke Hand das Knäuel hält. Linkshändige Kinder wickeln die Wolle in derselben Richtung mit der linken Hand, während die rechte Hand das Knäuel hält.

Überlegungen

Diese Übung bezieht das Zusammenspiel von Elle und Speiche (also den Unterarmknochen) mit ein; sie regt den Wechsel zwischen *Stretching*-System (der Bewegung, die sich mit der Schwerkraft verbindet) und *Lifting*-System (der Bewegung, die sich aus der Schwerkraft löst; siehe Kap. 2.) an.[89] Dabei ist es wesentlich, dass die Hand, die das Knäuel hält, still gehalten wird, während sich die andere, auf der sich die Lemniskatenform aus Wolle bildet, nach der einen oder anderen Seite dreht. Wenn die Wolle auf diese Weise in den angegebenen Richtungen gewickelt wird, wird ein Höchstmaß an Drehbewegungen im Unterarm der sich drehenden Hand erreicht. Es kann passieren, dass die Wolle fester und fester gewickelt wird, bis Daumen und kleiner Finger ganz zusammengebunden sind. Die Lehrerin sollte dies *kommentarlos geschehen lassen*, kann jedoch ein Bild verwenden, um den Schüler zu ermuntern, das nächste Mal das Garn lockerer zu wickeln.

Während der ganzen Übung, auch beim Aufwickeln der Wolle, stehen die Füße des Schülers parallel und mit leichtem Abstand. Es kann für den Schüler, wenn er dazu in der Lage ist, eine zusätzliche Anforderung sein, die Füße dicht zusammenzustellen.

Die Lehrerin beobachtet, wie die Bewegungen den ganzen Körper ergreifen. Wenn sich das Gewicht auf einen Fuß verlagert, sich eine Hüfte verdreht, eine Schulter nach oben gezogen wird usw., zeigt dies, dass der Bewegungsfluss blockiert ist. Letztendlich sollte das Kind entspannt und geschickt wickeln, wobei Hand und Finger die ganze Zeit über gestreckt sind. Für die Übung sollte die Hälfte eines großen Wollknäuels verwendet werden oder mehrere Knäuel in verschiedenen Größen zur Verfügung stehen, sodass der Schüler allmählich mehr wickeln kann. Beim erneuten Aufwickeln der Wolle zum Knäuel wickeln Kinder oft von oben nach unten in Richtung zum Körper hin, was der natürlichen Armbewegung entgegenläuft. Diese Wickelrichtung führt dazu, dass die Bewegung der Schultern nach innen verläuft – so wie der natürliche Schwung der Hüften beim Gehen; dabei wird der «obere Mensch» (der eigentlich frei sein sollte) gezwungen, dem «unteren Menschen» zu folgen wie beim Laufen auf allen vieren bei einem Tier. Die Lehrerin hilft dem Kind durch ein Bild, die richtige Wickelrichtung zu finden.

Diese Übung ist besonders hilfreich für Kinder mit unzureichenden feinmotorischen Fähigkeiten sowie für Schüler, die eine unreife oder verspannte Stifthaltung und eine wenig gestaltete Handschrift aufweisen (häufig malen diese Kinder im Mensch-Haus-Baum-Bild den Menschen ohne Hände). Außerdem ist sie für Kinder geeignet, die ihre Finger gekrümmt halten (dies ist oft beim Krabbeln zu sehen) oder Verspannungen in Schultern, Nacken und Händen haben; außerdem für Kinder, welche die Verbindung von Oben und Unten oder Links und Rechts unzureichend entwickelt haben. Zur Verbesserung einer unleserlichen Handschrift ist auch die Murmelübung hilfreich (siehe unten, S. 133f.) sowie das Schreiben mit dem dominanten Fuß.[90]

VIII. Wollstrang-Übung (ab 7 Jahren)

Ein Wollstrang ist für ein Kind von heute ein ungewöhnliches Phänomen. Aus einem karminroten oder ultramarinblauen Wollknäuel wickelt man zunächst einen Strang um die beiden Arme des Kindes. Der Strang wird mit Wollfäden an drei oder vier Stellen zusammengebunden. Der Schüler hat sein Körpergewicht gleichmäßig auf beide Füße verteilt. Der Wollstrang wird über beide Handgelenke gelegt. Dann gibt die Lehrerin folgende Anweisungen:

1. Mit dem rechten Handgelenk den Strang so lange drehen, bis er fest zusammengewunden ist.
2. In die Gegenrichtung drehen, und zwar so lange, bis er erneut fest zusammengewunden ist.
3. Mit der rechten Hand wieder zurückdrehen, bis der Wollstrang die Ausgangsposition erreicht hat.
4. Schritte 1, 2 und 3 werden mit dem linken Handgelenk wiederholt.
5. Nun drehen beide Arme gleichzeitig in entgegengesetzter Richtung, bis der Strang fest zusammengedreht ist, dann das Gleiche in Gegenrichtung.
6. Wenn der Schüler diese Übung geschickt und in einer rhythmischen Bewegung ausführen kann, legt die Lehrerin ihm den Wollstrang beidseitig in die Beuge zwischen Daumen und Zeigefinger und fordert den Schüler erneut auf, die Übung durchzuführen.
7. Die Übung wird immer beendet, indem der Strang zu einer schönen Acht mit ineinandergreifenden Enden gewunden wird.

Überlegungen

Bei ersten Versuchen mit dieser Übung hören wir oft Muskelgeräusche im Bereich des Schulterblattes. Häufig entsteht auch Verwirrung über die Bewegungsrichtung der Arme. Man beachte das Phänomen, wie sich der Strang durch fortlaufendes Winden in derselben Richtung schließlich in sich selbst umkehrt. Dies ist das Motiv der Überreizung der Sinne im Tagesbewusstsein – das Motiv des *Stretching*-Systems (siehe Kapitel 2). Um sich vor der Flut der Sinneseindrücke zu schützen, kehren sich unsere Bewegungen um, sodass die natürliche Reaktion des *Lifting*-Systems verhindert wird.[91] Das bedeutet, dass der Astralleib sich nicht vom Ätherleib und vom physischen Leib lösen kann und die Synapsen blockiert werden. Diese Übung wirkt stärkend, indem sie die Spannung in Schultern, Armen, oberem Rücken und Nacken lockert. Sie ist besonders hilfreich für Schüler, die vielleicht in der Lage sind, einen Ball sehr weit zu werfen, aber es anscheinend nicht schaffen, im Eurythmieunterricht ihre Arme über den Kopf zu heben.

IX. Murmelübung (ab 7 Jahren)

Während die Lehrerin bisher *Lifting*-Bewegungen in der oberen Körperhälfte aktiviert hat, wendet sie sich nun den unteren Extremitäten zu. Sie bittet den Schüler, seine Socken auszuziehen, nachdem sie ihn gefragt hat, ob seine Füße sauber sind (oder ob er diese Übung lieber das nächste Mal durchführen möchte).

A. Der Schüler sollte auf einem Tisch sitzen und die Beine baumeln lassen, sodass die Bewegungen durch den ganzen Körper gehen können. Die Murmeln werden so tief wie möglich zwischen die Zehen gesteckt. Nur wenn der Schüler gar nicht in der Lage ist, die Murmeln wieder loszuwerden, kann man sie etwas weiter vorne platzieren.
   1. Die Lehrerin steckt zwischen den großen Zeh und den zweiten Zeh beider Füße je eine Murmel. Sie bittet den Schüler, alle seine Zehen zu bewegen, um die Murmeln fallen zu lassen.
   2. Danach wird je eine Murmel mit der gleichen Aufforderung zwischen das nächste Zehenpaar beider Füße gesteckt.
   3. So geht es weiter bis zum kleinen Zeh – dazwischen gibt es unter Umständen lange Pausen, und die Zehen werden viel bewegt.

B. Manche Kinder haben so schlaffe Zehen, dass sie die Murmeln gar nicht halten können. In diesem Fall geht die Lehrerin folgendermaßen vor:

1. Sie bittet den Schüler, die Murmeln mit den Zehen aufzunehmen und in einer Schachtel zu sammeln.
2. Dann soll der Schüler auf den Fersen laufen, während die Murmeln zwischen den Zehen stecken.

Überlegungen

Viele unbewegliche, nicht durchdrungene Füße wird man bei dieser Übung zu Gesicht bekommen. Die Bewegungen der Füße setzen sich bis in die Finger, in die Handrücken und den Kiefer hinein fort; meistens ist eine Seite mehr von diesen Mitbewegungen betroffen. Dies sollte dokumentiert werden.

Schüler aller Altersgruppen mögen diese Übung. Fünfzehn- und Sechzehnjährige sind über ihre Ungeschicklichkeit bass erstaunt. Die Reaktionen sagen viel über ihren Charakter aus.

Die Murmelübung eignet sich hervorragend für Kinder, die eine Tendenz zu Plattfüßen haben, sich leicht an den Füßen stoßen oder kein Bewusstsein für ihre Füße haben (und normalerweise die Person im Mensch-Haus-Baum-Bild ohne Füße malen).

Die Übung ist auch für Schüler hilfreich, die Schwierigkeiten mit ihrer Handschrift haben; dabei ist ebenfalls das Schreiben mit dem dominanten Fuß sinnvoll.

X. Kupferkugel-Spiralübung (ab 8 Jahren)

Der Schüler sitzt mit einer Kupferkugel in der linken Hand auf dem Boden.

1. Er bewegt die Kugel im Uhrzeigersinn um seinen Körper, beginnend bei den Füßen, den Knöcheln, den Unterschenkeln und allmählich immer weiter ansteigend.

2. Jedes Mal, wenn sich die Kugel auf der Rückseite des Körpers befindet, wird sie in die linke Hand übergeben, um dann vorne wieder in die rechte Hand zu wechseln.
3. In dieser Weise wird die Kugel um den Körper bewegt, bis eine Art Kokon entstanden ist, der auch den Kopf einschließt.
4. Wenn die Kugel die Schädeldecke berührt hat, wird sie anschließend unter dem Kinn eingeklemmt.
5. Dann wird das Kinn angehoben, sodass die Kugel langsam den Körper entlang bis zu den Füßen rollt. Dafür hebt der Schüler seinen Körper mit gestreckten Beinen leicht an, indem er sich nach hinten auf seine Hände stützt.
6. Die Schritte 1–5 werden zweimal wiederholt.

Überlegungen

Dies ist eine gute Übung für unkonzentrierte und zerstreute Kinder oder für Schüler, die empfindsam auf ihre Umgebung reagieren. Sie wirkt sammelnd und hüllebildend.

Wenn die Kugel unter das Kinn geklemmt wird und dann bis zu den Füßen rollt, stimuliert sie den Eigenbewegungs- und den Gleichgewichtssinn.

XI. Perlen zählen: Koordination von Hand, Auge und Sprache (ab 7 Jahren)

Diese Übung kann auch als Körpergeografie-Übung eingesetzt werden. Die Beschreibung der Übung findet sich in Kapitel 4 (S. 58f.); siehe außerdem «Perlen zählen» in Kapitel 6, S. 238.

Übungen zur räumlichen Orientierung

I. Links-Rechts-Ballübung (ab 8 Jahren, siehe Kap. 4)

Benötigt werden zwei weiche Bälle (gestrickt oder gehäkelt, gefilzt, aus Wolle gewickelt oder folgendermaßen hergestellt: Man nimmt zwei runde Scheiben aus Karton mit einem großen Loch in der Mitte, legt sie aufeinander und wickelt Wolle durch das Loch um die Scheiben, bis es ausgefüllt ist; dann schneidet man die Fäden an der Peripherie auf und befestigt einen Wollfaden sehr fest zwischen den Scheiben um die jetzt losen Wollfäden; die Scheiben werden entfernt, und der Ball wird flauschig aufgeschüttelt). Die Farben der Bälle sollten vorzugsweise ultramarinblau und karminrot sein. Anfänglich können auch Bohnensäckchen verwendet werden.

Der Schüler hat in jeder Hand einen Ball, und es wird ihm folgende Übung gezeigt:

1. Der Ball in der rechten Hand wird hochgeworfen.
2. Gleichzeitig wird der Ball von der linken Hand in die rechte übergeben, indem der Schüler geschwind die Körpermitte kreuzt und die linke Hand über der rechten nach unten dreht.
3. Dann wird der erste Ball schnell mit der linken Hand gefangen, wobei ihre Handfläche nach oben zeigt.
4. Dieser Ablauf wird geübt, bis sich ein Rhythmus einstellt.
5. Jetzt die Richtung wechseln: Die linke Hand wirft den Ball hoch.

Überlegungen

Diese Übung weckt im Kind das Bewusstsein für Links und Rechts. Wenn es den Ball mit der linken Hand hochwirft (manchmal passiert dies auch, wenn es den Ball mit der rechten Hand hochwirft), bewegen sich oft beide Arme gleichzeitig. Dies zeigt, dass die Dominanz noch nicht vollständig gefestigt ist (siehe Kapitel 4).

Es ist sinnvoll, diese Übung zunächst mit *einem* Bohnensäckchen oder *einem* Ball einzuführen. Dabei hält der Schüler beide Hände mit den Handflächen nach oben und hat ein Säckchen in einer Hand. Diese Hand kreuzt die Körpermitte, dreht die Handfläche nach unten und legt das Säckchen in die Handfläche der anderen Hand. Diese gibt das Säckchen in der gleichen Weise zurück; dabei wartet die empfangende Hand, bis die andere Hand die Handfläche nach unten gedreht und das Säckchen an seinen Platz gelegt hat. Man kann das Bild einer Brücke, die sich über einen Fluss spannt, oder ein anderes geeignetes Bild dafür finden. Wenn wir den Schüler bitten, während dieser Bewegung die Zweier- oder Dreiherreihe aufzusagen oder etwas anderes zu sprechen, wird die Bewegung nicht bewusst kontrolliert, sodass das *Lifting*-System stärker angesprochen wird.

Eine andere Übung, die gut geeignet ist, die Links-Rechts-Ballübung einzuführen, ist die erste Übung («Giving and Receiving»)[92] aus *Take Time*. Dabei wird auch das Drehen der Handflächen nach oben und unten geübt.

II. Oben-Unten-Ballübung (ab 7 Jahren)

Die Beschreibung dieser Übung findet sich in Kapitel 4 (S. 93f.). Sie hilft dem Kind, das Bein so hochzuheben (*Lifting*-Bewegung), dass der Ball von außen unter jedem Bein hindurchgeführt und von der gegenüberliegenden Hand entgegengenommen werden kann. Das Kind kann bei dieser Übung gleichzeitig vorwärts und rückwärts laufen und dabei Zahlenreihen oder kurze Sätze aufsagen. Mit jedem Wort erfolgt ein Schritt. Beim Rückwärtslaufen werden die Zahlen oder Worte eines Satzes auch in umgekehrter Reihenfolge gesprochen. Wenn das Überkreuzen der Mittellinie noch Irritationen hervorruft, sollte das Bohnensäckchen (bzw. der Ball) von einer Hand in die andere übergeben statt geworfen werden. Dabei treffen sich beide Hände an der Mittellinie.

III. Oben-Unten-Ballübung mit zwei Bällen (ab 8 Jahren)

A. Ein Ball in jeder Hand (siehe I. Links-Rechts-Ballübung): der rote Ball rechts, der blaue Ball links. Anfangs können auch Bohnensäckchen verwendet werden.

1. Der Ball in der rechten Hand wird von außen unter dem rechten Bein hindurch geworfen und mit derselben Hand gefangen.
2. Das Gleiche wird auf der linken Seite wiederholt.
3. Die Schritte 1 und 2 werden geübt, bis sie gut koordiniert ausgeführt werden können.
4. Wenn sich ein Rhythmus eingestellt hat, läuft der Schüler vorwärts, später rückwärts, während er gleichzeitig abwechselnd die Bälle hochwirft.
5. Wenn der Schüler in der Lage ist, gleichzeitig zu laufen und zu werfen, wie unter 4. beschrieben, können die Anforderungen gesteigert werden: die Buchstaben des Alphabets aufsagen, wobei auf jeden Buchstaben ein Wurf bzw. ein Schritt vorwärts kommt. Dann wird das Alphabet rückwärts gesprochen, gleichzeitig mit einem Wurf und einem Schritt rückwärts. Jeder Buchstabe wird zusammen mit dem Werfen des Balles gesprochen. Beim Fangen des Balles ist das Sprechen bereits abgeschlossen. Anfänglich kann man auch nur einen Teil des Alphabets sprechen (z.B. von a bis d oder von c bis h, vorwärts und rückwärts), um so das ganze Alphabet aufzubauen.

B. Eine Variante dieser Übung kann im Sitzen erfolgen:

1. Der Schüler hebt ein Bein an und klatscht einmal darunter.
2. Dann klatscht er einmal oberhalb des Beines und einmal unter dem anderen angehobenen Bein.
3. So fährt er fort – er klatscht jeweils oben und unten wie bisher, zählt dabei bis 100 und wieder zurück oder sagt gleichzeitig mit dem Klatschen vorwärts und rückwärts Einmaleins-Reihen auf.

Überlegungen

Diese Übung, ebenso wie die vorangegangene, hilft, das Bewusstsein von Oben und Unten zu entwickeln. Relativ häufig hat das Kind Mühe, die Beine hoch genug zu heben, oft besonders auf der linken Seite. Variation B und die vorhergehende Übung unterstützen die Entwicklung dieser Bewegung. Wenn die Bewegung gekreuzt wird, d.h. wenn der Ball aus der rechten Hand unter dem linken Bein und der Ball aus der linken Hand unter dem rechten Bein hindurch geworfen wird, zeigt dies eine mangelnde Fähigkeit zur Unabhängigkeit, welche die Gesamtheit des Körpers betrifft (siehe Kapitel 4: Oben-Unten-Integration; ebenso in Kapitel 2: Konvexes und konkaves Spiegeln: Die innere Beziehung zur räumlichen Orientierung, die Beschreibung der natürlichen Bewegungsmuster des «Willenselements» und ihre Umkehrung).[93] Es wird geübt, bis die Bewegungsfähigkeit und die Koordination von Bewegen, Sprechen und Denken hergestellt sind. Um in dieser Übung Sprache und Bewegung ohne Zögern zusammenzubringen, muss der Schüler in der Lage sein, die Buchstaben und ihre Namen innerlich zu sehen und zu hören (innere Visualisierung und inneres Hören).

IV. Stabübung vorwärts und rückwärts (ab 7 Jahren)[94]

Für diese Übung braucht man einen Kupferstab, wobei die Enden sorgfältig geschliffen oder mit Gummikappen versehen werden. Zunächst kann auch ein Holzstab verwendet werden.

A. Der Schüler steht mit dem Rücken zur Wand, er hat den Raum vor sich. Die Lehrerin zeigt die Übung und fordert ihn zum Mitmachen auf.

   1. Der Kupferstab wird senkrecht – mit einer Armlänge Abstand – vor dem Körper gehalten, die rechte Hand befindet sich am oberen, die linke Hand am unteren Ende des Stabes. Um den Stab in die Senkrechte zu bringen, ist es hilfreich, ihn am oberen

Ende zu halten und im Lot hängen zu lassen und dann erst das untere Ende zu greifen.

2. Nun geht der Schüler vorwärts, indem er laut zählt oder einen vorgeschlagenen Satz spricht. Mit jeder gesprochenen Zahl bzw. jedem Wort werden die Schritte gesetzt; ebenso geeignet sind altersentsprechende Einmaleins-Reihen, die er kennt und aufsagen kann.
3. Als Nächstes hält der Schüler den Stab hinter dem Rücken, entlang der Wirbelsäule; die rechte Hand befindet sich am oberen Ende des Stabes über dem Kopf, die linke Hand am unteren Ende.
4. Die Kombination von Gehen und Sprechen wird wiederholt, wobei jetzt der Satz bzw. die Zahlen rückwärts gesprochen werden und dabei rückwärts gegangen wird.

B. Eine Abwandlung der Übung bei schlechter Körperhaltung (Rundrücken, nachlässige Sitzhaltung): Der Schüler legt den Stab horizontal auf die Schultern und spricht und läuft dabei wie vorher beschrieben.

Überlegungen

Die Lehrerin sollte darauf achten, welche Richtung (vor- oder rückwärts) Schwierigkeiten bereitet, ob der Schüler sich zu einer Seite neigt oder Mühe hat, die senkrechte Position des Stabes zu halten. Das Bild des Lotes, das für Zimmerleute oder Vermesser so wesentlich ist, kann das Kind dabei unterstützen, das Gefühl für die Senkrechte zu bekommen. Sollte der Schüler während der Übung den Stab deutlich aus der Senkrechten herausziehen, mag es hilfreich sein, ihn aufzufordern, das untere Ende des Stabes loszulassen. Dann kann er den Stab wiederum, am oberen Ende haltend, ins Lot bringen und das untere Ende erneut greifen. Wieder einmal sieht man dabei, wie schwer es für die Kinder ist, ihre Arme zu heben (*Lifting*-System). Sie werden zu stark ins *Stretching*-System gezogen, das mit der Schwerkraft und dem wachen

Tagesbewusstsein in Verbindung steht. Zeigen sich schnelle oder langsame Verbesserungen? Wenn es langsam geht, können Malübungen unterstützend helfen, wobei sich die Sekundärfarbübung (S. 213ff.) besonders eignet.

V. Übung für den ganzen Körper (ab 8 Jahren)

Der Schüler steht mit geschlossenen Füßen und geballten Fäusten im Raum.

1. Er boxt mit beiden Armen nach vorne, sodass die Schultern auf beiden Seiten des Nackens nach vorne gezogen werden.
2. Dann wird in Richtung Decke geboxt.
3. Weiter nach links in Richtung Wand.
4. Und nach rechts, wobei die Arme horizontal gehalten werden.
5. Der Schüler beugt sich nach vorne, lässt den Kopf entspannt hängen und boxt in Richtung Boden.

Überlegungen

Wir achten auf jegliche körperlichen Einschränkungen, auf Unterschiede zwischen Links und Rechts oder knackende Geräusche im Nacken beim Vorwärtsboxen. Zur Verbesserung der auftretenden Erscheinungen kann die Dreieck-Stab-Übung (S. 167f.) versucht werden. Möglicherweise ist auch eine Untersuchung auf Skoliose oder strukturelle Unregelmäßigkeiten angezeigt. Diese «Boxübung» ist bei kräftigen, aber frustrierten Kindern beliebt. Sie ist auch hilfreich für Schüler mit schwachem Gleichgewichtssinn und unvollständiger räumlicher Orientierung.

Übungen zur Unterstützung der unteren Sinne und zur Integration frühkindlicher Bewegungsmuster und Mittellinien

(ab 6 Jahren, wenn nicht anders vermerkt)

Bei diesen Übungen, die in horizontaler Haltung am Boden durchgeführt werden, entdeckt man tiefsitzende Spannungen in feinen Bewegungsabläufen – oft auch bei Kindern, die geschickt klettern, rennen und turnen. Die Lehrerin sollte Wege finden, Bewegung in die nicht betätigten Teile des Körpers zu bringen. Alle Varianten von Kriechen und Krabbeln sollten mit den Kindern geübt werden. Die Gelegenheit, sich nochmals in der Horizontalen zu bewegen, ermöglicht es dem Kind, sich erneut vollständig in die Aufrechte zu erheben. Diese Übungen, welche die frühen Bewegungsmuster aufgreifen, fördern auch die Entwicklung der räumlichen Orientierung.

I. Integration frühkindlicher Bewegungsmuster

A. Entwicklungsorientierte Übungen

Im Folgenden finden sich passende Bilder für Bodenübungen, welche die Integration frühkindlicher Bewegungsmuster und die Koordination von Links und Rechts sowie von Oben und Unten unterstützen.

1. *Der Fisch, der im Meer schwimmt:* In Bauchlage, Arme und Hände seitlich an den Körper gelegt, versucht der Schüler, sich langsam vorwärtszuschlängeln.
2. *Der Seehund, der sich im Wasser dreht:* Der Schüler liegt in Rückenlage auf dem Boden, die über dem Kopf ausgestreckten Arme (und/oder die Füße) halten einen Ball. Nun rollt der Schüler sehr langsam einige Male erst in die eine, dann in die andere Richtung. Da-

bei sollte ihm nicht schwindelig werden. Eine schwierigere Variante ist es, mit seitlich am Körper angelegten Armen zu rollen.

3. *Der Seehund, der sich an Land bewegt:* Das Kind liegt in Bauchlage auf dem Boden mit den Handflächen in Höhe der Schultern. Durch langsamen Druck auf die Hände und Streckung der Arme gleitet der Körper vorwärts.
4. *Die Eidechse, die auf dem Bauch kriecht:* Diese Übung macht die Lehrerin vor, dann ahmt der Schüler sie nach, ohne korrigiert zu werden. Wenn der Schüler in Bauchlage und in durchgehend gekreuzten Bewegungsmustern auf dem Boden kriecht und dabei die (großen) Zehen beider Füße einsetzt, um vorwärtszukommen, ist diese Übung nicht mehr nötig.
5. *Der Adler, der in die Lüfte steigt:* Der Schüler liegt in Bauchlage auf dem Boden – mit gebeugten Armen, wobei die Finger die Schultern berühren; die Beine sind gestreckt. Nun werden Kopf, Schultern, Arme und die gestreckten Beine angehoben; dabei ist das Gesicht nach unten gewandt (zur «Wiese» oder zum «Meer»), sodass der Nacken gerade gehalten wird. Durch das Bild der langen, geraden Schwanzfedern kann die Lehrerin die Streckung der Beine unterstützen.
6. *Der Igel:* In Rückenlage rollt sich der Schüler zu einer Kugel zusammen, indem er die Arme um die Beine schlingt und den Kopf in Richtung Knie anhebt.
7. *Laufen wie ein Krebs:* Aus der Sitzposition am Boden, seitlich auf die Hände gestützt, hebt das Kind die Hüften nach oben und stützt sich dabei auf Hände und Füße. In dieser Stellung wird vorwärts, rückwärts, seitwärts gelaufen.
8. *Schubkarrenfahren:* Die Lehrerin hält die Beine des Schülers, der auf seinen Händen mit nach vorne zeigenden Fingerspitzen läuft. Ein Durchhängen des Rückens sollte vermieden werden.

Überlegungen

Die Lehrerin macht die Übungen vor, indem sie die beschriebenen Bewegungsabläufe sorgfältig ausführt. So gut der Schüler kann, ahmt er die Bewegungen nach, ohne korrigiert zu werden. Geeignete Bilder regen zu flüssigeren, koordinierten Bewegungen an. Die «Eidechse», der «Igel» und der «Adler» können auch als Diagnostik-Übungen in der ersten Extrastunde eingesetzt werden (siehe Kapitel 4). Wir beobachten, ob das Kriechen in der Kreuzbewegung erfolgt, das heißt, dass die Hände sich abwechselnd nach vorne bewegen, während sich gleichzeitig das jeweils gegenüberliegende Bein beugt und die Zehen sich auf derselben Seite vom Boden abdrücken. Außerdem sollte der Nacken frei beweglich sein. Abgesehen von der Integration der frühkindlichen Bewegungsmuster unterstützt der «rollende Seehund» die Entwicklung des Gleichgewichtssinnes. Der «Seehund an Land», der «Krebs» und das «Schubkarrenfahren» dienen dazu, den Körper aus der Schwerkraft zu heben, die Hände zu öffnen und den Handflächen die Berührung des Bodens zu ermöglichen sowie die Koordination zwischen Oben und Unten zu verbessern.

Wenn der Schüler diese Übungen erlernt hat, können sie als tägliche Hausaufgabe für zehn bis fünfzehn Minuten unter Aufsicht der Eltern durchgeführt werden. Es ist wichtig, die Motivation des Schülers aufrechtzuerhalten. Lehrerin und Eltern sind dabei aufgefordert, immer wieder neue anregende Bilder zu finden. Die Lehrerin überprüft regelmäßig, ob der Schüler inzwischen die Bewegungen frei und gut koordiniert durchführt, und entscheidet anhand dessen, wie lange die Übung noch fortgesetzt werden soll. Wenn die Bodenübungen sechs bis zwölf Wochen zu Hause durchgeführt wurden, ist es sinnvoll, eine Pause von vier Wochen einzulegen und sie dann wieder aufzugreifen, bis sie vollständig koordiniert ausgeführt werden. Auch Klassenlehrer können ihre Schüler für viele dieser Bodenübungen begeistern, indem sie Spiele erfinden, in denen sich die Kinder beispielsweise als Eidechsen, Seehunde oder Krebse bewegen.

B. Kriechen wie eine schleichende Katze
Der Schüler kriecht, auf Knie und Unterarme gestützt, auf dem Boden.

Überlegungen
Durch diese Übung wird das Bewusstsein von Links und Rechts in der Horizontalen angeregt. Dabei wird so manch verborgene Geste aufgedeckt, die bis dahin unbewusst im Körper zurückgehalten wurde. Einige Kinder kriechen, indem sie die Arme beugen und das Kinn auf die Hände stützen. Andere ballen die Fäuste, bis die Knöchel weiß werden, robben Arm über Arm und halten dabei die Hände dicht am Körper, als ob sie alles vor der Brust einsammeln wollten. Manchmal bewegt sich ein Bein langsamer oder kann nicht vollständig gebeugt werden. Oft erleben die Kinder bei diesen Übungen die Schwere ihres Körpers, und häufig sehen wir, dass der Nacken zwischen den Schulterblättern festsitzt und damit das Drehen des Kopfes erschwert ist. In diesem Fall kann die folgende Übung als Unterstützung angeboten werden.

C. Raupenübung (ab 7 Jahren)
Der Schüler liegt auf dem Rücken, die Beine sind gebeugt, die Füße auf dem Boden und die Arme über der Brust verschränkt. Die Arme dürfen nicht eingesetzt werden.

1. Das Kind schiebt sich mit den Fersen rückwärts durch den ganzen Raum, wobei sich der Rücken wölbt und wieder flach drückt.
2. Nun ziehen die Fersen in die Gegenrichtung, begleitet von den gleichen Rückenbewegungen.

Überlegungen
Durch diese Übung wird das Bewusstsein von Oben und Unten in der Horizontalen angeregt. Zunächst rutschen die Kinder ohne das Wölben und Entspannen von Rücken und Nacken am Boden entlang. Das Bild, dass sie als Raupe ihren Weg gehen, kann hilfreich sein. Kinder,

deren Kräfte noch nicht vollständig Beine und Füße durchdrungen haben, oft in Kombination mit einer (teilweise) vorhandenen horizontalen Mittellinie, haben es besonders schwer damit, die Bewegungen dieser Übung zu koordinieren.

Manchmal hängen auftretende Schwierigkeiten mit strukturellen Blockaden zusammen, besonders in Schädel oder Wirbelsäule. Die Eltern sollten gefragt werden, ob sich irgendwann ein Sturz oder Unfall ereignet hat. In einem solchen Fall sollte ein Osteopath hinzugezogen werden (siehe Kapitel 4).[95]

D. Der große Wagen (ab 7 Jahren)
Das Kind kniet auf allen vieren auf dem Boden. Bei dieser Übung sollten Augen und Kopf während der ganzen Zeit der langsam sich bewegenden Hand folgen:

1. Der Schüler streckt den rechten Arm so weit wie möglich nach hinten; die Augen folgen der Handbewegung.
2. Er führt die Hand langsam in einem großen Bogen über den Kopf nach vorn; die Augen folgen dieser Bewegung.
3. Die rechte Hand wird so weit vorne auf dem Boden aufgesetzt, wie sich der Arm bequem ausstrecken kann; die Augen sind auf die Hand gerichtet.
4. Nun zieht der Schüler das rechte Knie bis zur rechten Hand nach, dabei soll das Gleichgewicht gehalten werden, ohne mit dem Gesäß auf die Ferse zu fallen.
5. Die Übung wird genauso langsam mit der linken Hand ausgeführt; das linke Knie bewegt sich zur linken Hand, wiederum ohne dass das Kind auf der Ferse aufsitzt.
6. Diese Bewegungen sollen in gleichmäßigem Rhythmus fortgesetzt werden.

Überlegungen

Viele Kinder haben es schwer damit, ihre Augen der kreisenden Hand folgen zu lassen, die Hand langsam zum Boden zu führen und das Knie nach vorn zu bewegen, ohne über dem Fuß auf derselben Seite einzusinken. Der Grund für Letzteres mag sein, dass Arm und Hand zu weit nach vorne gestreckt wurden. Durch eine rote Schleife am rechten Zeigefinger, eine blaue am linken Zeigefinger kann das Bild von zwei Schmetterlingen entstehen. Die Schmetterlinge fliegen abwechselnd in die angegebenen Richtungen, während die Augen ihnen helfen, ihren Weg zu finden und sanft auf der nächsten Blume zu landen. Es ist empfehlenswert, diese ausgezeichnete Übung bis zu einer Dauer von 5 Minuten auszudehnen.

E. Der Wettkampf

(Mädchen und Jungen ab 8, nur Jungen ab 11 Jahren)

Zwei Kinder liegen in Bauchlage auf dem Boden, das Gesicht nach unten gewandt, die Arme hinter dem Rücken, wobei die linke Hand den rechten Ellbogen, die rechte Hand den linken Ellbogen hält. In dieser Haltung schlängeln sich die Kinder durch den ganzen Raum und drücken sich dabei abwechselnd mit den großen Zehen vorwärts, ohne die Ellbogen loszulassen.

Überlegungen

Wenn die Arme losgelassen werden, gewinnt der «Gegner». Diese Übung ähnelt der Eidechsen-Übung, nur dass hier die Arme nicht eingesetzt werden. Sie eignet sich besonders für Kinder, die dazu neigen, beim Kriechen (wie eine Eidechse) ihre Füße und die großen Zehen nicht einzusetzen. Ebenso ist sie sinnvoll für Kinder, die beim Kriechen nicht gerne mit dem Bauch den Boden berühren.

II. Integration der horizontalen Mittellinie

(ab 7 Jahren)

A. Diese Übung wird mit einem Eurythmie- oder einem Holzstab durchgeführt:

1. Der Schüler beugt sich langsam in der Hüfte nach vorne, bis er den Kopf nach unten hängen lassen kann, und legt den Stab quer vor seine geschlossenen Füße.
2. Er richtet sich auf und springt mit beiden Füßen über den Stab.
3. Nun dreht er den Oberkörper zu einer Seite, dabei dürfen die Füße auseinandergehen und zur gleichen Seite deuten wie der Oberkörper. Jetzt beugt sich der Schüler in der Taille nach unten, um den Stab hinter seinen Füßen zu erreichen und mit beiden Händen hochzunehmen. Er richtet sich vollständig auf und hält, nach vorne blickend, den Stab in beiden Händen, wobei die Arme entspannt nach unten hängen. Nun beginnt die Übung von vorne.
4. Punkt 1 bis 3 werden wiederholt, wobei dieses Mal Füße und Körper zur anderen Seite gedreht werden.
5. Die gleiche Übung rückwärts: Der Schüler beugt sich mit herunterhängendem Kopf nach vorne, um den Stab mit beiden Händen aufzuheben; dann richtet er sich vollständig auf. Nun dreht er sich zu einer Seite; die Füße gehen leicht auseinander und drehen sich zur gleichen Seite wie der Oberkörper, um den Stab mit beiden Händen hinter der Ausgangsposition auf den Boden zu legen.
6. Der Schüler springt mit geschlossenen Füßen rückwärts über den Stab. Die Übung wird wiederholt, wie unter 5. beschrieben, wobei der Körper zur anderen Seite gedreht wird.

Überlegungen

Diese Übung unterstützt das Bewusstsein und die Erfahrung von Oben und Unten. Der Schüler darf seine Knie leicht beugen, vorausgesetzt ist dabei die vollständige Beugung in der Taille. Die Lehrerin ermuntert den Schüler, den Kopf vollständig nach unten hängen zu lassen und beim Springen die Füße geschlossen zu halten. Dadurch wird das Gleichgewichtssystem bzw. der Gleichgewichtssinn stimuliert. Diese Übung kann zu Hause täglich durchgeführt werden.

B. Folgende Übungen können außerdem im Förderunterricht eingesetzt werden:

1. Körpergeografie-Übungen, bei denen die Hände abwechselnd Knöchel, Zehen, Fersen, Schienbein, Waden, Knie usw. berühren, sodass der Schüler den Oberkörper in der Taille nach unten beugen muss.
2. Die Dreieck-Stab-Übung (ab 12 Jahren).

III. Integration der vertikalen Mittellinie

(Alter der Aktivität entsprechend)

A. Jegliche Aktivität, welche die Hände zur Körpermitte führt oder über sie hinaus, unterstützt die Integration dieser Barriere. Die meisten Tätigkeiten in Haushalt und Garten beanspruchen die Hände in dieser Weise.

Einige Vorschläge:

1. Wollwickelübung
2. Wollstrangübung
3. Klatschübung, Faden- und Fingerspiele
4. alle Arten von Handarbeit wie Flechten mit Bändern oder dickem Garn, Fingerstricken, Nähen, Häkeln, Stricken, Filzen, Knüpfen, Schneiden und Kleben, Papierfalten (Origami), Perlen aufziehen, Schnitzen, Holzarbeit
5. Modellieren mit Bienenwachs, Knetmasse oder Ton
6. Ballprellen oder Jonglieren (mit Tüchern und/oder Bällen)
7. Springen – zuerst mit geschlossenen Füßen, zickzack über eine gerade Linie oder über eine Kreislinie; dann ebenso mit abwechselnd gekreuzten und gegrätschten Beinen

8. das Wischen der Tafel, wobei das Kind so steht, dass die tätige Hand die Mittellinie kreuzen muss
9. den Boden fegen (dabei wird der Besen mit beiden Händen gehalten und kreuzt im Tun die Mittellinie), Geschirr spülen, abstauben, einen Lappen auswringen, Schuhe putzen, Wäsche falten, Betten machen
10. backen und kochen: abwiegen, rühren, schlagen, kneten, den Teig formen, den Kuchenteig in eine Form drücken, Brot schneiden, Gemüse putzen, Karotten reiben
11. graben, jäten, Blätter zusammenrechen.

Die oben genannten Tätigkeiten werden als Hausaufgaben gegeben und/oder sind Teil der Aufgaben im Klassenzimmer.

B. Zusätzlich kann im Förderunterricht Folgendes eingesetzt werden:
1. die Zahlenstern-Übung; wesentlich während dieser Übung ist, dass der Schüler seine zentrale mittige Position beibehält (S. 193ff.)
2. fortlaufende Muster im Formenzeichnen, wobei es darauf ankommt, dass das Papier mittig vor dem Schüler liegt und er eine gute Sitzposition innehat (S. 184ff.)
3. Körpergeografie-Übungen, bei denen die Hände die Mittellinie kreuzen (ab 3. Klasse, S. 126f.)
4. Malübungen (S. 204ff.)
5. die Spiegelungsübung (S. 78ff.)
6. die Zeichenübung «Gerade Linie und Acht» (S. 189ff.)
7. Spiegelformen und räumliche Lemniskaten aus dem Formenzeichnen (S. 186).

All diese Aktivitäten zur Integration der vertikalen Mittellinie fördern auch das Bewusstsein von Rechts und Links.

IV. Entwicklungsfördernde Aktivitäten für Lebenssinn, Eigenbewegungssinn und Gleichgewichtssinn

A. Die folgenden kindlichen Bewegungen und Spiele fördern besonders den Gleichgewichtssinn, aber auch den Eigenbewegungssinn:

1. Alle Übungen und Aktivitäten, bei denen sich der Schüler in horizontaler Lage fortbewegt: rollen, kriechen, krabbeln, wie ein Krebs gehen und Schubkarren laufen, ins Wasser springen, schwimmen und im Wasser spielen etc.
2. Aktivitäten, bei denen der Kopf nach unten hängt: mit den Knien um eine Turnstange und mit dem Kopf nach unten hängen, oder sich um eine Stange drehen, Hand- und Kopfstand, Rad schlagen, Purzelbäume etc. (siehe auch Aktivitäten für die horizontale Mittellinie, S. 148f.).
3. Spiele, bei denen sich Kinder schnell drehen: auf einem Karussell fahren, sich auf einer Schaukel drehen u.a.
4. Schaukeln, rutschen, Hüpfspiele; auf Brettern, Balken oder Stämmen balancieren; an Strickleitern klettern; an dicken (geknoteten) Seilen hängen, klettern oder schaukeln; an römischen Ringen oder Trapezen hängen oder sich drehen – all diese Aktivitäten bewirken die Integration dieser drei Sinne.
5. Dazu jegliche Art des Springens: Seilspringen, von Fels zu Fels springen, Weitsprung und Hochsprung.
6. Feinmotorische Aktivitäten, welche die vertikale Mittellinie integrieren, finden sich unter III. aufgelistet. Diese sowie alle anderen Übungen dieses Buches unterstützen die Reifung der unteren Sinne.
7. Alle Kinderspiele, z.B. Spielen mit Murmeln und Jo-Jos, wirken auch integrierend.
8. Malen und Schreiben mit dem Fuß tragen ebenfalls zur Integration besagter Sinne bei und machen außerdem Freude.

Überlegungen

Wenn die unter A. aufgelisteten Tätigkeiten integrierend wirken sollen, müssen sie das Kind ansprechen und herausfordern. Es muss das Gefühl bekommen, etwas zu leisten. Wenn sich Gleichgewichts- und Eigenbewegungssinn durch diese Behandlung nicht verbessern oder eine besonders schwere Störung des Gleichgewichtssinns vorzuliegen scheint, empfiehlt sich eine Behandlung mithilfe sensorischer Integration (siehe Kapitel 4).

Die Lehrerin achte darauf, dass durch die grobmotorischen Aktivitäten weder Schwindel noch Übelkeit entstehen. Wenn die Möglichkeit besteht, regelmäßig auf gut ausgestatteten Spielplätzen und in der Natur zu spielen, erhalten die unteren Sinne Gelegenheit, sich auf natürliche Weise zu entwickeln.

B. Der Lebenssinn, der mit Durchhaltevermögen, Atmung und organischem Wohlbefinden zusammenhängt, wird durch gute Ernährung, ausreichend gesunden Schlaf, rhythmisch wiederkehrende Gewohnheiten im Tages-, Wochen- oder Jahreslauf, regelmäßige Bewegung im Freien und künstlerische, feinmotorische Tätigkeiten (z. B. Handarbeit, Musizieren, Malen, Zeichnen, Plastizieren) unterstützt. Wenn der Lebenssinn gut entwickelt ist, vermittelt er uns ein Empfinden von Gesundheit, Entspannung, Ausdauer und ein Gefühl für Rhythmus, ebenso für Volumen, Masse und Gewicht sowie für die Einschätzung der Kraft bei einer schweren körperlichen Tätigkeit, wie z. B. dem Tragen oder Bewegen von schweren Gegenständen im Vergleich zu einer Schreibtischtätigkeit.[96]

Überlegungen

Mögliche konstitutionelle (organische) Unregelmäßigkeiten mit Symptomen wie Bettnässen, Appetitlosigkeit mit regelmäßigen Bauch- oder Kopfschmerzen, Allergien, Mundatmung, Asthma oder andere einschränkende Atemstörungen können von einem anthroposophischen

Arzt behandelt werden. Die Übungen, die rhythmisches Empfinden zusammen mit einer Harmonisierung der Körperwahrnehmung und der Atmung entwickeln, sind gleichzeitig für den Lebenssinn und die anderen Sinne förderlich.

V. Entwicklungsfördernde Aktivitäten für den Tastsinn

Für Schüler, die in Bezug auf den Tastsinn überempfindlich (oder unterempfindlich) sind, eignen sich folgende Übungen:

1. In einer Stofftasche befinden sich unterschiedliche, paarweise zusammengehörige Dinge. Ohne die Augen zu Hilfe zu nehmen, versucht der Schüler, tastend jeweils zwei zusammengehörige Objekte zu finden.
2. Die Lehrerin zeichnet eine Form auf den Rücken des Schülers oder auf den Handrücken (ohne Sichtkontakt); der Schüler soll diese Form an die Tafel oder auf ein Stück Papier zeichnen.
3. Die Lehrerin versteckt zehn bis fünfundzwanzig Murmeln in einem mit Sand gefüllten Eimer und lässt den Schüler diese mit den Händen oder den Füßen suchen. Mit einer Zeitbegrenzung macht dieses Spiel manchen Kindern besonders viel Spaß.
4. Alle traditionellen Kinderspiele, bei denen Rücken, Arme oder Gesicht des Kindes berührt werden (Finger- und Gestenspiele).
5. Das Kind wickelt sich in eine Decke oder ein Laken, als würde es sich in einen Kokon einspinnen. Diese Übung ist sehr beliebt.
6. Ebenso gerne mögen Kinder Parcours mit Hindernissen, durch die sie sich rollend, kriechend oder krabbelnd hindurchzwängen oder -winden, müssen, um zwischen, über oder unter den Hindernissen hindurchzukommen.

Überlegungen

Die Lehrerin lernt, sich einem Kind, das überempfindlich auf Tasterfahrung reagiert, so zu nähern, dass es sie dabei im Blick hat. Sie vermeidet es, den Schüler leicht an der Schulter zu berühren, und achtet darauf, dass er in einem ruhigen Winkel des Klassenzimmers sitzt. Wenn er zu viele Klassenkameraden oder zu viel Unruhe hinter sich hat, muss er sich ständig umdrehen und nach hinten schauen. Wenn sich die Kinder in einer Reihe aufstellen, fühlt er sich gewöhnlich in der Mitte nicht wohl, es sei denn, er ist mit seinen Klassenkameraden sehr vertraut (oder genießt es, von beiden Seiten Druck zu spüren). Manche Kinder mit solchen Schwierigkeiten vermeiden den Kontakt, andere suchen ihn besonders; die meisten haben Probleme damit, Grenzen einzuhalten, und manche erscheinen aggressiv. Wenn das Kind extrem überempfindlich ist (d.h. eine taktile Überempfindlichkeit aufweist), empfiehlt sich eine Behandlung durch sensorische Integration (siehe Kapitel 4).

Unterstützende Übungen für die Entwicklung der Augenbewegung

I. Die Auge-Finger-Übung (ab 7 Jahren)

A. Das Kind steht mit leicht auseinandergestellten Füßen, das Gewicht gleichmäßig verteilt, die Arme seitlich herabhängend, vor der Lehrerin.

1. Die Lehrerin bedeckt ihren Zeigefinger mit einem blauen Tuch und fordert das Kind auf, mit seinen Augen ihren Bewegungen zu folgen. Aus dem Abstand einer Armlänge nähert sie sich mit dem Zeigefinger der Nase des Kindes. Von dort aus wandert der verhüllte Finger zur linken Schulter des Kindes, dann langsam den linken Arm hinunter bis zur Spitze von Daumen und Zeigefinger. Danach geht der Finger denselben Weg an den Ausgangspunkt zurück.
2. Nun entspannen sich die Augen des Kindes für einen Moment.
3. Sobald das Kind dazu in der Lage ist, den Bewegungen genau zu folgen, wiederholt die Lehrerin die gleiche Übung mit dem blauen Tuch noch zweimal. Dazwischen dürfen die Augen entspannen.
4. Mit einem roten Tuch um den Zeigefinger der Lehrerin werden die gleichen Bewegungen wiederholt, nun aber von der rechten Schulter zu den Fingerspitzen und zurück. Wie zuvor folgen die Augen des Kindes den Bewegungen und entspannen sich in den Pausen.
5. Die Schritte 1 – 4 möglichst zweimal wiederholen. In den Pausen die Augen entspannen.

B. Die folgende Variante ist eine intensivierte Form und sollte erst *ab zehn Jahren* durchgeführt werden:

1. Das Kind streckt seinen linken Arm gerade nach vorne aus; die Lehrerin legt ihren mit einem blauen Tuch bedeckten Finger auf seine linke Schulter und wandert langsam den linken Arm entlang

bis zur Hand und zu den Fingerspitzen. Dann geht es den gleichen Weg zurück, wobei die Augen des Kindes den Bewegungen des blauen Tuches folgen.

2. Das Kind lässt den Arm sinken und entspannt kurz die Augen.
3. Dies wird, mit Entspannungspausen dazwischen, zweimal wiederholt.
4. Das Kind streckt den linken Arm auf Schulterhöhe seitlich aus; die Lehrerin führt die gleichen Bewegungen wie unter 1. mit dem blauen Tuch und entsprechenden Pausen dreimal durch.
5. Nun lässt das Kind den linken Arm seitlich am Körper hängen, während die Lehrerin die gleichen Bewegungen mit dem blauen Tuch dreimal durchführt. Die Augen des Kindes folgen dem Tuch und entspannen sich zwischendurch.
6. Die Schritte 1–5 werden mit einem roten Tuch auf der rechten Körperseite wiederholt.

C. *Ab elf Jahren* kann der Schüler mit seinen eigenen Zeigefingern oder Daumen, ausgehend von seiner Schulter, den Arm entlang wandern. Die Augen folgen; es werden aber keine farbigen Tücher eingesetzt. Die gleiche Reihenfolge wie in 1 – 6 wird eingehalten.

Überlegungen

Diese Übung kann eingesetzt werden, wenn die Dominanz des Schülers noch nicht vollständig gefestigt ist. Sie richtet sich nach den Angaben Rudolf Steiners in den Konferenzen für Lehrer und Eurythmisten.

II. Übungen aus der Extrastunde für die Auge-Hand-Koordination

(Altersangaben siehe Beschreibung)

Folgende Extrastunden-Übungen, die Schwierigkeiten bezüglich der Augenbewegungen korrigieren oder die Auge-Hand-Koordination festigen sollen, sind für alle Kinder geeignet: der Zahlenstern, Stabrollen, der große Wagen, die Bohnensäckchen- oder Ballübungen, «Gerade Linie und Acht» zusammen mit der Daumendrehübung sowie die Würfelübung; die Blumenstabübung, altersentsprechendes Formenzeichnen *(mit Übungen zur Auge-Hand-Koordination,* S. 187f.) sowie Malübungen sind ebenfalls sinnvoll.

Nur für Kinder *ab 10 Jahren*: die Kupferkugelübung, gefolgt von der Übung «Gerade Linie und Acht», sowie alle altersentsprechenden Mal- und Freihandgeometrie-Übungen.

III. Kindgemäße Aktivitäten zur Unterstützung der Auge-Hand-Koordination

Viele der bereits erwähnten Aktivitäten unterstützen die Augenentwicklung, da das Kind der Bewegung seiner Hände mit den Augen folgt.

Zusätzliche Anregungen sind:

1. Mikado, Ball und Becher, Murmeln spielen
2. Labyrinthe zeichnen, Puzzles legen
3. alle *Zielübungen* mit Kegeln, Ringen, Frisbee-Scheiben, Bohnensäckchen und Bällen
4. Tischtennis
5. Spiele, bei denen das visuelle Gedächtnis geübt wird, wie Memory, etwas Verstecktes suchen, Kim-Spiele aller Art
6. Für Schüler, die Schreibschrift gelernt haben: In einem dunklen Raum schreibt ein Schüler mit dem Licht einer Taschenlampe ein

Wort in Schreibschrift an die Decke, während ein anderer es liest. Dann werden die Rollen getauscht. Wenn dies gelingt, kann man das Spiel erweitern: auf mehrere Worte folgt ein ganzer Satz.

7. «Taschenlampen-Fangen»: Mindestens zwei Spieler, jeder mit einer Taschenlampe ausgestattet, liegen in einem dunklen Raum auf dem Rücken. Eine Taschenlampe ist mit farbiger Plastikfolie überzogen, und ihr Spieler versucht, einen der anderen Lichtstrahlen an der Decke zu «fangen». Alle Lichtstrahlen müssen an der Decke bleiben. Wenn ein Lichtstrahl «gefangen» wurde, tauschen die Spieler die Taschenlampen.

Überlegungen

Die meisten der unter III. aufgeführten Aktivitäten gehören in den häuslichen Bereich. Viele Eltern müssen daran erinnert werden, dass diese Kinderspiele für die Entwicklung der Augen viel wichtiger sind als jegliches Spiel oder jegliche (In-)Aktivität vor dem Computer bzw. einem anderen Bildschirm. Wenn die Augen auf den Bildschirm schauen, folgen sie nicht den Händen. Außerdem müssen sie beim Fernsehen oder bei Computerspielen ihren Fokus nicht verändern, da der Bildschirm immer im gleichen Abstand zu den Augen bleibt.

Übungen zur Entwicklung rhythmischen Empfindens zusammen mit der Harmonisierung der Körperwahrnehmung und der Atmung

I. Die Kupferkugelübung (ab 10 Jahren)[97]

Für diese Übung braucht man zwei Kupferkugeln oder Orangen mittlerer Größe sowie einen Softball oder eine große Kupferkugel für die Füße. Es ist sinnvoll, mehrere Größen zu haben und den Schüler wählen zu lassen. Zu dieser Übung kann die Lehrerin auf- und absteigende Tonleitern auf einer pentatonischen Kinderharfe oder Choroi-Leier spielen.

Der Schüler liegt mit ausgestreckten Beinen in Rückenlage auf einer Matte, die Arme seitlich am Körper mit den Handflächen nach oben; in den Händen ruhen die Kupferkugeln. Die beiden großen Zehen halten den weichen Ball, sodass die Füße parallel sind. Wenn die Lehrerin die Übung mit Musik begleitet, sollte sie das Tempo des Schülers berücksichtigen, ohne ihm ihren eigenen Willen oder Rhythmus aufzudrängen. Wenn der Schüler einen oder beide Arme hebt und hinter dem Kopf auf den Boden ablegt, wird die aufsteigende Tonleiter gespielt, wenn die Arme in ihre Ausgangsstellung zurückkehren, die absteigende.

A. Bewegungsfolge dieser Übung ist:

1. Der Schüler hebt den Kopf, bis er eine der beiden Hände sieht (die Seitenwahl ist frei).
2. Er beobachtet die Kugel, während der Arm sich langsam in die Senkrechte erhebt.
3. Die Hand wird in dem Moment gedreht, in dem die Kugel herunterfallen würde; die Bewegung wird rückwärts fortgesetzt, bis

der gestreckte Arm den Boden berührt. Dabei muss der Kopf zur Seite gewendet werden, damit die Augen der Bewegung der Kugel bis zum Ende folgen können.

4. Nun wird der am Boden liegende Arm entspannt, das heißt, er wird im Ellbogen gebeugt und bleibt liegen.
5. Die Schritte 1–4 werden mit dem anderen Arm wiederholt; die Augen folgen der Kugel.
6. Dann liegen beide Arme entspannt hinter dem Kopf am Boden.
7. Der Schüler schaut zu der Hand, die zuerst bewegt wurde.
8. Dieser Arm wird nun gestreckt.
9. Er wird jetzt in die senkrechte Position gebracht, am Scheitelpunkt gedreht und in die Ausgangslage seitlich am Körper zurückgeführt. Die Augen begleiten den Weg der Kugel.
10. Entspannen.
11. Die Schritte 7–10 werden mit dem anderen Arm durchgeführt.
12. Beide Arme liegen nun entspannt seitlich am Körper.
13. Dieser Rhythmus wird fortgesetzt, wobei auf die *Entspannungsphasen* zwischen den Bewegungen besonders *viel Wert gelegt* wird. In diesen Phasen löst sich die Spannung der *Stretching*-Bewegungen, und der Schüler muss die ungenutzten, ungewohnten Bereiche der *Lifting*-Bewegung finden (siehe Kapitel 2 und Anmerkung 25).
14. Allmählich wird die Übungsdauer auf fünf bis sieben Minuten erhöht.

B. Die Augen sind jetzt geschlossen, und beide Arme liegen wieder am Körper.

1. Beide Arme werden nun gleichzeitig angehoben und so wie vorher in der Senkrechten gedreht.
2. Wenn die Arme hinter dem Kopf am Boden liegen, werden sie vollständig entspannt.
3. Dann werden die Arme in die Ausgangslage zurückgeführt, und die Bewegungsfolge wird wiederholt.

4. Allmählich wird die Übungsdauer auf fünf bis sieben Minuten erhöht.

In diesem Übungsteil B bleiben die Augen geschlossen.

C. Immer noch mit geschlossenen Augen:

1. Mit der gleichen Bewegung wie vorher wird eine Hand hinter dem Kopf auf den Boden gelegt, die andere bleibt seitlich am Körper liegen.
2. In einer gleichzeitigen Bewegung werden die Positionen der Hände getauscht, wobei der notwendige Wendepunkt erspürt werden muss, wenn sich die Arme auf gleicher Höhe in der Senkrechten befinden.
3. Allmählich wird die Übungsdauer auf fünf bis sieben Minuten erhöht.

Überlegungen

Dies ist *eine der wichtigsten Übungen der Extrastunde* – sie zeigt den Zustand des Kindes deutlich. Es ist eine exkarnierende Übung. Der Astralleib atmet aus, wobei das Bewusstsein erhalten bleibt, so wie beim Musikhören. Wir bringen den Schüler dazu, die Bewegungen richtig auszuführen, indem wir die angespannte Astralität lösen, welche die Muskeln bremst (siehe Kapitel 2). So wird eine gesunde Einatmung möglich. Dieser Aspekt wird durch eine bewusste Tätigkeit gefestigt, indem immer im Anschluss die Übung «Gerade Linie und Acht» (S. 189ff.) ausgeführt wird.

Möglicherweise beginnt das Kind die Bewegungen mit seiner nichtdominanten Hand, und es kann vorkommen, dass die Drehung der Hand vor der Abwärtsbewegung in der falschen Richtung erfolgt. Ist dies nach sechs bis acht Unterrichtsstunden immer noch der Fall, kann die Lehrerin ein Paket Zucker (1 Pfund) in ein Tuch wickeln und das Kind die Bewegung mit dem Paket durchführen lassen. Einige

Male soll das Kind dabei die Hand aus der «falschen» Position in die richtige drehen.

Die Drehung der Hand wird möglicherweise ungenau ausgeführt und verzögert, bis der Arm fast den Boden erreicht hat. Auch die Arme werden gelegentlich nicht vollständig entspannt; in einem solchen Fall kann die Lehrerin sie sanft beugen und Richtung Boden ziehen, bis die Schultern flach aufliegen.

Die Entspannungspausen zwischen den Bewegungen sind das wichtigste Element dieser Übung.

Im dritten Übungsteil, wenn sich die Arme gegenläufig bewegen, muss ein Arm möglicherweise anhalten und sich dann nach hinten bewegen, bevor der andere seine Bewegung beenden kann. Oft fallen die Füße zur Seite; die Lehrerin sitzt bei den Füßen und steckt den Ball wieder dazwischen, ohne den Bewegungsablauf zu stören.

Augen: Wenn die Augen geöffnet sind, vergisst der Schüler öfter, der Bewegung zu folgen, und schaut stattdessen geradeaus. Die Lehrerin fragt ihn freundlich, ob er die Kugel noch sehen kann. Manchmal muss das Kind erst nach unten blicken, bevor es nach oben schauen kann. Die meisten Kinder müssen Kopf und Schultern vom Boden abheben, damit sie die Bewegung von unten nach oben mit den Augen verfolgen können. Möglicherweise schließen sich die Augen, wenn der Kopf von einer auf die andere Seite gedreht wird; um diese Spannung zu lösen, können die «Übung für den ganzen Körper» (S. 141) und die Stabrollübung (S. 178f.) eingesetzt werden. In den Teilen B und C, in denen die Augen geschlossen sind, können an ihnen zuckende, blinzelnde und flackernde Bewegungen beobachtet werden. Manchmal drehen sich die Augäpfel in Richtung der Arme, als ob sie von der Bewegung mitgezogen würden.

Kieferbewegungen von einer Seite zur anderen können einsetzen, wenn die Übung den Körper durchdringt. Die Lehrerin sollte die Lippen beobachten; oft formen sie einen oder mehrere Vokale, wenn die Bewegungen tiefer in den Körper eindringen.

An einem bestimmten Punkt können plötzlich unrhythmische Bewegungen auftreten, möglicherweise auch ein ängstliches Zögern zwischen den Bewegungen. Dies zeigt ein bestimmtes Stadium an, das ohne Einwirken der Lehrerin durchlaufen werden muss. Einige Kinder halten beim Bewegen die Luft an. Dies alles sind Auswirkungen von Eile, Hetze und Druck, denen die Kinder unterliegen. Es gibt Kinder, die so angespannt und so stark mit ihren *Stretching*-Bewegungen verbunden sind, dass sie, wenn sie wirklich entspannen, nach Beendigung der Übung zunächst nicht aufstehen können. Dies zeigt, dass sie nur einen kleinen Teil ihres Körpers tatsächlich einsetzen können.

Die Lehrerin sollte darauf achten, wann schnelle, routinierte Bewegungen sich in ein bewusstes Tragen und Niederlegen verwandeln. Gute Anzeichen dafür sind:

1. wenn alle oben erwähnten Nebenbewegungen aufhören und ein harmonisches Bewegungsmuster einsetzt
2. wenn das Kind tief durchatmet
3. wenn es beginnt, zu seufzen und zu gähnen
4. wenn Kind und Lehrer von einer friedvollen Atmosphäre eingehüllt werden.

Nach dieser Übung wird immer die Übung «Gerade Linie und Acht» durchgeführt *(S. 189ff.)**.*

II. Die Kugeldrehübung (ab 8 Jahren)

Bei dieser Übung werden alle auftretenden Fehler korrigiert; es sei denn, man benutzt sie nur einmalig als diagnostische Übung. In diesem Fall wird dokumentiert, welche Gliedmaßen sich in umgekehrter Richtung bewegen.

1. Der Schüler steht aufrecht und hält eine Kupferkugel oder eine Apfelsine in jeder Hand, wobei die Arme anmutig nach vorne ge-

beugt sind. Unter einem Fuß (ohne Schuhe) befindet sich eine Kupferkugel oder ein Tennisball.

2. Die rechte Kugel wird bewegt, indem der Daumen sie vom kleinen Finger über die von der Kugel bedeckte Handfläche zum Zeigefinger dreht; er bewegt sie dadurch in einer horizontalen Ebene entgegen dem Uhrzeigersinn.
3. Wenn die Bewegung auf der rechten Seite gelingt, führt der Schüler die gleiche Bewegung links aus: Der Daumen dreht die Kugel vom kleinen Finger über die Handfläche zum Zeigefinger und damit im Uhrzeigersinn.
4. Nun wird die Fußbewegung hinzugefügt, indem die Kugel einwärts gerollt und dabei von der Fußsohle geführt wird. Der rechte Fuß dreht gegen den Uhrzeigersinn, der linke Fuß im Uhrzeigersinn.
5. Nun soll der Schüler dazu einen Reim sprechen; geeignet ist ein Kinderreim oder ein Gedicht, das er gelernt hat.
6. Alle Kugeln sollen sich ständig bewegen!
7. Die Übung wird mit dem anderen Fuß wiederholt.

Überlegungen

Zuerst wählt die Lehrerin einen kurzen Vers. Wenn der Schüler allmählich gelernt hat, die kontinuierliche Bewegung aufrechtzuerhalten, wird die Dauer des Verses verlängert.

Die Lehrerin achtet darauf, an welche Hand sich die Augen heften, welches Bein die Bewegungsrichtung ändert, welche Hand innehält, wenn sich der Schüler auf das Sprechen des Verses konzentriert. Das Kind sollte so geschickt werden, dass es die Hände wie beschrieben vor sich halten kann und dabei vertrauensvoll nach vorne blickt.

Bei dieser Übung werden Hindernisse im Bewegungsfluss sichtbar. Diese Blockaden, die auf einen übermäßig starken Einfluss des *Stretching*-Systems hinweisen, können dazu beitragen, dass sich die Dominanz nicht vollständig festigt (siehe Kap. 2 und Anmerkung 25).

III. Die dreifache Spirale (ab 6 Jahren)

A. Eine große Spirale wird im Uhrzeigersinn, von oben beginnend, mit drei Umdrehungen bis ins Zentrum gezeichnet (siehe Abbildung); sie wird als breite karminrote (nicht zinnoberrote) Linie auf starkes Papier oder Karton gezeichnet: 50 x 50 cm für die kleineren Kinder, 60 x 60 cm für die älteren mit den längeren Beinen.

1. Die Lehrerin legt die Spirale auf den Boden. Das Kind sitzt auf einem niedrigen, bequemen Stuhl davor. Die Knie sollten auf Höhe der Hüftgelenke oder etwas höher sein. Die Füße stehen am unteren Rand der Spirale nebeneinander auf dem Boden. Die großen Zehen und die Kniescheiben stehen genau übereinander und sind gerade ausgerichtet.
2. Das Kind hält eine Kupferkugel oder einen anderen natürlichen, schweren Gegenstand, z. B. einen Kristall, in der linken Hand, die damit auf dem linken Oberschenkel ruht.
3. Jetzt folgt der rechte Fuß der Spirallinie von innen nach außen; er beginnt im Zentrum der Spirale, und die große Zehe berührt während der Bewegung den Karton. Dann wird der Fuß wieder in seine Ausgangsposition am unteren Rand der Spirale gestellt.
4. Nun übernimmt der linke Fuß die Bewegung. Die große Zehe folgt der Spirallinie von außen ins Zentrum, indem sie die Linie berührt.

5. Mit geschlossenen Füßen und Knien beugt sich das Kind nun nach vorne und folgt der Spirale mit der rechten Hand von außen zum Zentrum hin, wobei die Finger die Linie berühren.
6. Nach einer kurzen Pause werden diese drei Schritte (3., 4., 5.) zunächst nur dreimal wiederholt, wobei jeweils nach einer Sequenz (rechter Fuß, linker Fuß, rechte Hand) eine kurze Pause eingelegt wird. Die Runden werden dann in Dreierschritten gesteigert, bis zwölf Sequenzen nacheinander durchgeführt werden.

Überlegungen

Die Bewegungen der Füße sind, bezogen auf den Körper, nach innen gerichtet, das heißt, der rechte Fuß bewegt sich gegen den Uhrzeigersinn und der linke mit dem Uhrzeigersinn (diese Bewegungsrichtungen finden sich auch in der Kugeldrehübung). Es wird immer die rechte Hand benutzt. Die linke Hand ruht mit der Kupferkugel oder dem schweren Gegenstand auf dem linken Oberschenkel und dient damit als «Anker» für die drei sich bewegenden Gliedmaßen. Dies gilt sowohl für Rechts- als auch für Linkshänder.

Diese Übung ist gut für unruhige, zappelige Kinder sowie für Kinder, die unter Albträumen leiden oder Schlaf- bzw. Einschlafstörungen haben.

Gewöhnlich sieht man plötzlich Fehler, etwa dass derselbe Fuß zweimal eingesetzt wird oder die Hand mit der Bewegung im Zentrum der Spirale beginnt. B*ei dieser Übung ebenso wie bei der Kugeldrehübung werden falsche Bewegungsrichtungen sofort korrigiert;* dabei genügt eine leise Äußerung der Lehrerin.

B. Variante:

Förderlehrerinnen haben die folgende Variation entwickelt, um die Füße und Zehen des Kindes einzubeziehen sowie die Motivation des Kindes aufrechtzuerhalten. Dabei werden einige Perlen oder polierte

Steine in die Mitte der Spirale gelegt sowie ungefähr doppelt so viele an den Eingang der Spirale. Bevor der Schüler die Spirale wie gewohnt nachzieht, greift er mit den Zehen des rechten Fußes einen kleinen Stein aus der Mitte der Spirale. Er lässt ihn auf der Spirallinie bis zu dem kleinen Steinhäufchen außerhalb der Spirale entlanggleiten. Die Zehen des linken Fußes greifen einen anderen Stein von außen und führen ihn den Spiralweg entlang zur Mitte. Dann ergreift die rechte Hand einen Stein von außen und gleitet damit zum Zentrum. Es entsteht das Bild von zwei «Zwergen», die «Edelsteine» hin und her tragen. Gleichzeitig kräftigt das Kind die Fußmuskulatur, was für Kinder mit Plattfüßen oder schlaffen Zehen sehr sinnvoll ist!

IV. Die Dreieck-Stab-Übung (ab 12 Jahren)[98]

Auf dem Boden vor den Füßen des Schülers liegt ein Kupferstab (Durchmesser ca. 1,5 cm, Länge 75 cm).

1. Das Kind steht aufrecht da, mit waagrecht aufeinandergelegten Handflächen, sodass die Fingerspitzen der einen Hand das Handgelenk der anderen berühren. Die rechte Handfläche zeigt nach unten, die linke nach oben.
2. Der Schüler stellt zunächst den linken, dann den rechten Fuß stabbreit auseinander.
3. Die Lehrerin spricht: «Schwere lastet abwärts.» Dabei drückt die rechte Hand nach unten, während die linke dem Druck standhält.
4. Die Lehrerin spricht: «Licht strömt aufwärts.» Hände und Arme werden von der Mitte nach oben angehoben und ausgebreitet; der Abstand zwischen den Händen ist ebenfalls stabbreit.
5. Während der Schüler diesen Abstand beibehält, beugt er sich in einer langsamen, fließenden Bewegung nach vorn – der Kopf bleibt immer auf Höhe der Arme –, bis die Hände die Stabenden berühren und der Kopf nach unten hängt. Die Knie sind leicht gebeugt. (Durchgestreckte Knie sind zu vermeiden.)

6. Der Schüler ergreift den Stab und richtet sich vollständig mit ihm auf; der Kopf bleibt die ganze Zeit über zwischen den gestreckten Armen; die Schultern sind entspannt.
7. Langsam wird der Stab wieder zurückgelegt; Kopf und Arme bleiben auf gleicher Höhe.
8. Der Schüler geht zurück in die aufrechte Position mit ausgebreiteten, nach oben erhobenen Armen.
9. Die Füße springen in die ursprüngliche geschlossene Stellung zurück. Die Arme werden seitlich an den Körper gelegt.
10. Die Übung wird noch zweimal wiederholt.

Überlegungen

Diese Übung enthält ein geometrisches Element, das genau zu einem 12-Jährigen passt. Es ist wichtig, das Gleichgewicht zwischen Oben und Unten im Körper zu erleben, um eine Wahrnehmung vom Gleichgewicht in unserem Inneren zu haben. Wenn es dem Schüler schwerfällt, den Kopf zwischen den Armen zu halten, während er sich nach vorne beugt und aufrichtet, oder die Schultern entspannt unten zu halten, können dies Anzeichen für nicht integrierte frühkindliche Bewegungsmuster und/oder strukturelle Blockaden sein, die von früheren Verletzungen an Nacken, Schultern oder Rücken herrühren. Wenn der Schüler die Knie beugt oder in die Hocke geht, um den Stab abzulegen oder aufzunehmen, so sind gewöhnlich verkürzte Kniesehnen oder eine nicht vollständig integrierte horizontale Mittellinie die Ursache. Eine leichte Beugung der Knie ist erlaubt.

Sowohl für den Schüler als auch für die Lehrerin ist es sehr befriedigend, wenn es gelingt, die Übung so durchzuführen, wie sie gemeint ist – durchgehend mit dem Kopf zwischen den Armen.

Übungen für das Festigen der Dominanz auf der rechten oder linken Körperseite

I. Die Dominanzform (6 – 11 Jahre)

Auf einen Karton (50 x 75 cm) zeichnet die Lehrerin in *Karminrot* (nicht Zinnoberrot!) großformatig die dargestellte Form.

1. Der Karton wird gegen eine Wand gelehnt.
2. Das Kind sitzt bequem davor auf dem Boden und «zeichnet» die Form nach, indem es die rote Linie berührt und die gleiche Bewegungssequenz verwendet wie in der Übung «Rechtwinkliges Dreieck» (siehe folgende Übung).
3. Die Übung wird langsam aufgebaut, bis der Schüler die Form mit jeder genannten Gliedmaßenkombination dreimal nachgezeichnet hat, wobei nach jeder Bewegung kurz pausiert wird.

Überlegungen
Das Kind darf sich nach hinten auf seine Hände stützen; wenn es sich allerdings auf die Ellbogen lehnt, sollte es aufgefordert werden, sich hinzusetzen. Die Lehrerin kann mit einem passenden Bild arbeiten. Soll das Kind auf Anraten des Schularztes linksdominant bleiben, wird die Übung in folgendem Bewegungsablauf durchgeführt: beide Füße, linker Fuß, linker Fuß mit linker Hand, linker Fuß und linkes Auge usw.

II. Die Übung «Rechtwinkliges Dreieck» (ab 11 Jahren)

Auf die gesamte Fläche (Vorder- und Rückseite) von zwei großen, weißen Kartons (76 x 55 cm) werden insgesamt vier Dreiecke gezeichnet (68 x 51 cm). Auf jeder Seite befindet sich ein Dreieck; Zahlen und Farben werden aus Abbildung 11a bzw. 11b übernommen. Der eine Satz von vier Dreiecken ist für rechtsdominante Schüler bestimmt (Abb. 11a), der andere für linksdominante (Abb. 11b). (Es kann auch weißes, starkes Papier verwendet werden, das gerollt werden kann und mit Klebeband an der Tür oder der Wand befestigt wird. Wenn die Ecken des Papiers mit durchsichtigem Klebeband verstärkt werden, nimmt es beim Abziehen des Klebebandes keinen Schaden.)

A. Das Dreieck A für Rechtshänder (Abb. 11a) wird senkrecht gegen eine Wand gelehnt, und der Schüler sitzt davor auf dem Boden. Er zeichnet – zunächst mit beiden Füßen, später mit den Händen – die Linien des Dreiecks nach, indem er sie berührt und die jeweilige Linie von der Zahl bis zur Pfeilspitze nachzieht. Nach jeder Linie erfolgt eine kurze Pause, in der die Füße auf dem Boden abgestellt bzw. die Hände in den Schoß gelegt werden. Jede Sequenz wird dreimal durchgeführt (d.h. von Nr. 1 zum Pfeil, *Pause*, von Nr. 2 zum Pfeil, *Pause*, von Nr. 3 zum Pfeil, *Pause*; diese Abfolge wird dann zweimal wiederholt). Die Linien werden durch Berühren des Kartons mit den Gliedmaßen in folgender Reihenfolge nachgezogen (für Rechtshänder):

1. beide Füße zusammen
2. rechter Fuß
3. rechter Fuß zusammen mit rechter Hand
4. rechter Fuß mit rechtem Auge (das linke Auge wird muskulär oder mit der linken Hand geschlossen)
5. rechter Fuß, rechte Hand, rechtes Auge – alle drei zusammen
6. beide Hände zusammen; nach jeder Bewegung werden die Hände kurz in den Schoß gelegt

7. rechte Hand
8. rechte Hand, rechtes Auge
9. rechtes Auge
10. wahlweise – z.B. mit der Nase (die Lehrerin wählt ein beliebiges Körperteil aus).

B. Mit den Dreiecken B, C und D wiederholen.
Die gesamte Übung dauert 12 Minuten.

C. Variante: Jede Gliedmaße wird nur einmal eingesetzt (5–7 Minuten).

Nach dieser Übung empfiehlt es sich, den Schüler für eine Weile auf der Leier oder Kalimba spielen zu lassen.

Überlegungen
Linkshändige Schüler verwenden die Dreiecke der Abbildung 11b, wobei sie mit den Gliedmaßen der linken Seite die unter A angegebene Reihenfolge durchführen.

Die Symptome, die sich im Seitigkeitstest gezeigt haben, werden in dieser Übung korrigiert.

Die Lehrerin legt großen Wert auf die kurzen Pausen zwischen den Bewegungen. Manchen Kindern fällt es schwer, mit den Füßen die Linien nachzuziehen und zugleich aufrecht zu sitzen. Sie stützen sich rückwärts auf ihre Ellbogen oder legen sich sogar hin. Die Lehrerin lässt das rückwärtige Abstützen auf die Hände zu. Zieht das Kind die Form mit durchgedrückten Knien nach, lässt man es näher heranrücken, sodass sich die Knie beugen. Die Durchführung dieser Übung kann schwach entwickelte Körpergeografie, Gedächtnisblockaden und Verzögerungen in der Bewegung zeigen. Sie unterstützt die Festigung der Dominanz, außerdem belebt und steigert sie die Kraft des Kindes, schlechte Gewohnheiten zu überwinden, die sich in den ersten sieben Lebensjahren durch Nachahmung in den Organismus eingeprägt haben.

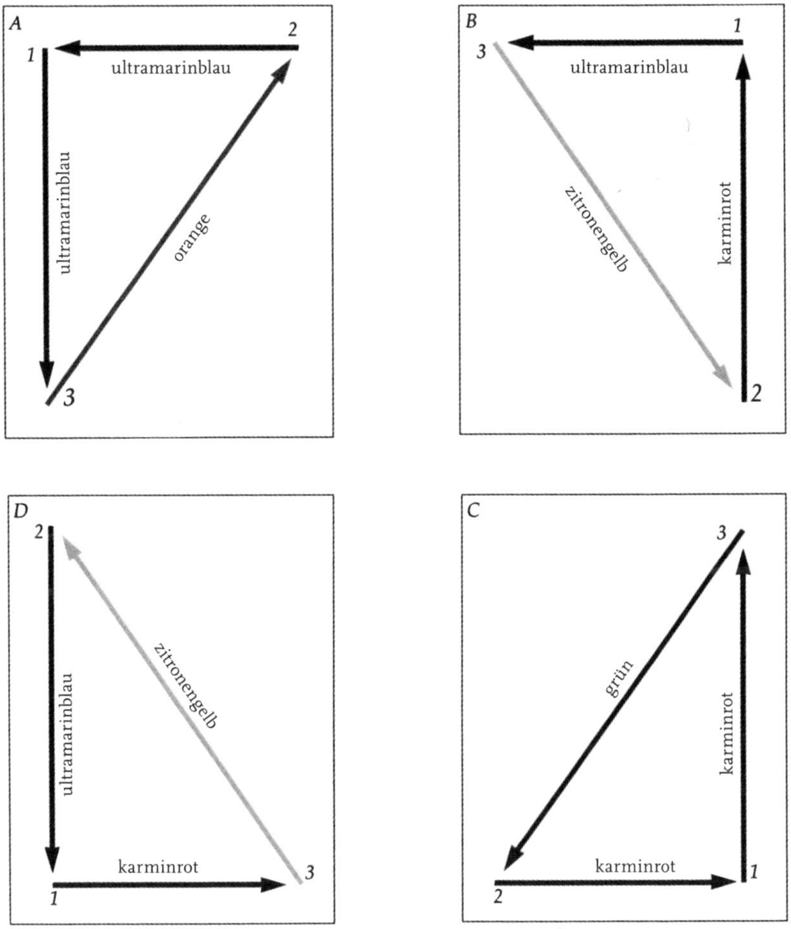

Abb. 11a: Übung «Rechtwinkliges Dreieck» für einen rechtshändigen Schüler. Man zeichnet auf jede Seite eines großen Kartons Dreiecke, ca. 68 cm hoch und 51 cm breit, wobei die Linien ca. 1 cm breit sind (Übung A und B auf Vorder- und Rückseite des ersten Kartons, C und D auf den zweiten Karton). In der oberen linken Ecke der Kartons werden die Dreiecke entsprechend gekennzeichnet mit A (r), B (r), C (r), D (r). Dabei sollte die Richtung der Buchstaben im Uhrzeigersinn beachtet werden sowie die Richtung der acht äußeren Pfeile entgegen dem Uhrzeigersinn wie auch die Richtung der vier inneren Pfeile im Uhrzeigersinn.

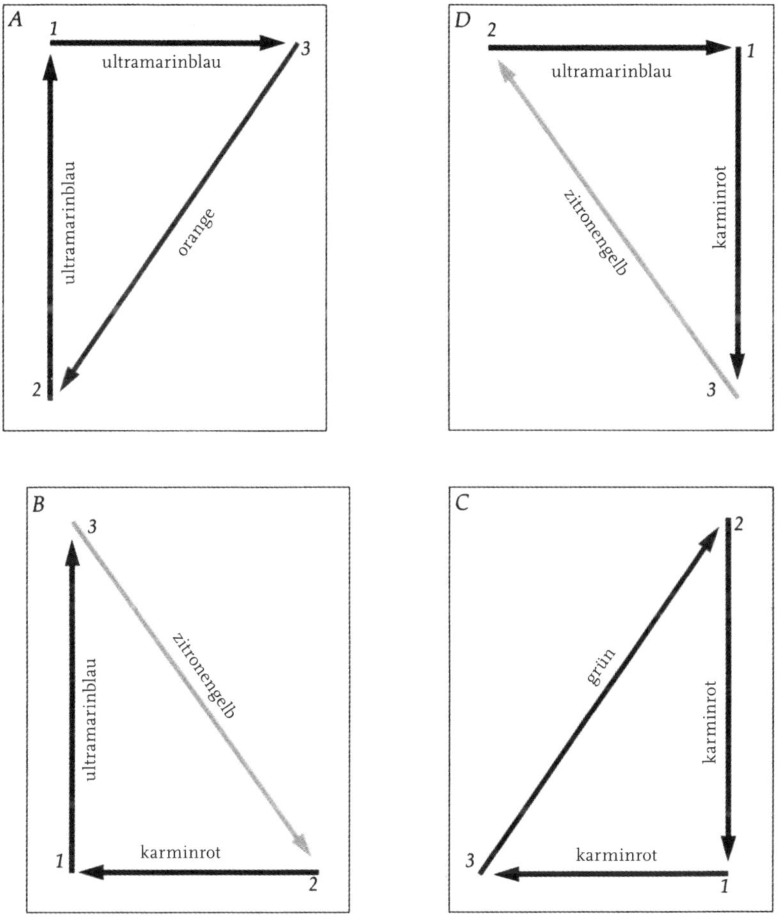

Abb. 11b: Übung «Rechtwinkliges Dreieck» für einen linkshändigen Schüler. Man zeichnet auf jede Seite eines großen Kartons Dreiecke, ca. 68 cm hoch und 51 cm breit, wobei die Linien ca. 1 cm breit sind (Übung A und B auf Vorder- und Rückseite des ersten Kartons, C und D auf den zweiten Karton). In der oberen linken Ecke der Kartons werden die Dreiecke entsprechend gekennzeichnet mit A (l), B (l), C (l), D (l). Dabei sollte die Reihenfolge der Buchstaben entgegen dem Uhrzeigersinn beachtet werden sowie die Richtung der acht äußeren Pfeile im Uhrzeigersinn wie auch die Richtung der vier inneren Pfeile entgegen dem Uhrzeigersinn.

Diese Verbesserung zeigt sich, wenn die erneut durchgeführte Farbneigungsübung (S. 73ff.) nun korrekt ausgeführt wird. Oftmals zeichnen Kinder, die anfänglich einen Sichelmond gezeichnet haben, einen Vollmond, wenn die Übung ihre Wirkung getan hat.

Mit zunehmender Erfahrung kann die Lehrerin manchmal eine gewisse Unbeweglichkeit auf der nicht dominanten Körperseite des Kindes entdecken, die Fortschritte verhindert. In diesem Zusammenhang sollten die Augen sorgfältig beobachtet werden. Ein Auge ist möglicherweise im Ausdruck oder in der Blickrichtung unbeweglicher als das andere. Dies kann auch durch den Seitigkeitstest bestätigt werden, wenn man auf den plötzlichen Wechsel von einem Auge zum anderen innerhalb einer Sequenz achtet. In diesem Fall gibt die Lehrerin dem rechtshändigen Kind für eine Stunde die Übung «Rechtwinkliges Dreieck» für Linkshänder, um in den folgenden drei Stunden wieder die Rechtshänderversion anzubieten. Bis zum Ende des Halbjahres wird dann dieser Rhythmus (1 : 3) wiederholt. Ebenso kann das linkshändige Kind die Rechtshänderversion der Übung durchführen (siehe Kapitel 7, Erneute Diagnostik, Dokumentation der Ergebnisse). Diese Übung basiert auf den korrekten Bewegungsmustern der jeweiligen Körperseite, deshalb ist die Gefahr der Beidhändigkeit gebannt. Die Wirkung der Übung wird durch die Farbneigungsübung überprüft.

Stretching- und *Lifting*-Übungen im Verhältnis zu den drei Raumesrichtungen

I. Gewichthebeübung (ab 7 Jahren)

Zu Beginn stehen sich Lehrerin und Schüler gegenüber. Die Lehrerin fragt das Kind, wie schwer es ist. Sie hilft ihm, sich bewusst zu machen, dass der Mensch die wundervolle Fähigkeit besitzt, sein Gewicht mühelos zu tragen. Wir werden nun das Gewicht erleben und lernen, wie wir es heben können. Dabei sollen die Hände seitlich am Körper bleiben und die Füße nebeneinanderstehen. Die Lehrerin zeigt dem Kind, wie alle zehn Zehen angehoben und anschließend wieder fest auf den Boden gedrückt werden.

Die Lehrerin steht nun neben dem Schüler. Er soll sich vorstellen, dass von einem Stern genau über ihm ein Strahl bis in die Mitte der Erdkugel führt. Indem er ruhig in diesem Strahl steht und seine Augen einen selbst gewählten Punkt vor ihm fixieren, soll er folgende Bewegungen ausführen:

1. Alle Zehen werden so hoch wie möglich angehoben; dabei bleiben die Fußsohlen auf dem Boden.
2. Jetzt werden die Zehen gesenkt und auf den Boden gedrückt, als ob man ihn so fest wie möglich ergreifen wollte.
3. Die Schritte 1 und 2 werden noch zweimal wiederholt.
4. Nun erhebt sich das Kind auf die Zehen, indem die Fersen und der restliche Fuß vom Boden angehoben werden.
5. Dann werden die Fersen sehr langsam in die Ausgangsposition gesenkt.
6. Die Schritte 1 bis 5 werden zweimal wiederholt.

Überlegungen

Oft werden Schüler bei den Auf- und Abwärtsbewegungen der Zehen vor- und zurückschwanken; die Erinnerung an den Lichtstrahl hilft ihnen, gerade zu stehen. Die Lehrerin sollte auf die Füße achten: Sind sie steif, möglicherweise ein Fuß mehr als der andere? Welcher? Wenn der Schüler auf Zehenspitzen steht, verlagert er eventuell das Gewicht auf die kleinen Zehen, wobei die Knöchel nachgeben. Nach dem zweiten Mal ist manchmal eine beginnende Spannung in den Händen zu beobachten. Der Zeigefinger einer Hand oder beider Hände kann dabei steif von der übrigen Hand abstehen. Dies ist gewöhnlich ein Zeichen dafür, dass das Kind zu einem zu frühen Zeitpunkt in seiner Entwicklung intellektuellen Anforderungen ausgesetzt war. Wahrscheinlich hat es diesen Anforderungen entsprochen, was jedoch sein Verhalten geprägt bzw. seine Konzentrationsleistung beeinträchtigt hat. Manchmal werden auch die Handrücken nach hinten gezogen. Wenn die ganze Hand nach hinten zieht, zeugt dies von großem Druck auf das Kind. Wenn sich die kleinen Finger abspreizen, hat das Kind Mühe, intellektuelle Anforderungen sowie Verhaltensregeln zu erfüllen. Es fällt in die Phase der Nachahmung seiner Umgebung zurück.

Diese Übung wurde von Lehrern bereits erfolgreich für ganze Klassen eingesetzt. Sie ist besonders wirksam, um Kinder nach der Pause wieder zu sammeln und zu fokussieren. Sie unterstützt die Wahrnehmung von Oben und Unten, wie das auch bei der Dreieck-Stab-Übung und den beiden Oben-Unten-Ballübungen der Fall ist. Sie entspannt und stärkt die Erfahrungen des *Lifting*-Elements, in dem die Willenskräfte des Schülers wirksam sind (siehe Kapitel 2 und Anmerkung 25). Die Wollwickelübung hilft, Spannung in den Händen abzubauen. Fingerstricken, Fingerhäkeln und alle anderen Handarbeiten sind ebenfalls ausgezeichnete korrigierende Tätigkeiten. Die Murmelübung hilft bei steifen Zehen oder Plattfüßen. Abwechselndes Laufen auf den Zehen und den Fersen unterstützt die Stärkung von Knöcheln, die dazu neigen, nachzugeben und nach außen zu knicken.

II. Ballprell-Übung (ab 8 Jahren)

Für diese Übung braucht man zwei große Bälle (ca. 18 cm Durchmesser), möglichst ultramarinblau und karminrot.

A. Der Schüler verteilt sein Gewicht auf beide Füße, die parallel und leicht auseinandergestellt sind.

1. Auf jeder Handfläche liegt ein Ball.
2. Ein Ball wird auf den Boden geprellt.
3. Dieselbe Hand dreht sich und fängt den Ball in der Handfläche wieder auf.
4. Das Gleiche wird mit der anderen Hand wiederholt.
5. Während die Hände sich abwechseln, zählt der Schüler von einer genannten Zahl an vorwärts bis zu einer weiteren genannten Zahl. Wenn die Hand den Impuls zum Prellen gibt, sollte die Zahl gesprochen werden. Wenn der Ball wieder auf der Handfläche landet, ist das Sprechen der Zahl bereits abgeschlossen.
6. Schritt 5 wird wiederholt, indem im gleichen Zahlenraum rückwärts gezählt wird.

Diese Sequenzen sollten länger geübt werden, wobei die Lehrerin mit niedrigen Zahlen beginnt und die Anforderung bis zu ungewöhnlichen Zahlenräumen steigert, z.B. 863 bis 1039.

B. Schüler, die Einschränkungen beim Überkreuzen der Körpermitte zeigen, prellen nur einen Ball, und zwar vor der Körpermitte, von einer Hand zur anderen.

Überlegungen

Diese Übung stärkt das Bewusstsein von Links und Rechts sowie die Flexibilität zwischen dem *Stretching*- und dem *Lifting*-Element in der Bewegung (siehe Kapitel 2 und Anmerkung 25). Man braucht dafür

Willenskräfte und Konzentration. Die Übung ist hilfreich für langsam denkende und vergessliche Kinder, ebenso für Schüler, die sich nicht gerne bewegen. Man sollte die Leistungsfähigkeit des Kindes so weit wie möglich herausfordern. Für einen Dreizehn- oder Vierzehnjährigen ist es nicht zu viel verlangt, bis 1000 zu zählen.

III. Die Stabrollübung (ab 7 Jahren)

Schüler und Lehrerin stehen einander gegenüber und spiegeln gegenseitig ihre Bewegungen:

1. Die Arme werden nach vorne gehalten, ohne die Ellbogen zu überstrecken. Die Handflächen schauen nach oben, und die Fingerspitzen der Lehrerin berühren die des Schülers. Ein Kupferstab liegt quer auf den Händen der Lehrerin.
2. Sie hebt die Arme und lässt den Stab dabei rollen, bis er ihren Hals berührt. Gleichzeitig spiegelt der Schüler diese Bewegung, indem er seine beiden Arme so hoch wie möglich hebt.
3. Die Lehrerin senkt ihre Arme, und der Stab rollt zurück (wobei der Schüler die Bewegung wieder spiegelt).
4. Der Stab gleitet über die ausgestreckten Finger auf die Handfläche des Schülers, der damit die Bewegungen, wie in 2. und 3. beschrieben, wiederholt.
5. Die Lehrerin, die inzwischen die Armbewegungen des Schülers gespiegelt hat, erhält wiederum den Stab.
6. Die Bewegungen werden rhythmisch fortgesetzt.

Überlegungen

Es ist hilfreich, die Bewegungen durch Singen zu begleiten, um einen Rhythmus aufzubauen und zu halten. Es ist unbedingt darauf zu achten, dass der Stab auf seinem Weg zu oder von den Handgelenken und Unterarmen über Handflächen und Finger läuft (und sie damit berührt). Die Lehrerin achtet darauf, dass die Arme ausgestreckt, die

Ellbogen aber entspannt sind. Wenn die Bewegungen ohne Stab ausgeführt werden, sollten die Arme besonders hoch gehoben werden, um den Brustkorb noch stärker zu dehnen und dadurch die Atmung zu vertiefen.

Diese Übung stärkt das Bewusstsein von Vorne und Hinten. Sie lässt schnell jede Schwäche in den Oberarmen (auch bei sportlichen Jungen) sichtbar werden. Ebenso zeigen sich versteckte Gesten, die zu Verkrampfungen führen, sodass die Arme eng an den Körper gepresst werden. Wenn der Stab über die Arme wieder nach unten rollt, drehen sich die Arme oftmals in die *Stretching*-Haltung, sodass die Handflächen nach unten zeigen. Manchmal ist diese Spannung so stark, dass der ganze Arm (ohne den Stab) nach hinten schwingen muss, sich dort dreht und wieder nach vorne schwingt, um die Hände wieder umdrehen und nach oben bewegen zu können.

Flache und unregelmäßige Atmung wird durch diese Übung ebenfalls sichtbar und kann durch sie reguliert werden. Es ist eine gute Übung für Kinder mit Gedächtnisschwierigkeiten, da unser Verstehen, das zu Erinnerung wird, im rhythmischen System (Atmung und Kreislauf) stattfindet. Diese Übung kann auch in Klassen und Gruppen eingesetzt werden.[99]

Die Lehrerin sollte darauf achten, wie sich in dieser Übung die Augen verschleiern, wenn der Wille des Kindes versucht, den Körper zu durchdringen. (Gleiches gilt auch für die Gewichthebeübung.) Wenn dies immer besser gelingt, bleiben die Augen während der ganzen Übung klar und strahlend.

Zeichenübungen

Sitzhaltung beim Schreiben und Formenzeichnen
Während das Kind in der Diagnostikstunde seinen Namen schrieb, hat die Lehrerin seine Stifthaltung beobachtet. Hat es den Stift korrekt zwischen Zeigefinger und Daumen, unterstützt vom Mittelfinger, gehalten? Hat der Daumen über den Stift hinausgeragt? Man kann eine Menge merkwürdiger Stifthaltungen erleben! Die Lehrerin sollte darauf achten, ob der Schüler den Stift beim Zeichnen zu fest hält, sodass sich die ganze Hand verkrampft und die Schulter hochgezogen wird oder die Arme eng an den Körper gepresst werden. Wie stehen die Füße?

Die Komponenten, die zu einer guten Arbeitsposition gehören, müssen heutzutage erlernt werden. (Dies ist notwendig, damit die Kinder freudig in die eurythmischen Bewegungen eintauchen können.) Natürliche Anmut und das Gefühl für Schönheit in Bewegung und Form gehen immer mehr verloren. Viele Erziehende arbeiten daran, dass sie sich wieder einstellen können.

Deshalb beginnen wir bei den Füßen, wenn es um eine gute Haltung beim Schreiben und Zeichnen geht. Der ganze Fuß sollte dabei immer auf dem Boden stehen. Der Stuhl darf nicht so hoch sein, dass das Kind sich nach vorne lehnen muss. Im Sitzen sollten sich die Hüftgelenke etwas unterhalb der Ebene der Kniegelenke befinden, sodass die Armbewegungen durch den ganzen Körper bis zu den Füßen fließen können. Ebenso muss es durch die Tischhöhe gewährleistet sein, dass der Arm bequem aufliegt, ohne die Schultern hochziehen oder den Rumpf nach vorne beugen zu müssen, was ebenfalls den vollständigen Bewegungsfluss des Armes verhindern würde.[100]

Für eine entspannte, physiologisch funktionelle Stifthaltung ruht die Hand auf der Handkante und dem kleinen Finger, unterstützt vom Ringfinger, sodass die Hand in einer stabilen Position auf der

Schreibfläche aufliegt. Die Fingerspitzen von Zeigefinger und Daumen treffen sich auf der Oberseite des Stiftes, ca. 1,5 cm von der Stiftspitze entfernt, und das seitliche Endglied des Mittelfingers stützt den Stift von unten. Etwas weiter oben lehnt sich der Stift an das Grundglied des Zeigefingers (siehe Abbildung 1, S. 50). Diese Haltung des Schreib- oder Zeichenwerkzeuges, bei der die Hand seitlich aufliegt, ermöglicht ein Gleichgewicht zwischen grob- und feinmotorischen Bewegungen.[101]

Das Papier, das vor dem Kind liegt, lenkt dessen Bewusstsein sofort auf das zweidimensionale Verhältnis zwischen dem Blatt Papier und sich selbst. Wenn wir Formen zeichnen, sollte dieses Papier groß sein, mittig und vollkommen gerade vor dem Schüler liegen. Er muss in der Lage sein, sich aus einem inneren Impuls heraus nach oben, unten, im Kreis herum und kreuz und quer über das Blatt zu bewegen. Wenn das Blatt bewegt wird, fühlt er sich selbst als Fixpunkt, um den sich der Raum dreht. Dies zeigt, dass die Beziehung des Kindes zum Raum schwach entwickelt ist (dass es eine schlechte Raumesorientierung hat; siehe dazu Kapitel 4 und die Übungen zur Raumesorientierung).

I. Tätigkeiten zur Entspannung der Arm- und Handbewegungen

A. All die wunderbaren, alten Fingerspiele für Kinder (z.B. «Das ist der Daumen, der schüttelt die Pflaumen ...») beeinflussen die Entwicklung der Feinmotorik, etwa den Umgang mit Löffel oder Stift. Zur Unterstützung einer entspannten, bequemen Stifthaltung empfiehlt es sich, auch noch in den unteren Klassen Fingerspiele durchzuführen.[102]

B. Folgende Aktivitäten unterstützen Hand- und Fingergeschicklichkeit, die für eine ordentliche Stifthaltung nötig sind: Papierflieger falten, mit der Schere schneiden, Fingerstricken, Knoten machen (dazu gehört auch das Binden einer Schleife am Schuh), nähen sowie Tätigkeiten im Haushalt wie Schuhe putzen, Silber oder Kupfer putzen, Tisch abwischen, Geschirr spülen, Eier aufschlagen und trennen, einen Brotteig kneten (siehe Tätigkeiten zur Integration der vertikalen Mittellinie, S. 149f.).

C. Übungen zur Körpergeografie, besonders die Wollstrang- und die Wollwickelübung, sowie die Ganzkörperübung und die Spiegelungsübung unterstützen die Entspannung von verkrampften Arm- und Handbewegungen.

D. Dehnen und Zusammenziehen der Hand: Um das Kind bei seinen Schreibbewegungen zu unterstützen, kann man dehnende und kontrahierende Übungen am Tisch durchführen, zunächst ohne, dann mit einem langen Bunt- oder Bleistift.
   1. Das Kind legt die rechte Hand mit geballter Faust und außen liegendem Daumen auf die linke Tischhälfte.
   2. Während der Daumen auf die Tischplatte drückt, streckt sich die Hand vollständig aus und wandert dabei nach rechts, wobei am Ende der Streckung die Handfläche auf dem Tisch aufliegt.
   3. Nun wird die Position des kleinen Fingers gehalten und dabei die übrige Hand wieder zur Faust geformt. (Die Hand ist jetzt wieder in der Ausgangsstellung, aber an einem neuen Platz.)
   4. Ausgehend von dem neuen Platz des Daumens, streckt und kontrahiert sich die Hand immer wieder, bis die rechte obere Ecke des Tisches erreicht ist.
   5. Die Übung wird wiederholt, wobei nun ein Buntstift zwischen Zeige- und Mittelfinger gehalten wird, während das obere Stiftende auf dem unteren Teil des Daumens hin und her gleitet.

E. Es gibt zwei Möglichkeiten, für Entspannung zu sorgen, wenn die Hand beim Schreiben zu starken Druck ausübt:
   1. direkt, indem wir das Kind auffordern, beim Schreiben oder Formenzeichnen den Zeigefinger zu heben.
   2. indirekt, indem wir an der *Geschicklichkeit des Fußes arbeiten* und dadurch die Hand beweglicher machen. Dafür soll das Kind mit

dem Fuß Formen zeichnen und Buchstaben oder Zahlen schreiben. (Dabei benutzt das rechtshändige Kind den rechten Fuß, das vollständig linkshändige Kind den linken.)[103]

F. Die Kritzelübung (ab 7 Jahren)

Der Schüler erhält ein großes Blatt Papier – so groß, dass seine Hand beim Zeichnen weit nach vorne und zu den Seiten reichen kann. Er hält einen oder mehrere Wachsmalstifte in einer Hand, indem er vier Finger um die Stifte legt und den Daumen auf die Finger (früher Palmargriff).[104]

1. Das rechtshändige Kind macht einen nach innen gerichteten Kritzelwirbel entgegen dem Uhrzeigersinn, der von der rechten oberen Ecke des Blattes nach links unten führt; der Linkshänder führt die Übung im Uhrzeigersinn, also in der Gegenrichtung, aus.
2. Wenn es älteren Kindern (ab elf) gelungen ist, die Spannungen durch diesen «Kritzelwirbel» zu lösen, sollten sie mit fortlaufenden Spiralmustern im Uhrzeigersinn fortfahren, die sie mehrere Male in großen Bögen in der gewohnten Schreibrichtung von links nach rechts auf das Papier zeichnen.

Überlegungen

Der Schüler sollte diesen «Kritzelwirbel» immer als *Vorspann zu fortlaufenden Mustern im Formenzeichnen* durchführen. Die Lehrerin beobachtet den Druck, der ausgeübt wird, und den Eifer beim Kritzeln. Einige Kinder ermüden dabei rasch und brauchen kurze Pausen. Die Erfahrung hat gezeigt, dass Kinder begeistert ihre ersten Schritte in der Zeichenentwicklung wiederholen – den Kritzelwirbel.[105] Er löst Spannungen und unterstützt die Entwicklung der Dominanz.

II. Fortlaufende Muster und andere Übungen im Formenzeichnen

Für die nun folgenden Übungen gelten die angegebenen Altersgrenzen:

- Übung A, B, C ab 7 Jahren
- Übung D ab 8 Jahren
- Übung E und F ab 9 Jahren
- Übung G und H ab 11 Jahren

Diese Formen werden zunächst mit Wachsmalstiften oder dicken Buntstiften auf Formenzeichenpapier (33 x 43 cm) ausgeführt. Später, wenn normale Bleistifte oder Buntstifte verwendet werden, genügt DIN A4-Format.

A. Die ersten Übungen im Formenzeichnen können fortlaufende Muster sein, welche die Lehrerin möglicherweise selbst erfindet (siehe Beispiele in Abbildung 12).

B. Spiegelübungen an der vertikalen und horizontalen Achse (siehe Abbildungen 13a, b, c, d)

C. Flächenübung (siehe Abbildung 27b, S. 254)
Die Lehrerin zeichnet eine große Form, in die sie eine kleinere Form hineinzeichnet. Der Schüler soll nun drei weitere Formen in die große Form einfügen. Die Anzahl der zu integrierenden Formen wird variiert.

D. Blumenstabübung (siehe Abbildung 5, S. 70)

E. Räumliche Lemniskaten (Abbildung 14, S. 186)

F. Harmonisierende Lemniskaten (Abbildung 15, S. 188)

G. Übung der sich durchdringenden Dreiecke (Abbildung 18, S. 198)

H. Die Geometrie des Sechsecks (Abbildung 19, S. 200).

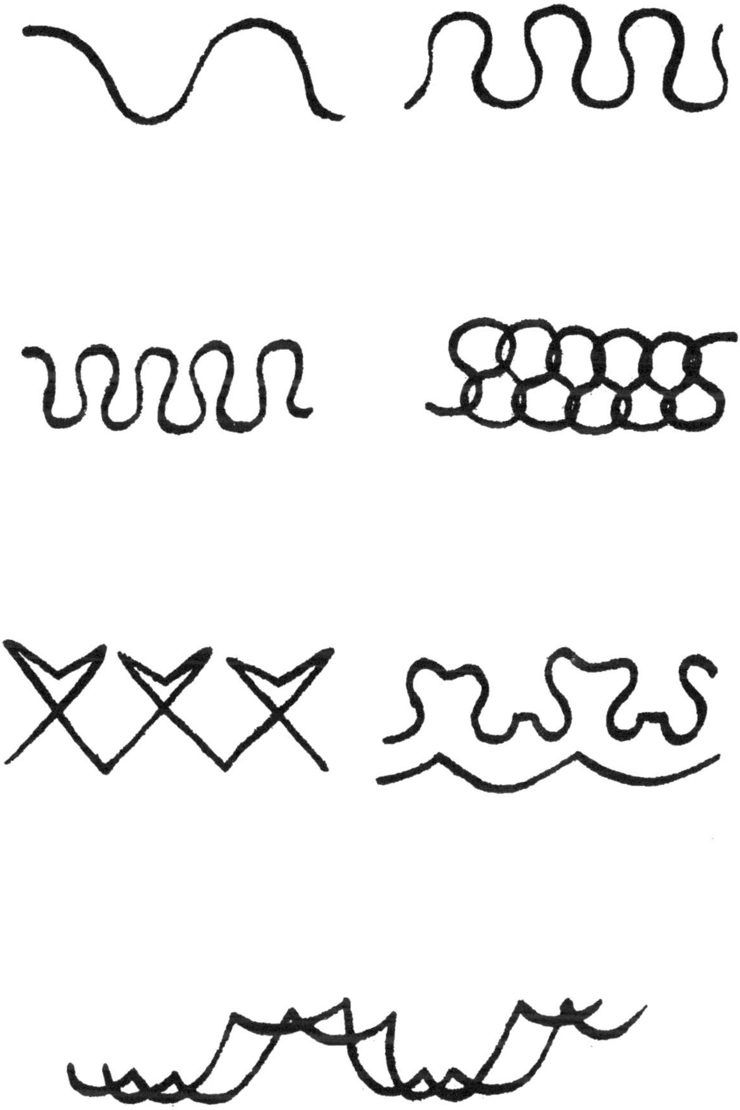

Abb. 12: Fortlaufende Muster. Man beachte den Wechsel von hellen und dunklen Strichen: Der Aufstrich ist hell (leichter Strich), der Abstrich dunkel (kräftiger Strich).

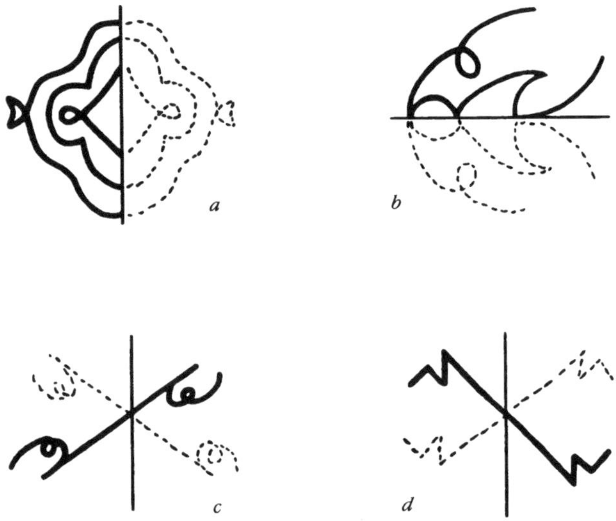

Abb. 13 a–d: Spiegelformen

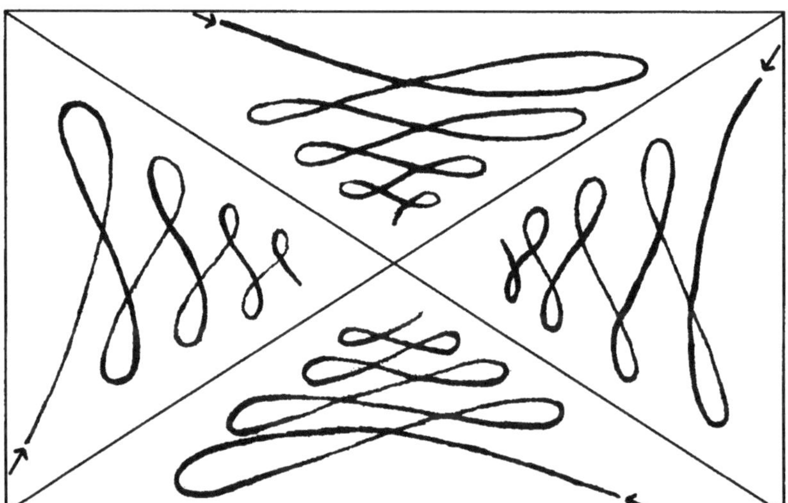

Abb. 14: Räumliche Lemniskaten. Das Abwechseln von hellen und dunklen Strichen ist zu beachten: Der Aufstrich ist hell (leichter Strich), der Abstrich dunkel (kräftiger Strich).

Übungen zur Förderung der Auge-Hand-Koordination

Die Art und Weise, wie jede dieser Formen eingeführt wird, zielt auf Auge-Hand-Koordination, Entspannung und Rhythmus ab.

1. Die Lehrerin achtet darauf, dass beide Augen folgende drei Bewegungsabläufe durchführen, ohne dass der Kopf mitbewegt wird:
   a. Der Schüler übt die Form, indem er sie mit der ganzen Handfläche in die Luft zeichnet.
   b. Das Gleiche wird mit einer Feder wiederholt.
   c. Nun mit dem Finger.
2. Das linke Auge wird geschlossen, und die Schritte 1a, b, c werden wiederholt, wobei das rechte Auge der rechten Hand, der Feder und dann dem Finger folgt.
3. Beide Augen werden geschlossen. Die Formen werden mit der Hand in die Luft gezeichnet, wobei die Augen der Bewegung folgen, als ob sie durch die geschlossenen Augenlider sehen könnten.
4. Wenn die Dominanz geändert werden soll, wird das linke Auge mit der blauen Linse bedeckt (siehe Zahlenstern) und die Form mit dem rechten Auge betrachtet.
5. Es werden beide Augen geschlossen und die Form mit den Augen verfolgt – ohne die Handbewegung. Die Lehrerin achtet darauf, dass sich die Augäpfel hinter den geschlossenen Lidern bewegen.
6. Um das Vorgehen zu vereinfachen, kann der Schüler auch nur die Schritte 1c, 2, 3, 5 durchführen.

Überlegungen

Nach Rudolf Steiner sollte das Auge liebevoll dem folgen, was die Hand unternimmt.

Die Lehrerin achtet sorgfältig darauf, dass das Kind diese Augenbewegungen aktiv durchführt. Wenn der Schüler nicht in der Lage ist, die isolierten Augenbewegungen zu vollziehen und seinen Kopf mitbewegt, wird er aufgefordert, sein Kinn mit den Händen festzuhalten

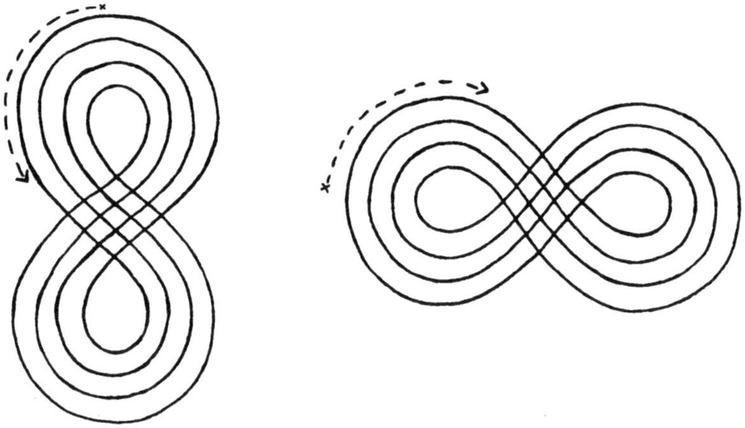

Abb. 15: Harmonisierende Lemniskaten

(dies verhindert gewöhnlich die Mitbewegung des Kopfes, siehe Kapitel 4 und das vorliegende Kapitel).

Alle Übungen im Formenzeichnen helfen Kindern, die ein schwach entwickeltes Raumempfinden haben. Übung C ist besonders hilfreich für die Beziehung zum Raum, wie er auf einem zweidimensionalen Blatt erlebt wird.

Die Lehrerin achtet darauf, dass der Schüler beim Zeichnen die *Bewegungsqualitäten von Schwere und Leichte in Bezug auf Gewicht und Farbe* spürt. Dies wird erreicht, indem er unterschiedlichen Druck auf das Papier ausübt und gleichzeitig das Zeichnen jeder Form mit rhythmischem Schwung der Hand ausführt (siehe Abbildung 12, S. 185).

III. Die Übung «Gerade Linie und Acht» (ab 8 Jahren)

Diese Übung kann als *eigenständige Übung* eingesetzt werden. *Sie ist aber immer Bestandteil der Kupferkugelübung.* A bis D werden wie beschrieben durchgeführt. Das Papier im Format 60–65 x 45 cm wird gut auf der Tischfläche fixiert. Das gesamte Farbspektrum an Wachsmalblöcken steht bereit.

Der Schüler sitzt an einem großen Tisch oder an der Längsseite eines schmalen Tisches. In der Sitzposition sollten sich die Knie auf einem etwas höheren Niveau als die Hüftgelenke befinden. Die Füße stehen parallel und fest auf dem Boden. Das Papier wird im Hochformat vor das Kind gelegt und mit Klebeband befestigt.

A. Die Lehrerin bittet den Schüler, aus den Wachsmalblöckchen zwei Farben auszuwählen, eine für jede Hand. Der Schüler legt alle Finger einer Hand fest auf das quer gehaltene Blöckchen, während der Daumen von unten dagegenhält. Nun werden beide Blöckchen so auf das Papier gesetzt, dass die Kante der langen Schmalseite auf dem Papier aufliegt.

1. Der Schüler kann entweder mit einer geraden Linie *oder* mit einer großen Acht beginnen, die er auf die eine Hälfte des Papiers zeichnet. Die jeweilige Form sollte der Höhe des Blattes entsprechen; die Acht sollte breit sein (siehe Abbildung 16).
2. Dann zeichnet der Schüler die zweite Form auf die andere Hälfte des Blattes, ebenfalls die gesamte Höhe ausfüllend.
3. Nun soll der Schüler in einer *fortlaufenden Bewegung* gleichzeitig die gerade Linie mit der einen und die große Acht mit der anderen Hand zeichnen. Die Hände bewegen sich in einer simultanen Bewegung zum Körper hin und wieder zurück.
4. In dieser Weise wird 3–6 Minuten fortlaufend gezeichnet (wobei mit einer kürzeren Zeit begonnen wird).

B. Die Daumendrehübung: Sie wird nach dem ersten Teil der Übung durchgeführt, um die Finger zu entspannen. Nachdem der Schüler

Abb. 16: Die Übung «Gerade Linie und Acht». Die Startpunkte sind mit einem X gekennzeichnet. Diese Formen sind ungefähr 50–65 cm hoch, abhängig davon, wie weit der Schüler nach vorne reichen kann (siehe Text).

die Lehrerin beobachtet hat, wie sie zuerst den rechten, dann den linken Daumen bewegt, führt er die Übung selbst durch und richtet seine Augen dabei auf seinen eigenen Daumen.

1. Der rechte Daumen dreht sich entgegen dem Uhrzeigersinn mehrmals um den Zeigefinger.
2. In gleicher Weise dreht er sich um alle anderen Finger.
3. Dies wird wiederholt, wobei jetzt mit dem kleinen Finger beginnend zurück zum Zeigefinger gearbeitet wird.
4. Die Schritte 1–3 werden mit der linken Hand wiederholt; dabei bewegt sich der Daumen *im Uhrzeigersinn* um jeden Finger.

C. Nun wird das Papier um 180 Grad gedreht. Die Wachsblöckchen werden getauscht, und die Übung «Gerade Linie und Acht» wird wiederholt, wobei jede Hand die jeweils andere Form zeichnet, aber jede Form ihre Farbe behält. Die Übung dauert wieder drei bis sechs Minuten.

D. Die Daumendrehübung wird wiederholt (siche B.).

Überlegungen

Wenn der Tisch für das Papierformat zu klein ist, kann ein entsprechend großes Brett als Unterlage benutzt werden. Das Papier sollte so groß sein, dass die Arme sich so weit wie möglich nach vorne strecken müssen; die Formen sollten das Papier in seiner vollen Länge ausfüllen. Auf diese Weise entsteht eine Art Ruderbewegung zusammen mit einer vollständigen Schaukelbewegung, die von den Füßen zum Becken, über die Wirbelsäule hinauf zu den Schultern und ganz hinunter in die Finger führt, welche die Blöckchen halten. Die Lehrerin achtet wieder darauf, dass die *Füße des Kindes nebeneinander fest auf dem Boden stehen* und dass *Stuhl und Tisch die richtige Höhe* haben. Dabei ist entscheidend, dass der Schüler *vollständig auf der Stuhlfläche sitzt,* damit Wirbelsäule und Hüften die Bewegungen komplett aufnehmen können. Der Stuhl wird leicht nach hinten geschoben, um zu vermeiden, dass der Schüler mit der Brust an die Tischkante stößt. Bei jeder Rückwärtsbewegung beugen sich die Ellbogen, und der Rücken berührt die Stuhllehne. Gleichzeitig sollten alle Finger, ganz besonders die kleinen, auf dem Blöckchen liegen. Die Vorwärts- und Rückwärtsbewegungen der Arme dehnen den Brustkorb, wodurch sich die Atmung vertieft. Es entsteht ein abwechselndes Dehnen und Zusammenziehen sowie ein Vor und Zurück in der Bewegung. Die Augen folgen ganz genau den Händen. Konzentration ist gefordert.

Während der letzten 30 Sekunden der Übung kann der Schüler die Augen schließen und dieselbe Bewegung mithilfe des Eigenbewegungssinns und des Gleichgewichtssinns ohne die Unterstützung der Augen fortsetzen. Oft korrigieren sich mit geschlossenen Augen Umkehrungen in den Bewegungsrichtungen von selbst.

Die Lehrerin vergleicht die Startpunkte und Richtungen, die der Schüler wählt, mit der korrekten Darstellung in Abbildung 16.[106] Alle Abweichungen zeigen eine Störung zwischen dem Sehvermögen des Schülers und den *Streching*- und *Lifting*-Bewegungen (siehe Kapitel 2 und Anmerkung 25). Häufige Abweichungen sind:

1. Die Bewegung wird von unten begonnen.
2. Die Bewegungen, die zur Lemniskate gehören, erscheinen bei der Geraden und umgekehrt.
3. Während der Übung tauchen plötzliche Richtungswechsel auf.

Die Lehrerin beobachtet nur und sollte die Richtung der Lemniskate nicht korrigieren oder kommentieren. Mit der Zeit wird sich diese Übung von selbst berichtigen. Wenn sehr starke Gegenbewegungen auftreten, wird die Dauer der Übung verkürzt. Hat der Schüler einige Monate lang in wöchentlichen Unterrichtsstunden die Lemniskate ständig in der Gegenrichtung gezeichnet, kann die Lehrerin zu *Anfang der Übung* vorschlagen, die Acht in Richtung der Geraden zu beginnen. Wahlweise kann sie auch mit dem Finger auf dem Blatt die korrekte Richtung zeigen und dabei sagen: «Zeichne in dieser Richtung.» Wenn der Schüler der Anweisung nicht folgt, wird dies *weder korrigiert noch kommentiert.* Die Lehrerin wiederholt die Anweisung in der nächsten Stunde sehr sanft, sehr behutsam und wartet geduldig. Dies kann sich zu einer inneren Haltung entwickeln. Kolleginnen empfehlen heutzutage, *früher korrigierend einzugreifen,* da die Reaktion des Eigenbewegungssinnes bei heutigen Schülern weniger empfindsam und beweglich ist.

IV. Der Zahlenstern (ab 7 Jahren)

Diese Übung wird im Stehen ausgeführt. Der Schüler steht vor einer Tafel oder einem großen aufgehängten Blatt (65 x 60 cm oder größer), der Armlänge oder der Körpergröße des Schülers entsprechend. Während der Übung sollten seine Füße parallel und mit leichtem Abstand stehen, wobei das Körpergewicht gleichmäßig auf beide Füße verteilt wird. Die Übung wird folgendermaßen ausgeführt (siehe Abbildung 17):

1. Zunächst zeichnet der Schüler einen großen Kreis und markiert fünf Punkte auf der Kreisbahn, die alle den gleichen Abstand voneinander haben.
2. Mit dem linken Zeigefinger «markiert» er einen dieser Punkte.
3. Während er mit der rechten Hand, welche die Kreide oder den Wachsmalstift hält, im Uhrzeigersinn von Punkt zu Punkt wandert, zählt er, ausgehend vom markierten Punkt, laut bis 2. Die Kreide sollte dabei hörbar auf die Tafel klopfen.
4. Nun tauscht er die Positionen von linker und rechter Hand.
5. Der Schüler zieht eine gerade Linie von dem zuerst gewählten Punkt zum zweiten Punkt, der jetzt vom linken Zeigefinger gehalten wird.
6. Von diesem zweiten markierten Punkt aus zählt er wieder laut bis 2, wobei die rechte Hand im Uhrzeigersinn zwei Punkte weiterwandert.
7. Die Positionen der Hände werden wieder getauscht, und vom Ende

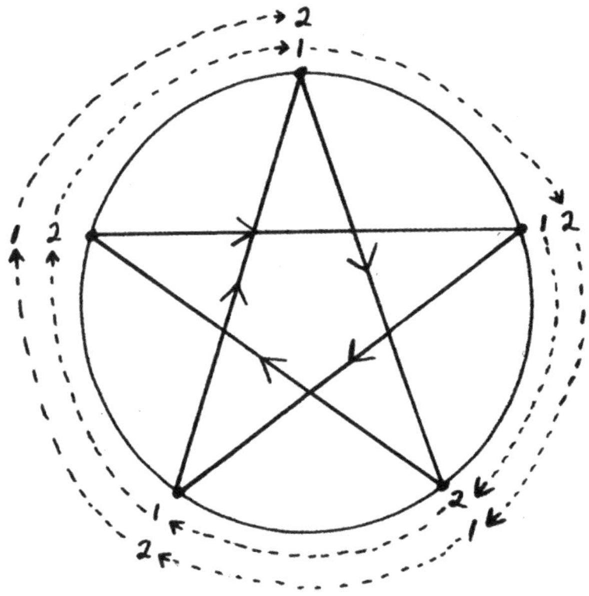

Abb. 17: Der Zahlenstern (5 Punkte, bis 2 zählen)

der bereits gezogenen Linie aus wird die Linie zum dritten Punkt weitergezogen, der wieder vom linken Zeigefinger markiert wird.

8. Dies wird wiederholt, bis die gezeichnete Linie wieder beim Startpunkt ankommt.

Die ganze Übung hindurch markiert der linke Zeigefinger die Punkte, während die rechte Hand im Uhrzeigersinn zählt.

Überlegungen

Der Schüler malt um jeden Fuß einen Ring und stellt sich hinein, um sicherzugehen, dass er *den Kreis an der Tafel immer mittig vor sich sieht,* da sonst die Kreuzung der Mittellinie vermieden wird. Es ist wichtig, dass der Schüler eine gute Haltung einnimmt und das Körpergewicht gleichmäßig auf beide Beine verteilt.

Wenn die Punkte auf der Kreisbahn dicht zusammengedrängt gezeichnet werden, kann die Lehrerin helfen, indem sie einen Punkt oben und einen Punkt unten markiert und den Schüler bittet, die restlichen Punkte dazwischen einzuzeichnen. Zuvor sollte er jedoch die Möglichkeit bekommen, *es selbst zu versuchen*. Die Lehrerin sollte nicht an das Zifferblatt der Uhr erinnern (bezüglich der 12 Punkte); der Schüler sollte *das Raumproblem* als Teil der Übung lösen, indem er seinen eigenen inneren Raum im Verhältnis zur zweidimensionalen Fläche und seine darauf zu vollziehenden Zeichenbewegungen findet. Für ein jüngeres Kind können wir anfangs den Kreis zeichnen und die Punkte auf der Kreisbahn markieren.

Wenn die Punkte miteinander verbunden werden, streckt sich der Arm dabei vollständig. Das Zählen erfolgt mit großen, weit ausholenden Bewegungen, die den Körper in eine wechselweise sich ausdehnende und zusammenziehende Aktivität bringen. Die Lehrerin achtet darauf, dass sich die rechte Hand zusammen mit dem lauten *Zählen* bewegt. Die linke Hand markiert den Punkt, bei dem das Zählen beginnt, sowie den Punkt, zu dem die Linie gezogen werden soll. Die rechte Hand bewegt sich beim Zählen immer im Uhrzeigersinn und zieht dann die Linie zum linken Zeigefinger. Auch für den *Linkshänder* wird *dieselbe Richtung* beibehalten, wie er ja auch die Schreibrichtung von links nach rechts beibehält. Das linkshändige Kind benutzt die rechte Hand zum Markieren der Punkte, die linke bewegt sich zählend und zeichnet die Form.

Diese Übung eignet sich für Kinder, die im Denken und in der Bewegung langsam und lustlos sind, sowie für solche, die schnell, aber oberflächlich lernen. Sie ist eine heilsame *Konzentrationsübung* und gleichzeitig für mathematisch begabte Kinder interessant. Ausgezeichnet ist sie für Kinder, die das Kreuzen der Körpermitte vermeiden (siehe die Übungen zur vertikalen Mittellinie, S. 149f.). Zur Festigung der Dominanz können Schüler, deren Dominanz gekreuzt ist (linkes Auge, rechte Hand) Brillen benutzen, bei denen das linke Glas durch blaues

Cellophan oder blaue leuchtende Gelatine in doppelter Stärke bedeckt wird. Dafür können auch Kindersonnenbrillen benutzt werden, deren dunkle Gläser entfernt wurden. Für einen Schüler, der auf Anraten des Schularztes linkshändig bleiben soll, dabei aber ein rechtsdominantes Auge hat, wird das rechte Glas mit roter Folie bedeckt.

Im Folgenden finden sich geeignete Zahlenkombinationen für Kreise. Sie lassen beim Zählen ein Überschneiden der Linien zu, beziehen alle Punkte auf der Kreislinie mit ein und lassen beim Umrunden des Kreises einen Stern erscheinen. Wenn beispielsweise ein Kreis mit 12 Punkten vorliegt und entweder bis 5 oder bis 7 gezählt wird, werden alle Punkte berührt, und ein Stern entsteht (siehe Abbildung 17).

Anzahl der Kreispunkte	zu zählende Schritte
5	2, 3
7	3, 4
9	4, 5, 7
11	2, 4, 5, 6, 7
12	5, 7
13	5, 6, 7, 8
15	4, 7, 8, 11
16	7, 9
17	4, 7, 8, 9, 10, 13
18	5, 7, 11, 13
19	5, 6, 7, 8, 10, 11, 12, 13, 14
20	7, 9, 11, 13

Als Hausaufgabe kann der Stern auch bunt ausgemalt werden.

V. Übung «Sich durchdringende Dreiecke» (ab 11 Jahren)

Es wird großes Formenzeichenpapier im Hochformat verwendet und ohne Hilfsmittel *«freihand»* gezeichnet (siehe Abbildung 18).

A. Erste Stunde: *Absteigende Dreiecke* – von oben nach unten.
   1. Der Schüler zeichnet zwei gleich große, gleichseitige Dreiecke, Spitze auf Spitze. Unterhalb des unteren Dreiecks muss etwas Platz frei bleiben.
   2. Das obere Dreieck wandert in beliebig vielen Schritten in das untere Dreieck hinein, bis ein Sechsstern erscheint.
   3. Der Schüler kann jetzt die gesamte Fläche des Basisdreiecks mit einem Farbstift schraffieren und die Spitzen des auf dem Basisdreieck liegenden oberen Dreiecks in einer anderen Farbe (siehe den Abschnitt «Schraffierendes Zeichnen», S. 202f.).

B. In der nächsten Stunde folgen die *aufsteigenden Dreiecke* – von unten nach oben.
   Punkt A.1. wird auf einem neuen Blatt wiederholt, wobei diesmal oberhalb des oberen Dreiecks freier Platz eingeräumt wird. Nun schiebt sich das untere Dreieck in gleichmäßigen Schritten in das obere hinein.

C. In einer weiteren Stunde folgen *auf- und absteigende Dreiecke.*
   Oben und unten muss jetzt nicht mehr so viel Platz freigelassen werden wie vorher. Punkt A.1. wird wiederholt, dann bewegen sich die beiden Dreiecke abwechselnd schrittweise aufeinander zu, bis der Sechsstern in der Mitte erscheint.

Überlegungen

Genauigkeit ist das Ziel dieser Übung; sie wird durch *Auge-Hand-Koordination* und Augenmaß erreicht. Diese Übung vermittelt uns eine echte Erfahrung der Verbindung zwischen freier Wahl und der daraus resultierenden Verantwortung. Sie ist sehr heilsam bei Pubertäts-

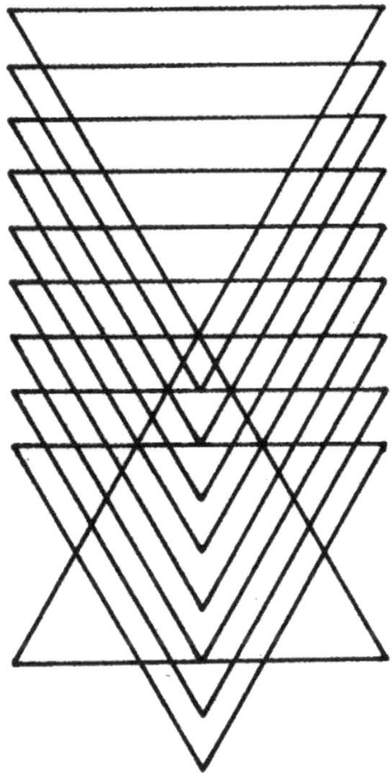

Abb. 18: Sich durchdringende Dreiecke. A: Absteigende Dreiecke; Freihandzeichnung auf großem Papier

problemen. Die Lehrerin beobachtet, ob sich die Dreiecke ausdehnen oder zusammenziehen. Wenn die Schritte sehr eng gewählt werden, ist dies ein Zeichen für Ängstlichkeit.

Diese Übung kann durch verschiedene Papiergrößen variiert werden, die größer oder kleiner sind als das ursprünglich verwendete Formenzeichenpapier. Sie kann auch gut als Hausaufgabe erteilt werden. Die Form kann unterschiedlich farbig gestaltet werden, z. B. werden die Seiten der ab- und aufsteigenden Dreiecke in einer Farbe schraffiert, die Zacken des Sechssterns in einer anderen, die ursprünglichen zwei Dreiecke in der gleichen Farbe oder in zwei verschiedenen Farben, entsprechend die Zacken des Sechssterns in der gleichen oder einer anderen Farbe.

VI. Übung «Geometrie des Sechsecks» (ab 12 Jahren)

A. Auf ein Zeichenpapier (anfänglich ca. 28 x 43 cm) wird mit einem Zirkel zunächst ein Kreis gezeichnet, der von sich schneidenden Kreisen umgeben ist. Dafür wird der Radius des ersten Kreises sechsmal auf der Kreisbahn abgetragen, um auf diese Weise ein «Gänseblümchenmuster» zu erhalten. In einer nächsten Runde werden, ausgehend von den Kreisschnittpunkten, noch einmal zwölf sich schneidende Kreise mit demselben Radius gezeichnet (siehe Abbildung 19).

B. Erforschen des Musters:
In aufeinanderfolgenden Unterrichtsstunden bittet die Lehrerin den Schüler, eine neue Zeichnung der sich schneidenden Kreise anzufertigen; dann wählt sie eine der folgenden Aufgaben:

1. Der Schüler findet unter den sechs inneren Kreisen jeweils zwei heraus, die sich tangential berühren (also sich nicht überlappen), und malt deren «Blütenblätter» mit derselben Farbe aus.
2. Der Schüler sucht Gruppen von sechs «Blütenblättern», malt diese aus und findet dabei die zugehörigen Kreise. Dieser Teil der Übung sollte nicht ausgelassen werden, weil er zu einfach erscheint.
3. Der Schüler sucht und koloriert die geraden Linien der «Blütenblätter», die vom Zentrum eines Blütenblattes bis zu seiner Spitze und darüber hinaus verlaufen (Parallelen).
4. Der Schüler malt die Blütenblätter so aus, dass verschieden große Dreiecke entstehen.
5. Nun werden die Verbindungslinien zwischen den Schnittpunkten eingezeichnet, sodass Sechsecke entstehen. Die Konstruktionslinien (die Kreise) werden ausradiert; es entsteht ein Wabenmuster.
6. Der Schüler beginnt mit dem inneren Sechseck und zeichnet an seine Seiten der Reihe nach:

Abb. 19: Geometrie des Sechsecks. Sich schneidende Kreise, die mithilfe eines Zirkels auf großes Papier gezeichnet werden.

   a. Dreiecke
   b. Parallelogramme
   c. Rechtecke
   d. Trapeze
   e. Rhomben (Rauten)
7. Nun sucht der Schüler den Sechsstern im Inneren des Sechsecks und zeichnet ähnliche Sterne, die mit ihm in Verbindung stehen, in die sich überlappenden Kreise.

8. Nun kann der Schüler verschiedene Muster ausarbeiten, indem er die Seiten des inneren Sechsecks als Grundlinien nutzt. Zwischen den Quadraten (die sich bilden, wenn zwischen den Mittelpunkten der *Vesica Piscis*[107] – den Linsen- oder Mandelformen – Linien gezogen werden), Rechtecken und Trapezen können alle möglichen Muster ausgearbeitet werden.

Überlegungen

Der mittlere Kreis wird von sechs gleich großen Kreisen eingeschlossen, sodass insgesamt sieben Kreise entstehen. Diese wiederum werden von zwölf gleich großen Kreisen umgeben – man beachte diese urbildlichen Zahlen.[108]

Bei dieser Übung liegt die Wirkung nicht so sehr in den sich ergebenden geometrischen Formen als vielmehr in der ständigen Notwendigkeit, die Kreisformen zu wiederholen. Die *Auge-Hand-Koordination* verbessert sich sichtlich bei jedem Bemühen, die Kreise mit geometrischer Genauigkeit zu zeichnen. Die Ausbildung von Genauigkeit, die für die sich überlappenden Kreise erforderlich ist, und die Freude beim Anblick der geometrischen Formen macht diese Übung zu einer sehr befriedigenden Aufgabe. Gleichzeitig entwickelt der Schüler mathematisches *Empfinden,* das in späteren Schuljahren zu Bewusstsein kommt.

Um den Willen in anderer Weise herauszufordern, kann man diese Form als Freihandzeichnung auf großem Papier anfertigen (bis zu 56 x 56 cm).

Kleinere Papierformate und kleinere Kreise (mit oder ohne Zirkel) sind für Hausaufgaben geeignet (bis zu DIN A 4).

VII. Schraffierendes Zeichnen (ab 7 Jahren)

Die Lehrerin vermittelt den Schülern eine Zeichentechnik, bei der mit kleinen diagonalen Strichen gearbeitet wird, die von rechts oben nach links unten gerichtet sind (s. Abbildung 21, S. 212). Diese Methode kann bereits ab einem Alter von sieben Jahren eingeführt werden, wobei mit einfachen Farbübungen angefangen wird.

Beginnend mit sehr kleinen Formaten kann die Papiergröße bei den nun folgenden Aufgaben variiert werden:

1. Die Farbfolgen des Regenbogens schraffieren.
2. In nur einer Farbe, dabei von hell nach dunkel arbeiten.
3. Den Himmel in anderen Zeichnungen schraffieren.
4. Sobald die Technik erlernt ist, können einfache Formen ausprobiert werden (Quadrate, Kreise usw.).[109]
5. Des Weiteren können Tiere, Landschaften, Pflanzen und anderes in dieser Technik gezeichnet werden.[110]
6. Später kann der Schüler auf diese Weise Buchstaben gestalten, besonders Großbuchstaben in der Schreibschrift oder die Anfangsbuchstaben eines Absatzes.

Überlegungen

Das lineare Muster der diagonalen Schraffurtechnik verbindet den Sehsinn mit der Denkfähigkeit, die für die Entwicklung der Alltagsintelligenz erforderlich ist. Wenn man eine Landschaft oder eine Farbstudie zeichnet und dabei diagonale Striche von rechts oben nach links unten benutzt, überwindet man die gedankenbestimmte Sinneswahrnehmung und tritt in einen bildhaften Bereich. Daran mangelt es unseren Schülern oft ganz besonders, weil die natürliche bildhafte Fantasie der ersten sieben Jahre durch zu starke Anpassung an die intellektuellen Ansprüche der Erwachsenen unterdrückt wurde. Durch das schraffierende Zeichnen kann man gesunde imaginative Kräfte erneuern und anregen.

Die diagonale Linie spricht unseren Willen an, den wir brauchen, um unser Sehen auf Nähe und Ferne einzustellen; gerade so wie wir selbst, mithilfe unserer Füße, die Augen in unserem Kopf auf die Dinge zu- oder von ihnen wegbewegen müssen.

Der rhythmische Strich erhöht die Aufmerksamkeit, und man braucht Geduld, weil das Bild nur langsam entsteht. Wenn nötig, kann das Bild leicht durch den Lehrer ergänzt werden, um ein zufriedenstellendes Ergebnis zu erzielen.

Wenn man mit einer Klasse arbeitet, sollte die Technik zunächst für den Himmel oder das Gras verwendet und dann allmählich auf das ganze Bild ausgedehnt werden, wie sie z. B. in Abbildung 21 ausgeführt wurde. Das Schraffieren verhindert eine Überbetonung des «Ausmalens» mit vorwiegend horizontalen Linien. Diese Linien haben die Tendenz, Umrisse zu betonen, und begrenzen dadurch die Fähigkeit des Kindes, in seinem bildhaften Ausdruck zu einem visuell befriedigenden Ergebnis zu kommen.

Malübungen

Es ist wichtig, dass *wir alle in diesem Buch vorgestellten Malübungen sitzend* in der Haltung durchführen, in der wir auch schreiben. Die Füße stehen flach und parallel auf dem Boden. Das Blatt liegt mittig vor dem Schüler. Die angegebenen Papiergrößen sind annähernd zu verstehen; je größer das Papier, umso mehr wird die *Lifting*-Bewegung angesprochen (siehe Kapitel 2 u.a.). Es empfiehlt sich, die Farben auf der zur dominanten Hand des Schülers gegenüberliegenden Seite zu platzieren; auf diese Weise kreuzt er die Mittellinie, um den Pinsel in die Farbe zu tauchen. Die empfohlene Pinselbreite ist 20–25 mm.

I. Sonne am blauen Himmel (ab 6 Jahren)

Es wird Aquarellpapier mit den Maßen 38 x 46 cm verwendet.

A. Erste Stunde:

1. Das Malpapier wird ins Wasser gelegt und dann auf einem bereits feuchten Malbrett ausgebreitet. Luftblasen und der Überschuss an Wasser werden mit einem Schwamm entfernt.
2. Die Lehrerin mischt Ultramarinblau und Wasser zu einem ziemlich kräftigen Farbton; ebenso Goldgelb.
3. Der Schüler taucht den Pinsel satt in Gelb und malt damit in die Mitte des Blattes einen «Ball», dessen Fläche er erweitert und nach außen zu den Rändern hin allmählich heller werden lässt; dabei wird Platz für den blauen Himmel gelassen.
4. Mit Blau beginnt der Schüler nun von außen auf das Gelb zuzuarbeiten, wobei die Farbe nach innen blasser wird, bis das sehr helle Blau und das sehr helle Gelb sich begegnen, ohne Grün zu erzeugen.

B. Nächste Stunde:

1. Die Übung wird wiederholt, wobei der Schüler jetzt außen mit Blau beginnt, das zur Mitte hin langsam heller wird. Innen wird Raum für das Gelb freigelassen.
2. Das Goldgelb wird wieder von der Mitte aus und zu den Rändern hin heller gemalt.

C. Die Folgen A und B werden wiederholt, bis das Kind hinsichtlich Größe und Farben eine ausgewogene Beziehung zwischen Sonne und Himmel in beiden Varianten herstellen kann.

D. Wenn der Schüler in diesen beiden Übungen eine gewisse Fertigkeit erreicht hat, kann die Lehrerin die Farbperspektive (und das Interesse des Schülers) steigern, indem:

1. für das Zentrum der Sonne Zitronengelb benutzt wird
2. dieses Zentrum mit Goldgelb umgeben wird
3. im Folgenden Kobaltblau eingesetzt wird, das sich von den Ecken aus dem Gelb nähert.
4. Nun wird das Kobaltblau im äußeren Umkreis mit Ultramarin vertieft.
5. Die Übung wird wiederholt, indem von außen mit den beiden Blautönen begonnen wird und in der Mitte der Raum für die beiden Gelbtöne frei bleibt.[III]

E. Wenn dies gelungen ist, kann das Motiv erneut in den beiden perspektivischen Versionen, also mit den beiden Blau- und Gelbtönen, aufgegriffen werden:

1. Nun malt das Kind ein selbst gewähltes, zusätzliches Objekt auf das Bild.
2. In der nächsten Stunde wird das Sonnenmotiv mit dem zusätzlichen Objekt wiederholt und ein weiteres Element eigener Wahl hinzugefügt.
3. Indem immer wieder selbst gewählte Objekte dazukommen, entsteht über eine Anzahl von Stunden ein vollständiges Bild.

Überlegungen

Die Art und Weise, wie mit diesem Motiv umgegangen wird, kann viele Bedürfnisse erfüllen. Diese Serie von Malübungen kann das Atmen in ein Gleichgewicht bringen. Sie ermöglicht dem Kind, loszulassen und zu sich zu kommen. Besonders ist sie wertvoll für Kinder, die plötzlich anfangen zu lügen und zu stehlen. Das Malen mit Farbperspektive hält die Seele frei und in Bewegung. Dies unterstützt das Kind darin, ordentlich und in der richtigen Geschwindigkeit zu lesen.[112]

II. Auge-Hand-Malübung (ab 6 ½ Jahren)

Man verwendet ultramarinblaue und karminrote Aquarellfarben; das weiße Papier, das trocken oder feucht bemalt werden kann, hat die ungefähren Maße 33 x 43 cm. Pinselstriche führen von links nach rechts, wobei jeder Strich den vorhergehenden leicht überlappt (bei A, B und C). Die Schüler werden dazu aufgefordert, den Pinselbewegungen sorgfältig mit den Augen zu folgen.

A. Erste Stunde: Der Schüler füllt die Seite, oben beginnend, mit blauen Strichen.
B. Zweite Stunde: Ebenso wie A, diesmal mit roten Strichen.
C. Dritte Stunde: Der Schüler malt die obere Hälfte blau, die untere Hälfte rot.
D. Vierte Stunde: Der Schüler malt zuerst eine blaue, dann eine rote Linie ohne Überlappen und führt dies fort, bis die Seite gefüllt ist.
E. Fünfte Stunde: Oben beginnend malt der Schüler eine gerade blaue Linie, dann eine rote Wellenlinie ohne Überschneidung, bis die Seite gefüllt ist.
F. Sechste Stunde: Der Schüler malt eine blaue Wellenlinie abwechselnd mit einer roten geraden Linie ohne Überschneidung, bis die Seite gefüllt ist.

Überlegungen

Nach den Erfahrungen der Lehrer unterstützt ein altersentsprechendes Bild den Schüler dabei, dem Pinsel mit den Augen zu folgen. Diese Übungsserie hilft, sowohl die Bewegungen von Auge und Hand zu koordinieren als auch die Augenbewegungen zu konzentrieren; dadurch wird der ganze Körper einbezogen. Sie wurde für den Gebrauch *in der Klasse* entwickelt und beruht auf Angaben Rudolf Steiners, die er in den pädagogischen Kursen in England gemacht hat.[113] Darin spricht er von der Vorbereitung der Hand für das Schreiben und des Auges für das Lesen. Die rote bzw. blaue Farbe aktiviert über die Augen die Seele des Malenden. Diese Farben stimulieren die physiologische Aktivität des Auges, die Komplementärfarben zu erzeugen.

III. Die Malübung mit Magenta und Viridiangrün

(ab 10 Jahren)[114]

Das angefeuchtete Papier mit den Maßen 33 x 43 cm wird hochkant vor den Schüler gelegt. Es werden Aquarellfarben verwendet, die derart mit Wasser verdünnt werden, dass ein blasser Farbton entsteht. Die Farben sind Magenta und Viridiangrün (bei Stockmar Rotviolett und Blaugrün).

1. Der Schüler malt, oben beginnend, mit durchgehenden Pinselstrichen von links nach rechts und füllt etwa drei Viertel der Seite mit einem hellen Viridianton.
1. Mit der gleichen Maltechnik füllt er jetzt *von unten beginnend* das untere Viertel der Seite mit einem blassen Magenta.

Überlegungen

Diese Übung wurde nach Angaben von Liane Collot d'Herbois entwickelt. Sie antwortete damit auf Fragen bezüglich Kindern, denen es schwerfällt, urbildliche Formelemente wahrzunehmen. Der Schleier aus Viridiangrün soll den Eindruck von Licht vermitteln. Diese Farbe unterstützt das Ich darin, den Organismus zu durchdringen. Der Magenta-Farbton im unteren Bereich des Blattes erzeugt ein Gleichgewicht zwischen Ich-Aktivität und Ätherkräften. Es werden Aquarellfarben der Firma «Windsor and Newton» empfohlen.

Diese Übung eignet sich für den Beginn einer Förderstunde, die dann wie üblich mit einer der bereits beschriebenen oder der nachfolgenden Malübungen beendet wird.

IV. Die blaue und die rote Spirale (ab 8 Jahren)

Diese Serie kann auf mindestens 38 x 46 cm großem Aquarellpapier gemalt werden, das mehr oder weniger stark angefeuchtet und im Querformat mittig vor den Schüler gelegt wird. Die Papierqualität sollte so beschaffen sein, dass das Papier beim Entfernen von Farbe nicht reißt oder sich abreibt. *Für Rechts- und Linkshänder gelten die gleichen Arbeitsanweisungen.* Es werden Flachpinsel der Stärke 22 benutzt, sodass die Drehbewegungen gut sichtbar und für den Schüler gründlich erfahrbar werden.

A. Erste Stunde

1. Der Schüler malt mit Ultramarinblau lange, *durchgehende Pinselstriche* in horizontaler Richtung von links nach rechts. Er beginnt dabei am oberen Rand und arbeitet nach unten, wobei die Striche sich leicht überlappen.
2. Mit einem wesentlich konzentrierteren Ultramarinblau malt er eine Spirale, die links oben beginnt, im Uhrzeigersinn verläuft und sich einwärts dreht (Abbildung 20a). Der Pinsel wird von seiner breiten Seite wie ein Stift gehalten (siehe S. 50). Mit dieser *breiten Seite* beginnt der Schüler die Spirale in einem kontinuierlichen Strich zu «zeichnen». Wenn dann der Punkt erreicht ist, dass die breite Seite des Pinsels nicht mehr aufrechterhalten werden kann, ohne den Pinsel zwischen den Fingern zu drehen, *wird die Hand mit dem Pinsel angehoben* und gedreht. Damit die

a: Erste Stunde

b: Dritte Stunde

Abb. 20: Die blaue und die rote Spirale

Linie immer in voller Pinselbreite ausgeführt werden kann, fährt der Schüler damit fort, die Hand mit dem Pinsel zu heben und zu wenden, anstatt ihn zwischen den Fingern zu drehen.

B. Zweite Stunde

1. Der Schüler benutzt nun Karminrot und malt, oben beginnend, mit durchgehenden, rhythmischen Pinselstrichen von links nach rechts wie in der ersten Stunde.
2. Mit einem intensiveren Karminrot malt er eine Spirale *von innen nach außen*, indem er die Hand mit dem Pinsel wie zuvor beschrieben wendet, sodass das Endergebnis ebenfalls wie eine Spirale im Uhrzeigersinn aussieht (die Malrichtung von innen nach außen ist gegen den Uhrzeigersinn). Die Lehrerin beobachtet weiterhin genau die Pinselführung.

C. Dritte Stunde

1. Der Schüler malt den Hintergrund in Ultramarinblau, mit von links nach rechts führenden Pinselstrichen wie vorher.
2. Von *innen beginnend* formt der Schüler die gleiche *Spirale im Uhrzeigersinn* wie in den beiden ersten Stunden, indem er die blaue Farbe entgegen dem Uhrzeigersinn mit dem Pinsel entfernt. Er benutzt dazu klares Wasser und einen Lappen, mit dem er auch den Pinsel trocknet. Das Weiß des Papieres wird wieder sichtbar gemacht, und es entsteht eine klare Form. Die Technik ist folgende: Mit dem nassen Pinsel beginnt der Schüler in der Mitte und formt die Spirale in einem Strich bis zum Ende. Dann trocknet er den Pinsel und entfernt damit die Farbe. Auf diese Weise wird die Spiralbewegung mit Entfernen der blauen Farbe mehrere Male geübt. Dieser Teil der Übung ist ebenso wichtig wie die Form und die Farbe, vorausgesetzt, er wird in der richtigen Weise durchgeführt – Hand und Arm werden zusammen gewendet, anstatt den Pinsel zwischen den Fingern zu drehen!
3. In die so entstandene weiße Form wird die Spirale mit Karminrot sorgfältig von innen nach außen gemalt (Abbildung 20b). Die

Malbewegung läuft dabei gegen den Uhrzeigersinn, die sichtbare Form jedoch ist, wie zuvor, eine Spirale im Uhrzeigersinn (wenn man sie von außen nach innen betrachtet).

D. Vierte Stunde
1. Der Schüler malt einen karminroten Hintergrund wie bei B.
2. Links oben beginnend formt er wieder eine *einwärts drehende* Spirale im Uhrzeigersinn, indem er in einer fortlaufenden Bewegung die Farbe wie bei C. entfernt (aber diesmal im Uhrzeigersinn).
3. Dann füllt der Schüler die weiße Spirale mit einer ultramarinblauen Linie von außen nach innen.

E. Fünfte Stunde
Der Schüler sucht sich noch einmal eine der bisherigen Farbkombinationen aus und folgt der entsprechenden Anleitung unter A. – D.

Überlegungen

Die Lehrerin achtet darauf, wo der Schüler beginnt und in welcher Richtung er arbeitet, um den Hintergrund zu malen. Sie bringt ihn behutsam dazu, in der angegebenen Richtung vorzugehen. Es ist schwierig, den breiten Pinselstrich durchzuhalten; doch der Schüler sollte geduldig dazu angeleitet werden, immer die volle Pinselbreite zu nutzen, ohne den Pinsel zwischen den Fingern zu drehen. Es ist zu beobachten, dass diese Malbewegung in den Ellbogen, die Schulter und weiter in den Körper hineinwirkt. Die Füße des Schülers sollten während der Übung flach auf dem Boden stehen.

Indem die Spiralbewegung durch Hand und Arm bis in die Schulter geführt wird, stimmen sich Auge, Hand und Arm im Bewegungsfluss aufeinander ab. Diese Übung konzentriert und entspannt gleichzeitig und stellt eine natürliche Harmonie zwischen Ein- und Ausatmung her. Sie hat auch bemerkenswerte Auswirkungen auf Dominanzprobleme.

Es ist zu empfehlen, diese Übungsfolge zweimal pro Halbjahr durchzuführen, bis die Spirale leicht und entspannt entsteht.

Abb. 21: Schraffierendes Zeichnen (s. Text S. 202f.). Aus dem Lesebuch der 2. und 3. Klasse der ersten Waldorfschule in Stuttgart (1928)

Abb. 22: Gemalte Lemniskate

V. Gemalte Lemniskaten (ab 8 Jahren)

Auf angefeuchtetem Papier (mindestens 33 x 43 cm) beginnt die Malbewegung im Zentrum und verläuft von dort aus nach rechts oben und weiter nach unten (siehe Abbildung 22).

1. Der Schüler malt eine gleichmäßige Lemniskate in Zitronengelb. *Beim ersten Mal darf der Schüler die Malrichtung frei wählen* – dies kann für die Lehrerin den diagnostischen Eindruck von der Verfassung des Kindes ergänzen. Weitere Übungen werden dann in der oben angegebenen Malrichtung ausgeführt.
2. Nun wird das Zentrum der linken Schleife mit Kobaltblau gefüllt und das Blau nach oben über das Gelb und um die rechte Schleife herumgeführt.
3. Dann wird die rechte Schleife im Zentrum mit Karminrot gefüllt und das Rot ebenso nach oben über das Gelb um die linke Schleife herumgeführt.

Diese Übung wirkt ermutigend und harmonisierend auf das Kind.

VI. Die Sekundärfarbübung (ab 9 Jahren)

Wie für die vorhergehenden Malübungen bereitet die Lehrerin Papier (Zeichenpapier oder Aquarellpapier) in der Größe 33 x 43 cm vor. Gebraucht werden die Farben Orange, Grün, Blauviolett sowie Ultramarinblau, Karminrot und Zitronengelb (siehe Abbildung 23).

A. Erste Stunde
   1. Der Schüler darf zwischen Orange, Grün und Blauviolett wählen.
   2. In der gewählten Farbe (z.B. Orange) bedeckt er das feuchte Papier mit langen, rhythmischen Pinselstrichen, oben beginnend und von links nach rechts verlaufend. Die Striche überlappen sich leicht (siehe Abbildung 23a).
   3. Nun fragt die Lehrerin, welche Farben in der gewählten Farbe versteckt sind (im Fall von Orange sind dies Rot und Gelb).

4. Mit der gleichen Technik von links nach rechts malt der Schüler auf ein neues, feuchtes Blatt die beiden Farben nebeneinander (links und rechts) und bemüht sich dabei, die eine Blatthälfte mit der einen Farbe (in diesem Fall Rot) und die andere Hälfte mit der anderen Farbe (in diesem Fall Gelb) zu füllen. Der Schüler entscheidet selbst, mit welcher Farbe er beginnt und welche Farbe er für die rechte bzw. linke Hälfte verwendet. Zuerst wird eine Hälfte fertig gemalt, bevor die zweite begonnen wird. Links und rechts erscheinen nun als farbige Flächen (siehe Abbildung 23b).

B. Zweite Stunde

1. Der Schüler wiederholt Schritt A. 2. mit der anfänglich gewählten Farbe (siehe Abbildung 23a).
2. Auf einem zweiten Blatt, ebenfalls mit von links nach rechts durchgehenden Pinselstrichen, verteilt der Schüler die beiden Grundfarben auf Oben und Unten und bemüht sich dabei, das Blatt zu halbieren. Wiederum bleibt es dem Kind überlassen, mit welcher Farbe angefangen wird und welche Farbe unten erscheint (siehe Abbildung 23c). Die erste Farbe wird beendet, bevor mit der zweiten begonnen wird.

C. Dritte Stunde:

1. Der Schüler wiederholt Schritt A.2. mit der anfänglich gewählten Farbe (siehe Abbildung 23a).
2. Zweites Bild: Mit von links nach rechts verlaufenden Pinselstrichen malt der Schüler eine Kreisform in die Mitte des Blattes. Dafür verwendet er eine der beiden Grundfarben, während die andere die Kreisfläche umgibt. Jede Farbe sollte ungefähr die Hälfte des Blattes einnehmen. Das Kind entscheidet, mit welcher Farbe und mit welcher Fläche es beginnt. Der äußere Rand der Kreisform kann am Ende mit einigen Pinselstrichen abgerundet werden (siehe Abbildung 23d).

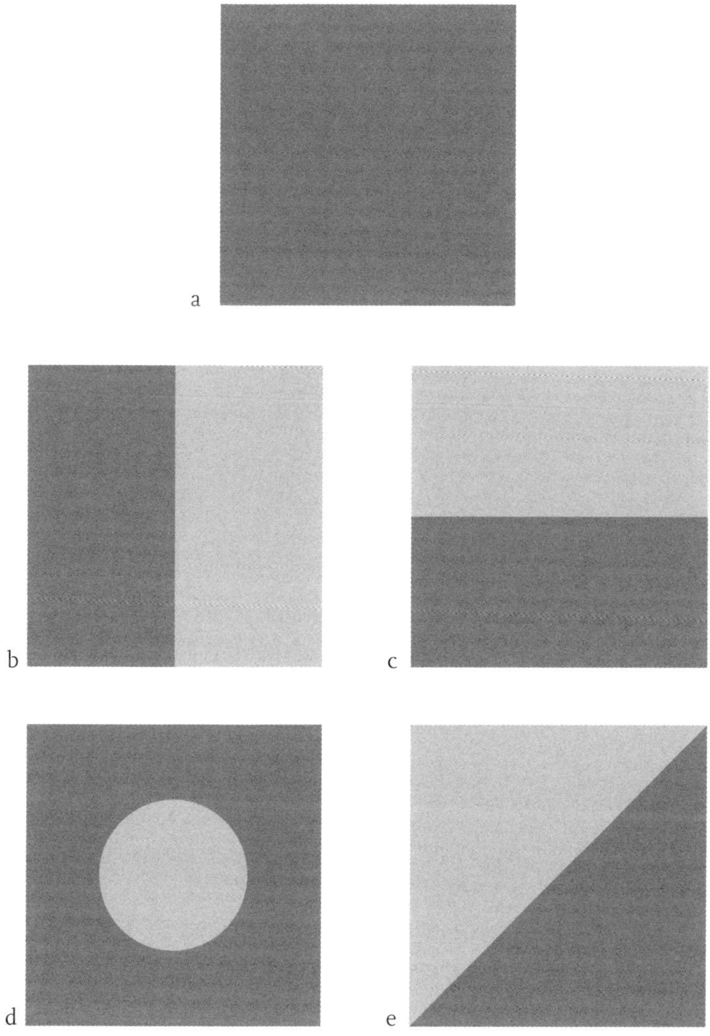

Abb. 23: Sekundärfarbübung. Die Pinselstriche verlaufen von links nach rechts.

D. Vierte Stunde

1. Der Schüler wiederholt Schritt A.2. mit der anfänglich gewählten Farbe (siehe Abbildung 23a).
2. Dann malt er horizontale Linien von links nach rechts (in Schreibrichtung) in der Weise, dass eine Diagonale von der rechten oberen Ecke bis zur linken unteren Ecke entsteht (siehe Abbildung 23e). Eine Farbe wird beendet, bevor die zweite beginnt. Dort, wo die beiden Farben sich begegnen, kann der Schüler zum Schluss diagonale Linien ziehen.

E. Fünfte Stunde

Der Schüler malt ein Bild oder eine Form und verwendet dafür alle drei Farben (in diesem Fall Orange, Rot und Gelb).

Überlegungen

In all diesen Übungen wird die Malrichtung von links nach rechts beibehalten. Die Lehrerin beobachtet dabei, ob das Kind in der Lage ist, die Teilung von Links–Rechts, Oben–Unten und Innen–Außen so ausbalanciert zu gestalten, dass jede Farbe ungefähr die Hälfte des Blattes einnimmt. Diese Übungsreihe sollte unbedingt wiederholt werden. Obwohl das Kind jedes Mal zu Beginn der Serie zwischen den drei Farben wählen kann, greift es oft wieder zur gleichen Farbe. Wenn der Schüler eine andere Farbe wählt und die beiden Farbflächen ausgewogen erscheinen, hat die Übung gewirkt. Sie wird mit einem guten zeitlichen Abstand wiederholt, entweder um die Reaktion des Schülers zu überprüfen oder ihn zu unterstützen, wenn er auf einer anderen Entwicklungsstufe «steckengeblieben» ist.

Diese Übungsserie fördert die Entwicklung der räumlichen Orientierung und der Körpergeografie. Sie ist besonders für zurückgezogene, angespannte Kinder geeignet, aber auch für selbstzufriedene Kinder, die nicht aus der Fassung zu bringen sind.

VII. Die Blau-Rot-Perspektive (ab 11 Jahren)

Für diese Übungen werden feuchtes Aquarellpapier in dem Format 46 x 56 cm sowie zwei breite Flachpinsel der Stärke 20–22 verwendet. In zwei Gläsern werden Ultramarinblau und Karminrot mit etwas Wasser verdünnt; dabei soll ein kräftiger Farbton entstehen. In jedem Glas steckt ein Pinsel. Der Schüler soll mit *langen, durchgehenden Strichen* malen, wobei ein Strich neben den anderen gesetzt wird, ohne Zwischenräume (siehe Abbildung 24).

1. Der Schüler malt zunächst eine Linie in der Richtung und der Farbe, wie in Abbildung 24 gezeigt.
2. Er stellt den Pinsel zurück ins Glas und malt mit dem anderen Pinsel in der zweiten angegebenen Richtung und Farbe die nächste Linie. So entsteht dort, wo die beiden Farben sich treffen, ohne sich zu mischen, allmählich von der einen Ecke des Blattes zur anderen eine Diagonale. (Zum Malen wird nur eine Hand benutzt.)

Überlegungen

Diese Malübung fördert die innere Wahrnehmung von räumlichen Beziehungen. Die Lehrerin achtet darauf, dass der Schüler durchgehend in den für die jeweilige Farbe angegebenen Richtungen malt. (Diagonale Linien kommen in dieser Übung nicht vor.) Das Mindestalter von elf Jahren muss eingehalten werden. Die Übung ist besonders empfehlenswert für Kinder, die unkonzentriert und zerstreut sind oder sich nicht so leicht an Ereignisse erinnern können. Sie hilft auch Kindern, die sich infolge von nicht verarbeiteten Kindheitserlebnissen stark an ihre Mutter klammern, sowie Kindern, die in den Ferien weite Strecken mit dem Flugzeug zurücklegen müssen.

Diese Übungsreihe ist ebenso geeignet für Schüler, die einen Gegenstand mit der linken Hand ergreifen und dann zum Gebrauch in die rechte Hand weitergeben. Kinder – und ganz besonders die älteren – neigen dazu, diese Übungen sehr sorgfältig und konzentriert durch-

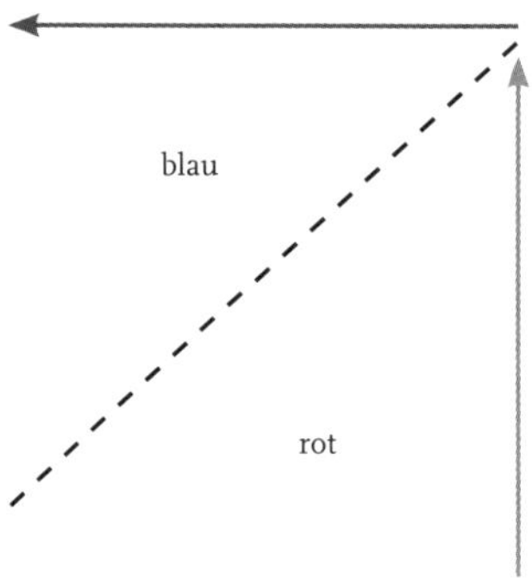

Version L (für alle Kinder)

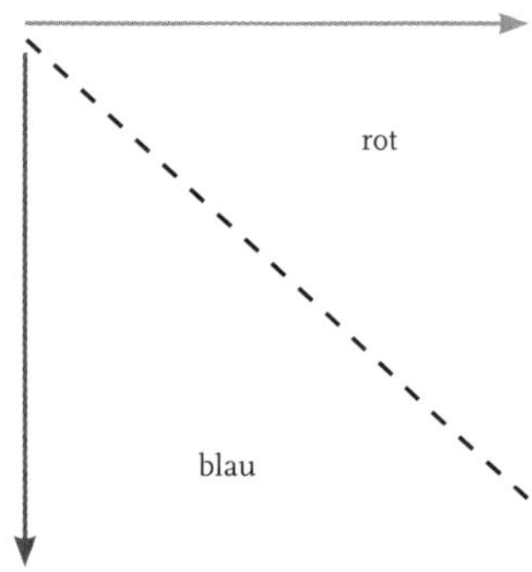

Version N
(zur Kontrolle des rechten Fußes)

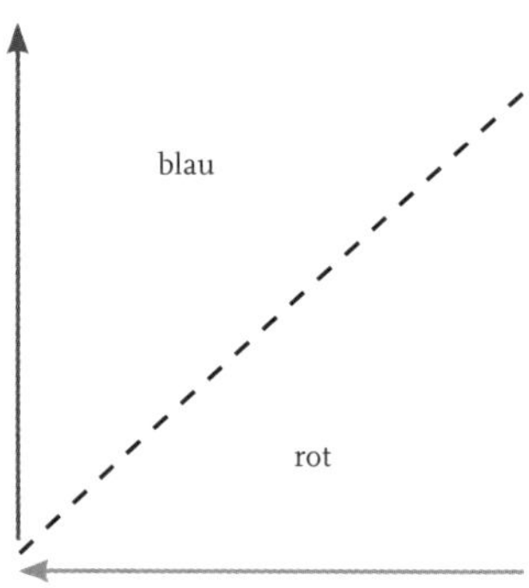

Version M
(zur Kontrolle des linken Fußes)

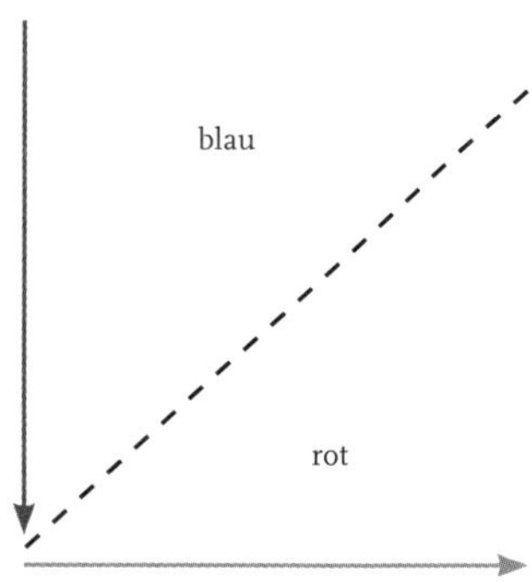

Version O
(für das Kind, das seine Arbeit beharrlich von rechts nach links beginnt)

Abb. 24: Bewegungsrichtungen für die Blau-Rot-Perspektive

zuführen. Es wird möglicherweise mehrere Stunden dauern, bis es dem Schüler gelingt, eine gerade Diagonale von Ecke zu Ecke zu malen, besonders wenn rechteckiges Papier verwendet wird. Eine solche Diagonale stellt für den Schüler eine Herausforderung dar; am Anfang benutzt man deshalb quadratisches Papier.

Version L sollten alle Schüler malen.

Version M sollten zusätzlich die Schüler malen, die bei der Kugeldrehübung Mühe haben, den linken Fuß zu kontrollieren.

Version N sollte abwechselnd mit Version L durchgeführt werden bei Schülern, die in der Kugeldrehübung Mühe haben, den rechten Fuß in der richtigen Bewegung zu halten.

Version O sollte Version L ebenfalls ergänzen und von den Kindern gemalt werden, die beim Malen und Schreiben immer an der rechten Blattseite beginnen.

Es ist wichtig, diese Übung in *rhythmischer Abfolge* anzuwenden, z. B. drei Stunden Version L, gefolgt von einer Stunde Version M, N oder O (entsprechend den Bedürfnissen des Kindes). Um die Wirkung der Übung zu steigern, kann man den Rhythmus umkehren, indem man drei Stunden Version M, N oder O ausführt, gefolgt von einer Stunde L. Die Serie dieser vier Bilder sollte ein halbes Jahr lang wiederholt werden.

Es sei darauf hingewiesen, dass die Nummerierung und die Bewegungsfolgen der Übungen «Rechtwinkliges Dreieck» und Blau-Rot-Perspektive im Einklang mit den von Steiner angegebenen Prinzipien stehen.[115] Man mache sich bewusst, dass die Strömung des Astralleibes in der Fläche im rechten Winkel zu derjenigen des Lebensleibes und des physischen Leibes verläuft (Forschungsergebnis der Autorin).

VIII. Siehe *Sleep* von Audrey McAllen. In diesem Buch befinden sich die «Moralischen Farbübungen»

(ab 12 Jahren)[116]

Brot backen

Bei der Vorbereitung eines Brotteiges werden Lesen und Rechnen praktisch angewendet. Wenn das Brotbacken allerdings im ersten Halbjahr des Förderunterrichtes eingesetzt wird, sollten die Anweisungen mündlich erfolgen. Dies ist eine gute Praxis für das Hören und Umsetzen – Fähigkeiten, die unseren Schülern oft fehlen.

A. Die Lehrerin zeigt dem Schüler nur einmal, wo alle benötigten Utensilien aufbewahrt werden, auch wenn dies dazu führen sollte, dass er in den darauffolgenden Stunden jede Schublade und jeden Schrank öffnen muss. Man kann immer mit dem Spiel «Hier ist es heiß – hier ist es kalt» anfangen, sollte die Situation ausweglos erscheinen. Diese Aufgabe offenbart, in welcher Weise der Schüler in der Vergangenheit sein Raum- und Bewegungsgedächtnis entwickeln konnte, und hilft dabei, diese Fähigkeit wachzurufen.

B. Teigkneten erfordert eine harmonische *Beziehung zwischen Stretching- und Lifting-Bewegungen*, wobei eine *Spiralbewegung* diese Tätigkeit vervollständigt.

1. Zunächst achtet die Lehrerin darauf, dass das Kind das Körpergewicht gleichmäßig auf beide leicht auseinandergestellten Füße verteilt. Die Arme werden gestreckt und gerade gehalten.
2. Mit angelegten, parallel gehaltenen Daumen werden die Hände in den Teig gepresst, sodass das Körpergewicht von den Schultern ausgehend in Richtung Teig verlagert wird; dies kann, beginnend bei den Füßen, durch den ganzen Körper hindurch empfunden werden. Der Teig wird mehrmals zusammengedrückt und vom Körper wegbewegt.
3. Mithilfe der Handflächen und der leicht gekrümmten Finger rollt der Schüler den Teig wieder in Richtung Körper zurück.
4. Die Enden der Teigrolle werden zusammengefaltet.
5. Der Teig wird mit einer Spiralbewegung der rechten Hand gedreht.
6. Der ganze Vorgang wird wiederholt.

Überlegungen

Die Lehrerin achtet darauf, dass die Ellbogen durchgestreckt sind, wenn der Teig vom Körper weggedrückt wird. Sie kann beim Teigkneten die Tendenz beobachten, dass Kinder alle Kraft in die Unterarme geben, um die Beteiligung des ganzen Körpers zu vermeiden. Die gestreckten Arme befördern eine gute Atmung. Die Lehrerin sollte auf die geringe Ausdehnung des Brustkorbs bei den Kindern und ihre rasche Ermüdbarkeit achten. Einige Kinder bearbeiten mühelos das befeuchtete Mehl und stellen so rasch einen Teig her. Andere ziehen ihre mehlbeklebten Finger unter Jammern und Protestieren aus dem Teig heraus. Diese Kinder brauchen möglicherweise längere Unterstützung.

Das Kind soll Freude an dem Teig haben, ihn tätscheln, mit Schwung auf den Tisch werfen und Muster, Gesichter o. Ä. daraus machen. Die Lehrerin zeigt ihm traditionelle Brotformen.

Oft spricht das Kind während des Teigknetens oder Brotformens von dem Druck oder den Sorgen, die auf ihm lasten. Dabei hat man nicht selten den Eindruck, dass es eher ein Selbstgespräch und weniger ein Gespräch mit dem Zuhörer ist. Die beste Reaktion darauf ist die Bestärkung; sie ist besser als eine Diskussion.[117]

Ergebnisse nach Anwendung der Extrastundenübungen

Die Kommentare, die man von Kollegen nach einer dreimonatigen Arbeitsphase mit der Extrastunde erhält, lauten etwa folgendermaßen: «Das Kind ist viel besser»; «der Junge ist kein Störenfried mehr in der Klasse»; «eine ziemlich andere Haltung»; «wenigstens bemüht er sich jetzt»; «er ist nicht mehr so unruhig und ärgert die anderen Kinder nicht mehr so sehr.»

Wir können Mut schöpfen – wenigstens scheinen die «Nebeneffekte» jetzt etwas unter Kontrolle zu sein! Solche Veränderungen deuten an, dass die Lebens- und Wachstumskräfte des Kindes das, was wir mit ihm tun, aufnehmen und verarbeiten. Unser möglicher Erfolg oder Misserfolg hängt davon ab, ob wir es mit einer körperlichen Schädigung zu tun haben, die wir nicht kompensieren können. Unsere Geduld und unser Vertrauen in die Tatsache, dass *die Willenskräfte durch rhythmische Wiederholung gestärkt werden*, regen die heilenden Kräfte an.

Wenn wir dem Kind entsprechende Elemente anbieten, die zu den Grundlagen seines intelligenzerzeugenden Organismus, seines Astralleibes, gehören, harmonisiert sich letztendlich die Basis für sein *Denken, Fühlen und Wollen*. Seine Gesundheit verbessert sich, und sein Verständnis für intellektuelle Arbeit erwacht.

Mariane Judd leitete ein Forschungsprojekt, das die Wirksamkeit von Extrastundenübungen auf Schulkinder mit Lernschwierigkeiten zum Thema hatte (Waldorfschule Canberra, Australien). Dieses Projekt war die Grundlage ihrer Masterarbeit in Pädagogik an der Universität Canberra. Nach wöchentlichen Extrastundenübungen in der Schule über eine durchschnittliche Dauer von 7,26 Monaten zeigten die fünfzehn an dem Projekt beteiligten Schüler eine durchschnittliche Verbesserung in Bezug auf Lesegenauigkeit um 21,8 Monate (standardisierter Lesetest) und eine ähnliche Verbesserung im Leseverständnis um 23,3 Monate. In Anhang B (S. 258ff.) befinden sich weitere Forschungsprojekte, die von Lalage Craig in Australien durchgeführt wurden.

Kapitel 6
Erneute Einführung des Lesens und Rechnens

Entwicklung des Lesens durch den lebendigen Bezug zum Schreiben

Wenn ein Kind früh lesen kann, sind die Eltern hoch erfreut, da nach ihrer Meinung diese Fähigkeit ein «gescheites» Kind von einem langsam lernenden unterscheidet. Die englischen Richtlinien der Ausbildung und Erziehung verlangen vom Lehrer, den Kindern das Lesen früh beizubringen, obwohl Untersuchungen gezeigt haben, dass ein sechsjähriges oder älteres Kind diese Fähigkeit in kurzer Zeit entwickelt, während ein fünfjähriges Kind doppelt so lang für diesen Schritt braucht.[118]

Die meisten Kinder sprechen auf die heutigen Lehrmethoden an und erfüllen die anerkannten Normen. Ob dies ihrer Gesundheit im späteren Leben dient, war ein wichtiges Gesprächsthema zwischen Rudolf Steiner und den ersten Waldorflehrern.[119]

Kinder, die Schwierigkeiten mit dem Lesen haben, müssen *die Stufen wiederholen, welche die Menschheit durchlaufen hat, um die Kunst des Schreibens und dann des Lesens zu erlernen.* Wiederholung liegt jedem Wachstum zugrunde, vom pflanzlichen und tierischen Wachstum bis hin zu allen Entwicklungsbedingungen des Menschen. Wir alle werden geboren, wechseln die Zähne, gehen durch die Pubertät und werden erwachsen. Es ist also sinnvoll, beim Lesenlernen den geschichtlichen Gang im Kleinen zu wiederholen, bei dem sich das Lesen aus Bildern bis hin zu Zeichen entwickelt hat. Wir haben zuerst geschrieben und dann gelesen, was wir niedergeschrieben haben.[120]

Kinder mit Leseschwierigkeiten, die zu uns kommen, befinden sich häufig in folgender Lage: Auf irgendeiner Ebene wurde der vom Lehrer präsentierte, für das Kind nicht ersichtliche Zusammenhang eines Lautes mit dem zugeordneten Zeichen von seinem Bewusstsein abgelehnt. Zum Beispiel F wie «Fass» – das Symbol hat in diesem Fall überhaupt nichts mit der Form des Gegenstandes zu tun; hier wird nur eine Erinnerungsstütze angeboten.

Der Gegenstand, den das Kind sieht, bildet die Wirklichkeit ab. Also weigert es sich unbewusst, im vorliegenden Fall den Zusammenhang herzustellen und sich daran zu erinnern. Der ganze Prozess vermischt sich mit widersprüchlichen Gefühlen von Unzulänglichkeit, Verwirrung, Furcht und Ärger darüber, den Anforderungen des Erwachsenen nicht entsprechen zu können. Auch die Haltung der anderen Kinder beeinflusst leicht die eigene empfundene Ungeschicklichkeit. Wir können gut verstehen, warum das Kind seelisch zwischen Verzweiflung und Interesselosigkeit hin und her schwankt. Um ihm aus dieser Situation herauszuhelfen, müssen wir das Zeichen mit dem dazugehörigen Klang und seiner Bewegung wieder vereinen und es zu einem eigenständigen Bild werden lassen.

In vielen Kindern, deren Lernprozess im Lesen verzögert ist, lebt die *unbewusste,* in der Seele wirksame *Furcht vor dem Gedruckten,* vor dem Unbekannten. Diese Furcht gilt es zu *überwinden.* Sie ist nämlich dafür verantwortlich, dass ungenau und oberflächlich gelesen wird und durchgehend Erinnerungslücken auftreten.

Die auf den folgenden Seiten benannten Übungen sind alle in Kapitel 4 oder 5 beschrieben.

I. Eine Buchstabengeschichte schreiben

A. Wie finden wir Bilder für unsere Laute?
Bei einigen Buchstaben müssen wir unsere Fantasie anstrengen.[121]

Wellen

Vogel

Mund

In Anbetracht der Methoden, mit denen die Kinder lesen gelernt haben, bevor sie zu uns kamen, ist es für alle wesentlich, unabhängig von ihrem Alter, *die Buchstaben als Bilder zu erleben*. Bis zum Alter von zwölf Jahren entwickelt der Lehrer diese Bilder für das Kind. Bei älteren Kindern reicht deren Fantasie aus, um eigene Bilder entstehen zu lassen, aus denen sie dann eine eigene Geschichte schreiben.

Es gelingt immer, das Interesse eines Zwölfjährigen zu wecken, wenn man die ersten Elemente des Lesens auf diese Weise einführt. Wenn die Kinder einmal das Prinzip verstanden haben, können sie die meisten Buchstaben in Bilder umwandeln, aus denen sie dann eine Geschichte schreiben.

B. Wie eine Geschichte entsteht:

1. Einige Kinder sind in der Lage, ihre Geschichte aufzuschreiben, andere diktieren sie ihrer Lehrerin.
2. Die Lehrerin schreibt sie in deutlicher Schönschrift auf.[122]
3. Dies übertragen die Schüler in malendem Schreiben auf ein gefaltetes DIN A3-Blatt.
4. Die erste Seite wird als Deckblatt benutzt und ein Teil jeder Stunde darauf verwendet, einen Entwurf der Bilder zu erstellen, welche die Geschichte illustrieren. Für die Geschichte werden

im Abstand einer Linealbreite feine Linien mit Bleistift gezogen (dies erledigt die Lehrerin, da unsere Schüler nicht so geübt sind und die Stunde im Nu verfliegt).

5. Dann «schreiben» die Schüler mit dem *dünnsten Pinsel* (Größe 00), was zur Besonderheit der Aufgabe beiträgt.

Das malende Schreiben unterstützt eine vollständige Umstellung der Bewegungsgewohnheiten. Einen Pinsel locker in der Hand zu halten bringt neue Muskelpartien ins Spiel; das *Lifting-System* wird angeregt.[123] Das Interesse des Kindes erwacht. *Hand und Auge* arbeiten auf neue Weise zusammen. Wenn wir dieses Werk beendet haben, ist die Abneigung dem Schreiben gegenüber besiegt. (Ich besitze keine Illustration einer solchen Arbeit, die ich hier abbilden könnte, weil jedes Kind sein Heft immer mit nach Hause nehmen wollte.)

Die Farbwahl beim malenden Schreiben steht den Kindern frei. Manche wechseln die Farbe bei jedem Wort, bis sie die Einheit eines Satzes wahrnehmen. Andere wählen eine Zeit lang eine neue Farbe für jede Zeile. Es ist interessant zu beobachten, wie sich das Satzverständnis bis zum Ende der Geschichte verbessert. Die Geschichte wird so komponiert, dass sie die drei Seiten des großen gefalteten Papiers füllt. Manchmal will das Kind unbedingt bestimmte Einzelheiten schildern, sodass ein weiteres Blatt hinzugefügt werden muss.

Kinder mit *gekreuzter Auge-Hand-Dominanz* erhalten Brillengestelle (ohne Gläser), wobei das dominante Auge durch ein farbiges Glas (Folie) schauen muss (blaues Glas für das linke Auge, rotes für das rechte). So wird das nicht bedeckte Auge zur Tätigkeit angeregt, und die erwünschte Dominanz kann sich einstellen.

6. Jede Stunde wird der schon geschriebene Teil der Geschichte laut gelesen. Der Schüler macht dabei für jedes Wort einen Schritt, und bei jedem Punkt dreht er um und geht in die andere Richtung zurück.

7. Während des gesamten Projektes zeichnet er als Hausaufgabe einige Großbuchstaben und schließlich ganze Wörter in *Schraffurtechnik*. Danach werden wieder nur die Großbuchstaben schraffiert; schließlich wird das Wort in normaler Schreibschrift geschrieben. Auf diese Weise wiederholt der Schüler die Buchstaben in ausreichendem Maße.

Die folgende Geschichte wurde von einem Neuntklässler verfasst und, wie oben beschrieben, mit dem Pinsel geschrieben. Er kam in der 8. Klasse zum Förderunterricht, weil seine Handschrift unleserlich war, sein Lesen eingeschränkt und er Schwierigkeiten hatte, sich sprachlich auszudrücken. Diese Übung war der Abschluss unserer Arbeit – und, mit den Worten seines letzten Satzes: «Alles war wieder in Ordnung.»

Prinzessin Idonia suchte einen Einsiedler auf, der oben in den Bergen in einer Höhle lebte. Im Zorn verwandelte er Idonia in ein Eichhörnchen und beschloss dann, ihr einen Baum in seinem Tal zu geben.

Eines Tages erschien ein Prinz beim König und erfuhr, dass die Prinzessin verschwunden war. Er brach auf, um sie zu suchen. Ein Adler erzählte ihm, dass er einen Fisch gefangen und der Fisch ihm, um sein Leben zu retten, folgende Geschichte erzählt habe: Der Fisch war gerade im Fluss geschwommen, als er den Einsiedler in seinem Boot erblickt hatte. Der Eremit hatte vor sich hin gemurmelt, dass nur der Anblick eines Opals, der im Schnee gefunden wurde und über den die Meereswellen hinweggespült waren, das Eichhörnchen in Idonia zurückverwandeln könnte.

Sieben Jahre lang suchte der Prinz nach dem Opal und fand ihn schließlich in einem schneeweißen Bett aus Perlen, über welches die Meereswellen hinweggespült waren.

Mithilfe des Adlers fand er den Einsiedler und besänftigte dessen Zorn, indem er ihm den Opal schenkte.

Nun war alles wieder in Ordnung.

C. Schreiben: Rechtschreibung und Schreibstil verbessern

1. Die beschriebene Arbeit kann ganz selbstverständlich zu jeder formalen Arbeit führen, die der Lehrerin geeignet erscheint.
2. Bei unlesbarer Schrift und Bewegungseinschränkungen der Augen können wir helfen, indem wir ungewohnte Richtungen beim Schreiben einführen. Es hilft Kindern, die Buchstaben zu erkennen, wenn sie «chinesisch» oder «griechisch» schreiben. Die Lehrerin nimmt ein bekanntes Gedicht oder einen Kindervers und lässt den Text rechts beginnend von oben nach unten (die Buchstaben untereinander) auf das Blatt schreiben.
   Dann wird «griechisch» (Bustrophedon) geschrieben, wobei die Zeilen abwechselnd von rechts nach links, dann von links nach rechts geschrieben und sogar die Buchstaben umgedreht werden. Ein sehr unmotivierter, linkshändiger, legasthener Junge mit unleserlicher Handschrift hatte keinerlei Interesse am Schreiben. Er meinte schließlich, dass er nichts dagegen hätte, «ägyptisch» zu schreiben. Wir lernten also beide eifrig die *Hieroglyphen* für «Ramses», «Thutmose» und den «Schreiber». Der Junge sollte dann einen blauen Hintergrund auf ein möglichst großes, angefeuchtetes Papier malen und dabei die Formen der Hieroglyphen aussparen. Diese wurden später mit Rot ausgefüllt. Dadurch war er gezwungen, das Bild der Hieroglyphenform stets vor seinem inneren Auge zu behalten, während er den Hintergrund malte. Als das Bild fertig war, konnte er etwas lesen, was kein anderer konnte! Später brachte er sich selbst bei, schön zu schreiben. Solche Methoden gehen keinesfalls am Thema vorbei.

Interesse regt zu innerer Bewegung an; sie ist der erste Schritt zum Verständnis. Die Entwicklung von Kindern ab der 5. Klasse sowie von Kindern, die Schreib- und Leseprobleme haben, wird durch das Schreiben von chinesischen oder griechischen Buchstaben unterstützt, weil die Kinder dabei nochmals frühere Kulturepochen durchleben.[124] Das Spiegeln von Buchstaben ist eine natürliche Entwicklungsphase des Vorschulkindes (bis zum Alter von 7 Jahren).[125] Damit es in dieser Hinsicht Fortschritte macht, ist auch das malende Schreiben hilfreich. Wir sollten im Bewusstsein haben, dass Kinder sich in verschiedenen Kulturepochen inkarnieren. Alte Erinnerungen, Gewohnheiten usw. wirken instinktiv und kommen heutzutage immer näher an die Schwelle des Bewusstseins. Deshalb können Wiederholungen aus anderen Kulturepochen eine Brücke zur harmonischen Akzeptanz dessen bauen, was im jetzigen Leben gefordert ist.[126]

II. Laut lesen

Wir müssen nun die Schwierigkeit des lauten Lesens angehen. Dieses verlangt, dass der Inhalt schnell verstanden und gespeichert wird, wenn Leser und Zuhörer daran Freude haben sollen.

A. Vorbereitung zum lauten Lesen

1. Die Sinne wecken: Um die Fähigkeit des lauten Lesens vorzubereiten, werden einige Übungen beschrieben, die im Kind die Verknüpfungen der Sinne untereinander fördern. Diese Übungen sollten während einer Förderperiode *täglich* durchgeführt werden. Jede Sinnestätigkeit wird gesteigert, wenn der Sehsinn ausgeschaltet wird. Wir *verbinden deshalb unserem Schüler die Augen* oder setzen ihm eine schwarz angemalte Schutzbrille auf. Folgende Aufgaben soll er unter diesen Umständen bewältigen:
   a. Perlen auffädeln:
      - sie nach einem vorgegebenen Muster aufreihen
      - die Anzahl der Perlen schätzen, die er aufgefädelt hat
   b. Gegenstände fühlen und erraten
   c. Gegenstände mit den Füßen erfühlen und sortieren
   d. in jeder Hand einen Gegenstand halten und abschätzen, welcher der schwerere ist

e. Laute hören und erkennen – die Richtung herausfinden, aus der sie kommen: von hoch oben, aus dem benachbarten Raum, von unten?
f. stricken, häkeln, flechten, knüpfen und modellieren
g. die sieben Geschmacksrichtungen herausfinden: süß, sauer, scharf, bitter, salzig, würzig, feurig
h. Oberflächen und Strukturen mit Händen und Fingern erkennen und beschreiben
i. Formen, Buchstaben oder Zahlen auf den Rücken des Schülers «malen». Dieser überträgt sie, mit dem dominanten Fuß schreibend, auf ein großes auf dem Boden liegendes Blatt Papier.

2. Übungen, die vom Beobachten zum Denken führen:
   a. «Schließe die Augen und benenne fünf Gegenstände in diesem Raum.» (Man erhöhe die Anzahl der Gegenstände jedes Mal).
   b. «Was ist, wenn du hereinkommst, auf der linken Seite?»
   c. «Wie vielen Menschen bist du auf dem Schulweg begegnet?»
   d. «Gibt es einen Baum am Schuleingang?»
3. Übungen, die Beobachtung und Gedächtnis verbinden:
   a. «Was hatte ich gestern an?»
   b. «Welche Farbe hat die Krawatte von Herrn X heute? Welche Farbe hatte sie gestern?»
   c. «Was hat sich im Zimmer verändert? Was wurde hinzugefügt?»
4. Übungen, die das Gedächtnis anregen:
   Die Lehrerin stellt dem Schüler eine einfache Frage und bittet ihn, die Antwort bis zum nächsten Tag zurückzuhalten. Die Frage muss so offensichtlich sein, dass die Antwort sofort da ist, zum Beispiel: «Wie viele Beine hat eine Kuh?»
5. Übungen zur Begriffsbildung:
   a. Das Kind beschreibt einen Gegenstand, ohne ihn zu nennen; die Lehrerin soll ihn erraten.
   b. Dann soll der Schüler einen Gegenstand erraten, den die Lehrerin beschrieben hat.

c. Der Schüler wählt einen Gegenstand, den er in einem Wort, in zwei Worten, in drei Worten usw. beschreibt.
d. «Wie viele Gegenstände in diesem Raum beginnen mit demselben Buchstaben?»

6. Übungen für den Hörsinn und das auditive Gedächtnis:
   a. Die Lehrerin sitzt mit dem Schüler ruhig da und fragt ihn dann, wie viele Geräusche er gehört hat; sie will wissen:
      - wie sie heißen
      - woher sie gekommen sind
      - wie sie verursacht worden sind.
   b. Die Lehrerin spielt Intervalle oder die Tonleiter auf einer Leier. Der Schüler soll die Tonhöhe durch Heben und Senken der Arme anzeigen.
   c. Die Lehrerin kann das Kind dabei unterstützen, einen Rhythmus hören und in Bewegung umsetzen zu lernen (gehend oder auf eine Trommel oder ein Tamburin schlagend). Sie sollte Wert darauf legen, dass auf diese Weise der Hexameter beherrscht wird. Sie spielt einen Rhythmus in einer Tonhöhe, und
      - der Schüler klatscht ihn
      - er läuft ihn
      - er spielt ihn auf einem Instrument nach.
   d. Sie lässt ihn Wörter finden, die auf einen bestimmten Rhythmus passen oder Rhythmen in Wörtern entdecken. Dies kann bis zu einem Satz ausgeweitet werden.
   e. Lehrerin und Schüler machen Spiele, bei denen eine Folge von Gegenständen erinnert werden muss, z.B. «Ich packe meinen Koffer ...».
   f. Die Lehrerin gibt dem Schüler, seinen Möglichkeiten entsprechend, drei oder mehr Anweisungen für Bewegungen, die er nach einem bestimmten Signal ausführen soll. Zum Beispiel: «Gehe zwei Schritte nach rechts, berühre dein rechtes Ohr mit deiner linken Hand und hüpfe dann auf einem Fuß zur Tür.»

Während die Anweisungen gegeben werden, soll der Schüler still stehen und erst nach dem Signal die Bewegungen ausführen.

Man achte darauf, dass der Schüler bei der Wiedergabe einer rhythmischen Sequenz möglicherweise seine Augen benutzt. Daher ist es ratsam, verschiedene Methoden zu verwenden. Wenn man unter dem Tisch klopft, ist dem Kind die Sicht genommen, und es hilft der Lehrerin, zwischen visuell und auditiv orientierten Kindern zu unterscheiden. Kinder mit Hörverarbeitungsstörungen können sehr von Heileurythmie und Musiktherapie profitieren.

7. Weiterentwicklung des Sehsinns und des visuellen Gedächtnisses:
   a. Siehe Übungen zur Entwicklung der Augenbewegungen (S. 155ff.).
   b. Der Schüler beobachtet die Lehrerin, wie sie am Ende einer Stunde eine Form an die Tafel zeichnet. Zu Beginn der nächsten Stunde zeichnet der Schüler diese Form an die Tafel.
   c. Kim-Spiele: Etwa zehn Gegenstände werden auf ein Tablett gestellt. Der Schüler darf sie eine bestimmte Zeit lang betrachten (abhängig von seinen Fähigkeiten); dann wird das Tablett entfernt, und der Schüler schreibt die Gegenstände auf, oder er benennt sie.
   d. Der Schüler zeichnet ein Labyrinth oder geht den Weg durch ein Labyrinth, das die Lehrerin für ihn gezeichnet hat.
8. Übungen, um eine Beziehung zwischen Hören, Bewegen und Sehen aufzubauen
   a. Die Lehrerin nennt eine Zahl, zum Beispiel 12.
   b. Sie fragt den Schüler, bei welcher Zahl er angelangt sein wird, wenn er zur Tür geht und dabei, von 12 beginnend, jeden Schritt zählt.
   c. Er muss dies schätzen und auf seine Richtigkeit überprüfen, indem er, von 12 an zählend, zur Tür läuft.
   d. Dann soll er sagen, wie viele Schritte er gebraucht hat.

B. Das Lesen als solches

Wenn der Schüler genügend Sicherheit und Vertrauen gewonnen hat, können wir das Lesen direkt angehen. Ein neues Bild des lauten Lesens muss entstehen. Hat das Kind ein Gefühl für schauspielerisches Darstellen? Ist der Schüler scheu und schüchtern, sodass es schrecklich für ihn ist, seinen Mund zu öffnen und einen Ton zu sagen?

1. Für die erste Gruppe ist der *Agricola* von Tacitus (natürlich in der deutschen Übersetzung) eine ausgezeichnete Lektüre. Sie ist für eine Zuhörerschaft gedacht.
   a. Die Lehrerin bereitet die Szene vor und erklärt den Hintergrund des Textes.
   b. Dann steht sie neben dem Schüler mit dem Buch auf einem Notenständer. Sie deklamiert den ersten Satz. Der Schüler zeigt dabei auf die Worte im Buch und soll mit dem Sprechen der Lehrerin Schritt halten.
   c. Jetzt soll er denselben Satz lesen. Das kann er natürlich nicht. Deshalb flüstert die Lehrerin ihm die Worte vor, während er laut weiterspricht und auf die Wörter zeigt.
   d. Dies wird für einige Minuten fortgesetzt.

Wir werden schockiert sein, wie mangelhaft die Verbindung zwischen Hören und Gedächtnis ist.

Das Wichtigste ist der Spaß dabei, der große Schwung der Rede, das Aussprechen der neuen, grandios klingenden Wörter. Das ist eigentlich der Punkt, um den es beim Lesen geht.

2. Das angespannte Kind ist sicher glücklicher mit Julius Cäsar, einem Text mit klaren, knappen Sätze, in denen genau steht, was gemeint ist.
   a. Wir lesen dem Schüler den Text vor, während er die Wörter mit dem Finger verfolgt. Wenn er genügend Vertrauen entwickelt hat, halten wir plötzlich an, und er soll das Wort, auf das er nun

zeigt, laut lesen. Wir wählen eines, das er kennt oder phonetisch lesen kann.

b. Wir nennen nun in umgekehrter Weise ein schwieriges Wort, das der Schüler auf der Seite finden soll.

3. Einem lesenden Schüler, der immer wieder aufschaut oder die Zeile verliert, kann man folgendermaßen helfen:

a Die Lehrerin schneidet ein Fensterchen in ein Stück Papier.

b. Das Papier wird auf die Buchseite gelegt, sodass jeweils nur ein Wort erscheint.

c. Dann decken wir das Wort ab, und der Schüler muss es nennen.

d. Die Lehrerin bittet den Schüler, einen Satz zu schreiben, und geht dann die Worte auf oben genannte Weise (a-c) mit ihm durch.

III. Leseübungen für Kinder zwischen sechs und acht Jahren

A. Die Lehrerin schreibt einen bekannten Vers auf. Das Kind soll ihn durchlesen, dann eine Zeile erkennen, ein Wort in einer Zeile und schließlich einen Buchstaben in einem Wort.

B. Wir können die Verkrampfung beim Lesen, das Verharren bei unbekannten Wörtern und die Überbetonung der phonetischen Aussprache durch rhythmisches Lesen lösen:

1. Die Lehrerin nimmt eine Postkarte und deckt den Text ab, abgesehen von den Wörtern, die der Schüler lesen soll. Er liest still und zeigt mit dem Finger auf den Text, dann liest er laut und zeigt immer noch auf die entsprechenden Wörter. Wir gehen in dieser Weise durch die ganze Geschichte, bis sich das Kind wohlfühlt. Erst dann kommen die nächsten Stufen:
2. Der Schüler liest einen kleinen Abschnitt im Stillen. Dann wird dieser Abschnitt abgedeckt, und der Schüler spricht den Text laut.

3. Er liest still einen Satz. Dieser wird abgedeckt. Er spricht ihn laut, schreibt ihn dann auf und vergleicht ihn mit der Vorlage.

Durch diese Methode normalisiert sich der durch die Anspannung verursachte flache Atem des Kindes. Ein Zeitgefühl entwickelt sich, und der Rhythmus zwischen Atem und Verständnis kommt in Gang. Dann können sich Merkfähigkeit und Schreiben entwickeln.

IV. Leseübungen für ältere Schüler (15 – 18 Jahre) mit eingeschränkter Lesefähigkeit

Die Lehrerin gibt dem Schüler einen Textabschnitt, den er in einer bestimmten Zeit durchlesen soll. Am Ende der Zeit soll er den Abschnitt in einem Wort wiedergeben, dann in zwei Worten, dann in drei Worten. Diese Methode *entwickelt die Fähigkeit, den Gedankeninhalt zu erfassen.*

Rechnen

Das Rechnen verlangt ebenfalls die Fähigkeit, sich zu bewegen. In diesem Fall geht es um eine innere Konzentration, die Bewegung von einem Teil eines Vorganges zum nächsten entstehen lässt. Unser Schüler verfügt nicht über diese Fähigkeit; sie fehlt ebenso in seinen körperlichen Bewegungen. Er kann nicht mit den anderen Schritt halten. Ein solches Kind ist erstaunt, dass es sich nicht so gewandt bewegen kann, wie es sich das vorstellt.

I. Gleichzeitiges Zählen und Sprechen

Die Stunden für diese Schüler sollten aus denjenigen Bewegungsübungen bestehen, zu denen man zählen und die Einmaleinsreihen laut aufsagen kann: die Schrittübungen, die Bewegung und Hören verbinden (siehe S. 233, 8.), Säckchenübungen (S. 93ff.), die Ballprell-Übung (S. 177ff.), die «Stabübung vorwärts und rückwärts» (S. 139ff.) und die Zahlensternübung (S. 193ff.).

II. Dominanz

Die Lehrerin untersucht die Dominanz und festigt sie mit der Übung «Rechtwinkliges Dreieck» (S. 170ff.) oder der Dominanzform (S. 169).

III. Die Verbindung von Hören und Sehen

Die Kupferkugelübung (159ff., einschließlich der Übung «Gerade Linie und Acht», S. 189ff.) sowie die Stabrollübung (S. 178f.) helfen, Verspannungen abzubauen und über die Atmung die Verknüpfung zwischen den auditiven und visuellen Zentren des Gehirns zu entwickeln.[127]

IV. Perlen zählen

Wir können die Verbindung zwischen Sehen und Begreifen durch eine Erweiterung des Perlenzählens fördern (Übung zur Koordination von Hand, Auge und Sprache, S. 135).

1. Der Schüler soll raten, wie viele Perlen insgesamt aufgehäuft vor ihm liegen.
2. Er soll sie dann nach Farben sortieren und schätzen, wie viele rote und wie viele blaue Perlen es sind.
3. Er zählt dann beide Häufchen.
4. Ein weiteres Mal zählt er die gesamte Menge und sortiert sie in zwei Häufchen.
5. Er schätzt ein Häufchen, zählt die Menge des anderen Häufchens und korrigiert dann seine Schätzung anhand der Gesamtanzahl.
6. Die Lehrerin variiert diese Übung, indem sie zum Beispiel mit einer vorher bekannten Anzahl Perlen beginnt, die sie in verschiedene Häufchen aufteilt. Eines bleibt ungezählt und muss aus der Anzahl der anderen Perlen errechnet werden. Viele Variationen können noch aus dieser Übung abgeleitet werden.

Diese Methode schafft Vertrauen. Wir können sie auch für die anderen drei Grundrechenarten benutzen.[128]

V. Einer, Zehner, Hunderter

Es kommt oft vor, dass ein Zwölfjähriger noch nicht begriffen hat, wie Einer, Zehner und Hunderter gebildet werden, ebenso, wie mehrstellige Zahlen zusammengesetzt und aufgeschrieben werden.

1. Die Lehrerin kehrt also zurück zu den grundlegenden, «tragenden» Begriffen wie Halbliter-, Liter- und Fünflitermaß, indem sie ganz praktisch Wasser am Spülbecken in Krug, Flasche und Eimer füllt.
2. Wenn dies erfasst ist, versucht der Schüler, die Maßeinheiten umzurechnen und aufzuschreiben.

3. Daraus erklärt die Lehrerin Einer, Zehner und Hunderter, und der Schüler übt, die Ergebnisse in Worten aufzuschreiben.
   Dies hilft, Angst zu überwinden.

VI. Die Qualität der Zahlen

Die Zahlenbegriffe nicht erfassen zu können ruft immer Verkrampfung und Angst vor dem Unbekannten hervor. Das Kind empfindet sich als langsam oder schwer von Begriff. Die Lehrerin kann helfen, diese innere Haltung aufzulösen, indem sie von der Qualität der Zahlen spricht, von ihrer Beziehung zum Körper und zu Formen. Die Zahl Eins ist eine unteilbare Ganzheit. Der Schüler ist ein einziger Mensch, die Zwei ist jedoch in seinen beiden Armen, Augen usw. enthalten. Auch die «Dreiheit» zeigt sich in seinem Körper, z.B. in Kopf, Rumpf und Gliedmaßen.[129] Diese Erklärung schafft Vertrauen.

VII. Geometrische Formen

Die Lehrerin kann vom Zahlenstern zu geometrischen Formen überleiten.

1. Sie lässt den Schüler ein sehr großes, gleichseitiges Dreieck frei zeichnen. Er soll die Seiten in gleich große Abschnitte einteilen (siehe Abb. 26, S. 247).
2. Diese werden mit Zahlen versehen; dabei beginnt man an der Grundlinie und bei jeder Seite jeweils mit Eins.
3. Dann beginnt der Schüler bei der Eins auf der dritten Seite des Dreieckes.
4. Nun werden alle Einser, Zweier, Dreier usw. ohne Hilfsmittel verbunden. Es sollte in der Mitte ein durch die geraden Linien gebildeter Kreis entstehen (siehe Abb. 26).
5. Wir machen das Gleiche mit Pentagramm und Hexagramm.

Das rhythmische Zählen, die Formen und die Genauigkeit stärken das dringend nötige Vertrauen im Schüler. Er kann nun auch Freude an der Schönheit der Zahlen erleben.

VIII. Umwandlung

Wir können für die Umrechnung von größeren in kleinere Maßeinheiten und umgekehrt alle vier Grundrechenarten, einschließlich der schriftlichen Division, anwenden. Eine Möglichkeit ist die Umwandlung von «Jahre» in «Sekunden». Dann die Umkehrung – «Millionen von Sekunden» in Minuten, Stunden, Tage, Monate, Jahre! Abkürzungen sind nicht erlaubt! Wenn der Schüler problemlos auf diesen Leitern herauf- und herunterklettern kann, können wir uns der Bruchrechnung zuwenden.

IX. Bruchrechnung

1. Die Lehrerin nimmt ein Blatt Papier und lässt es den Schüler in zwei gleiche Teile reißen. Mit ihm selbst kann man das nicht machen! Er ist eine Einheit, ebenso alle Teile von ihm.
   Jetzt begegnet der Schüler zum ersten Mal Zahlen, die weniger sind als eins. Aber in einem Bruch sehen wir, dass alle Teile gleich groß sind.
2. Der Schüler soll nun ein Blatt in der Mitte falten und durchreißen.
3. Dann zeichnet er Kreise und teilt sie in Hälften, Drittel usw. bis zu Zwölfteln und so fort.
4. Der Schüler muss den Zähler des gesuchten Bruches ausmalen: 3/4, 7/12; so wird sich ihm bald das Geheimnis von 3/4 und 6/8 erschließen.
5. Als großen Abschluss backen wir zusammen einen Kuchen, den wir in gleich große Stücke teilen.
6. Wir schneiden davon ein Stück in kleine Teile und essen sie.

Abschließende Bemerkungen

Der Leser gewinnt vielleicht den Eindruck, dass er eine Überfülle an Übungen bekommen hat, von denen viele das Gleiche auf andere Weise ausdrücken. Das ist so, denn *Wiederholung stärkt den Willen und das Gedächtnis,* was unsere Schüler dringend brauchen. Als Lehrer müssen wir Fantasie und Vorstellungskraft entwickeln, damit unsere Schüler angespornt werden und staunen können. Dies macht es möglich, dass die fortwährende Wiederholung der grundlegenden Fördermaßnahmen von ihnen durchgetragen werden kann.

Ein fünfzehnjähriger Schüler bemerkte am Ende einer zweijährigen Arbeit: «Ich wäre nicht gekommen, wenn ich die Übungen bei Ihnen nicht gern gemacht hätte.»

Kapitel 7

Der Stundenaufbau

Inhaltliche und zeitliche Einteilung der Stunden

I. Motivation des Schülers im Förderunterricht

Die *Qualität der Zeit,* die wir dem Schüler widmen, ist ebenso wichtig wie die Anweisungen, die wir ihm geben. Er darf keinen Druck spüren oder das Gefühl bekommen, «Fortschritte machen zu müssen». Es gibt kein Verhandeln mit dem Schüler, um ihn zum Mitmachen zu bewegen. Die Lehrerin führt den Schüler sanft mithilfe geeigneter pädagogischer Mittel dahin, die Übungen nach bestem Vermögen durchzuführen.

Wir können unsere Arbeitsweise für jüngere Kinder (6–12 Jahre) folgendermaßen einführen: So wie ein Bauer zuerst sein Feld bereitet, bevor er Weizen aussät, treffen wir nun gründliche Vorbereitungen, damit die Fähigkeit des Schreibens und Lesens auf ganz natürliche Weise reifen kann.

Den älteren Schülern ab dreizehn Jahren können wir ganz direkt erklären, dass Lesen eine Frage der Bewegungsfähigkeit ist, dass die gesamte Form des Buchstabens und des Wortes durch die Augenbewegungen nachempfunden werden muss. Dann durchdringt sie wie ein Blitz den ganzen Körper und wird vom Denken ergriffen. In unseren gemeinsamen Stunden werden wir alle möglichen Arten der Bewegung erforschen, um herauszufinden, was diesem «Blitz» im Wege steht.

Die Kinder sind erstaunt und erleichtert zugleich. Ihr Interesse erwacht. Ihre eigene Unfähigkeit bei vielen Übungen macht sie neugierig und fordert sie heraus. Wenn die äußeren Umstände es zulassen, sollten wir etwa ein halbes Jahr von reinen Leseübungen absehen. Offensichtlich weigert sich der Organismus des Kindes, Informationen aufzunehmen und zu verarbeiten. Das Kind kann nicht willentlich dasjenige wiedergeben, was es eigentlich wissen sollte. Sein ganzer Organismus hat einen Punkt erreicht, an dem es nicht mehr weitergeht. Aus diesem Grund macht es keinen Sinn, seine Schwachpunkte durch wiederholte Anforderungen weiter zu belasten. Dadurch verschärfen sich nur die Probleme, oder es kommen neue hinzu. Wir müssen – mit Blick auf die höheren Wesensglieder – bestimmte Bereiche im Körper ansprechen und beleben. Damit schaffen wir die Grundlage für das Wachsen von Fähigkeiten.

II. Der Aufbau von Förderstunden

Die Unterrichtsstunde ist im Idealfall so aufgebaut, dass alle besprochenen Elemente darin vorkommen: Körpergeografie, räumliche Orientierung, Dominanz usw.; sie sollten von verschiedenen Seiten angegangen werden: von der Bewegung, vom Zeichnen und vom Malen.

Die Stunde sollte so zusammengestellt sein, dass sie für den Schüler eine künstlerische Erfahrung darstellt.

Die Lehrerin kann die Auswahl der Übungen für ihre Förderstunden nach dem Prinzip des «Ein- und Ausatmens», der Expansion und der Kontraktion, gestalten. Sie kann sie auch auf die drei Seelenqualitäten Denken, Fühlen und Wollen abstimmen. Einige musikalische Elemente, wie das Erkennen und Spielen von Intervallen auf einem Glockenspiel, können das Kind aufwecken und die Fähigkeit des Zuhörens pflegen. Dies kann die Malübungen ergänzen (siehe Kapitel 5 für die Beschreibung der folgenden Übungen).

1. Die *grundlegenden Übungen*, die in jeder Stunde durchgeführt werden sollten, sind:
   a. die große Kupferkugelübung (ab 10 Jahren), gefolgt von
   b. der Übung «Gerade Linie und Acht».

2. Um diese Übung ranken sich die anderen:
   a. Das Stabrollen sollte unbedingt mit blassen, kraftlosen oder auch schüchternen Kindern durchgeführt werden sowie mit solchen, die einen flachen Atem und/oder ein schwaches Gedächtnis haben.
   b. Wenn die Augendominanz geändert werden soll, muss der Zahlenstern regelmäßig geübt werden, wobei das «zu korrigierende» dominante Auge mit einem Glas in der entsprechenden Farbe abgedeckt wird.
3. Die Übung «Rechtwinkliges Dreieck» kann nach drei Monaten begonnen und, bei einer Wochenstunde, mindestens ein halbes Jahr lang durchgeführt werden. Sie sollte weitergeführt werden, wenn man mit der inhaltlichen Arbeit am Schreiben und Lesen beginnt.
4. Alle Stunden enden mit einer Malübung.
5. Für Schüler, die schon fünfzehn bis achtzehn Jahre alt sind und lesen wollen, können wir die inhaltliche Arbeit einführen (siehe Kap. 6), sobald sie die Spiegelformen und andere Formen zeichnen können. Sie dürfen dann mit einigen Großbuchstaben als «Bildern» beginnen, davon ausgehend ihre eigene Geschichte erfinden und dabei die Anfangsbuchstaben schraffieren. Wahlweise schraffieren sie den Hintergrund, sodass die Form des Buchstabens erscheint, um dann mit einer kontrastierenden Farbe ausgemalt zu werden. Wörter können auf die gleiche Weise geschrieben werden.

III. Beispiel eines Arbeitsplans

Die Erfahrung von in Schulen tätigen Förderlehrerinnen und -lehrern hat gezeigt, dass jüngere Kinder von täglichen Einheiten profitieren, die 20–30 Minuten dauern. Der schulische Rhythmus von 45–60 Minuten, und dies zweimal wöchentlich, ist ebenfalls möglich. Die Schüler bekommen Hausaufgaben, die täglich etwa 10 Minuten in Anspruch nehmen, z. B. eine altersentsprechende Übung im Formenzeichnen, das Nachfahren und Ausmalen der Hände und/oder Bewegungsübungen (siehe unten, V. Hausaufgaben). Das folgende Beispiel bezieht sich auf eine wöchentliche Stunde von 60 Minuten:

1. Gewichtheben
2. Stabrollen (mit einem Lied)
3. Murmelübung
4. Ballübungen (Links-Rechts, Oben-Unten), verbunden mit Sprechen (Zahlenreihen, Alphabet, Vers)
5. Blumenstab- oder Zahlensternübung
6. Kupferkugelübung, gefolgt von
7. Gerade Linie und Acht
8. eine Übung mit verbundenen Augen
9. eine Malübung

(gesamte Dauer: 1 Stunde).

IV. Das Wecken der inneren Vorstellungskraft

Die Lehrerin schreibt Druckbuchstaben und anschließend Wörter auf den Rücken des Schülers oder mit einer Feder auf seine Hand. Er soll die Buchstaben in sein Heft übertragen und dann lesen. Sie lässt ihn ein Wort wählen, das er dann in sein Heft schreibt, während es auf seinen Rücken geschrieben wird. Die Bewegungs- und Malübungen müssen jedoch beibehalten werden. Sie sollen den größeren Teil der Stunde einnehmen.

V. Hausaufgaben

Hausaufgaben sind ein «Muss» – zehn bis fünfzehn Minuten am Tag. Diese Vereinbarung sollte zu Beginn des Förderunterrichtes mit Eltern und Schüler getroffen werden.

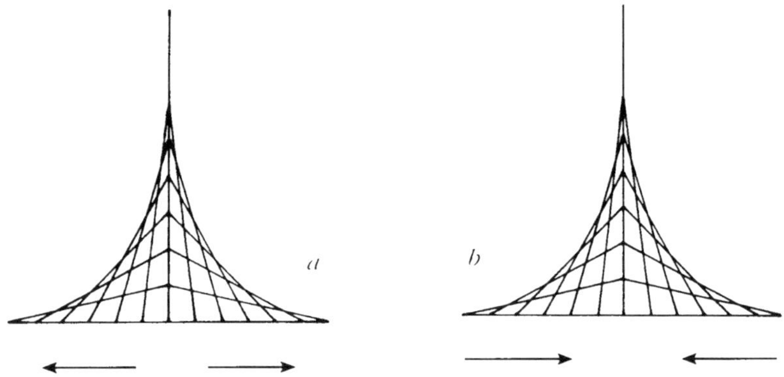

Abb. 25: Ausdehnen (a) und Zusammenziehen (b) eines Dreieckes.

A. Einen Teil der ersten Stunde sollte man darauf verwenden, ein Hausaufgabenprogramm zu erstellen.

1. Es besteht aus Zeichnungen von Formen und Mustern und Farbübungen in schraffiertem Zeichnen. Die Fähigkeit des Kindes vorausgesetzt, eignen sich folgende Zeichenübungen (siehe S. 180ff.):
   a. Blumenstabübung (S. 71ff.)
   b. sich durchdringende Dreiecke (S. 197f.)
   c. Ausdehnen eines Dreiecks: Der Schüler zeichnet ohne Hilfsmittel ein hohes, schmales, gleichschenkliges Dreieck. In gleichmäßigen Schritten werden nun zunehmend niedrigere und breitere Dreiecke darüber gezeichnet (siehe Abb. 25a).
   d. Zusammenziehen eines Dreiecks: Über ein breites, niedriges, gleichschenkliges Dreieck werden schrittweise höhere und schmalere Dreiecke gezeichnet (siehe Abb. 25b).
   e. Die verschiedenen «zählenden» Formen, z.B. das Zahl-Dreieck (Abb. 26).

Ungeachtet dessen, welche Hausaufgaben andere Kinder zu bewältigen haben, sollten unsere Schüler auf jeden Fall eine bestimmte Handarbeit oder etwas Handwerkliches erledigen.

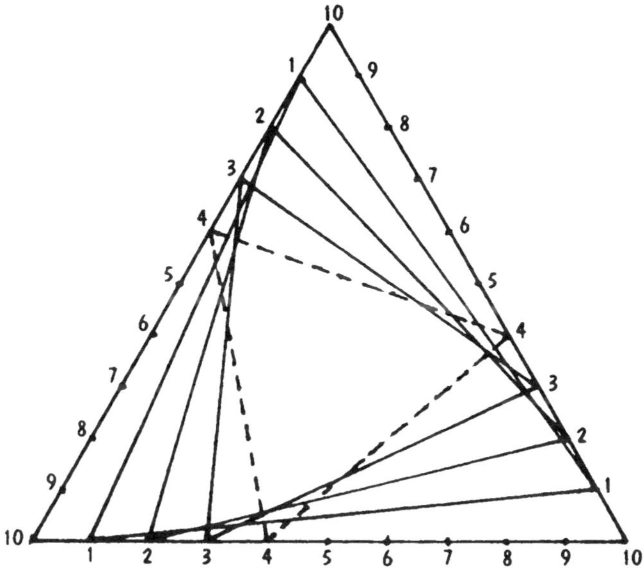

Abb. 26: Zahldreieck; teilweise vollendet; fortzufahren ist mit dem Zeichnen gerader Linien, welche die Vierer, Fünfer, Sechser, Siebener, Achter und Neuner miteinander verbinden.

2. Modellieren mit Bienenwachs oder Knete.
3. Stricken stärkt die Konzentration und die Koordination von Auge und Hand, ebenso das Zählen und die Begriffsbildung. Daher mussten sich meine Schüler ab dreizehn Jahren – meistens waren es Jungen – im Schnellstrickverfahren einen Pullover stricken, jede Woche eine bestimmte Anzahl von Reihen. Dies könnte im zweiten Halbjahr der Förderarbeit stattfinden.
4. Tischsets oder eine Matte mit den Fingern zu stricken oder zu häkeln ist auch sehr hilfreich und wirkt therapeutisch bei «steifen» *Stretching*-Bewegungen. Wenigstens ein Tischset sollte das Kind als Hausaufgabe im Laufe unserer Arbeit fertigstellen.

B. Später kann man Wörterlisten hinzufügen, aus denen Sätze entwickelt werden. Unsere Schüler sollten auch spannende Vorfälle, die vorgelesen oder erzählt werden, zu Ende führen. Zu einer Geschichte, die sie gerade lesen, sollen sie das Ende erfinden und dann mit dem tatsächlichen vergleichen.

Erneute Diagnostik: Dokumentieren der Fortschritte

A. Um die Fortschritte des Schülers zu dokumentieren, verwenden wir zum angegebenen Zeitpunkt folgende Übungen:

1. *Kreuztest:* Wiederholen am Ende des Schuljahres oder zu Beginn des neuen.
2. *Die Blumenstabübung:* Eine Testwiederholung ist nicht notwendig, weil die Blumenstabübung als therapeutische Übung verwendet wird, bis der Schüler die Form fließend und richtig zeichnet.
3. *Perlenzählen (Koordination von Hand, Auge und Sprache):* Auch das Wiederholen dieses Tests ist nicht notwendig, wenn er als therapeutische Übung eingesetzt wurde. Andernfalls kann man die Dominanz der Hand und die Koordination von Sprache und Hand am Ende der letzten oder zu Beginn einer neuen therapeutischen Einheit testen.
4. *Dominanz:* Der einfache Dominanztest kann am Ende eines Halbjahres, der Seitigkeitstest nach einem dreiviertel Jahr wiederholt werden.
5. *Farbneigung der Augen:* Testwiederholung zwei- oder dreimal während eines Quartals. Wenn das Kind der Sonne und dem Mond ein Gesicht malt, lassen wir es in jeder Stunde den blauen Mond und die rote Sonne malen, bis das Gesicht verschwindet. Geschichten und Bilder um diese Motive herum zeigen, dass Spannungen und

alte Gewohnheiten abgebaut werden. Das ist zwar selten, sollte aber nicht unterbunden werden, wenn es vorkommt. Wir binden diese Tests so selbstverständlich und unauffällig wie möglich ein, z. B. am Ende der Stunde, wenn die Zeit für ein «richtiges» Bild nicht mehr vorhanden ist. In meiner Tätigkeit haben nur zwei Kinder bemerkt, dass es sich dabei um einen Test handelte. Die Antwort auf ihre Fragen war – wie bereits erwähnt – die Zusammenfassung in dem Bild: «Reitet das Kind schon sein Pferd oder muss es das Pferd tragen?» Natürlich sagt man dem Schüler nicht, welche der beiden Möglichkeiten auf ihn selbst zutrifft!

B. Wir müssen bedenken, dass unsere Arbeit einen Reinigungsprozess im Schüler auslöst, und dürfen deshalb nicht erstaunt sein, wenn *er durch eine Krise geht.* Seine «Unfähigkeit» ist zu einer Form des Protestes geworden. An einem bestimmten Punkt stoßen wir beide darauf und müssen uns damit auseinandersetzen. Diesen Moment erlebt man als versteckten Eigensinn, und es hängt von der sorgfältigen Auswahl und Anwendung der Übungen ab, ob die Kräfte des Kindes frei werden, sodass sich Fähigkeiten entwickeln können.

Die Farbneigungsübung zeigt uns, wann wir auf diese Blockaden stoßen. Nach zwei oder drei korrekten Bildern kommt es plötzlich zu einem Rückschritt: Statt der roten Farbe wählt das Kind vielleicht wieder Zinnoberrot, oder es verwendet die Farben Blau und Gelb. Das geschieht oft, doch dann verläuft die Entwicklung wieder glatt, und das Kind bleibt konstant bei der richtigen Farbwahl.

Mit zunehmender Erfahrung spüren wir, wann solche Prozesse stattfinden, und können einige diagnostische Übungen einsetzen, um zu erfragen oder es uns bestätigen zu lassen, durch welche Phase der Schüler gerade hindurchgeht. Wenn der Prozess stagniert, können wir die Ursache mithilfe der kurzen Farbneigungsübung feststellen.

C. Die Übung «Rechtwinkliges Dreieck» hat eine stark befreiende Wirkung. Bei genauer Beobachtung kann man manchmal feststellen, dass dabei die Bewegungen des Schülers zu oberflächlich sind oder dass das nichtdominante Auge einen starren Ausdruck zeigt (siehe Kapitel 5).

1. Die Lehrerin kann dann versuchen, Kräfte frei werden zu lassen, indem sie dem Schüler die gegenteilige Version der Übung anbietet: die Linkshänder-Version (Abb. 11b) für den Rechtshänder und die Rechtshänder-Version (Abb. 11a) für den Linkshänder (S. 172f.). Wenn die Stunde wöchentlich stattfindet, macht das rechtshändige Kind die Linkshänder-Version einmal, danach dreimal die Rechtshänder-Version, gefolgt von einmal Linkshänder-Version usw. Für den Linkshänder gilt das Umgekehrte. Dies wird fortgesetzt, bis die Lehrerin eine Wirkung feststellen kann.
2. Danach prüft sie die Ergebnisse mit der Farbneigungsübung.
3. Sollte sich kein Erfolg einstellen, kann die Malübung «Blau-Rot-Perspektive» durchgeführt werden.

Die Anwendung der Übungen mit Klassen oder Gruppen*

I. Schreiben (6 – 9 Jahre)

A. Konsonanten und Vokale

Die Methode, Buchstaben aus Bildern heraus zu entwickeln, kann man mit Kindern ab sieben Jahren anwenden.[130] In diesem Fall findet die Lehrerin Bilder aus ihrer Vorstellungskraft und entwickelt daraus eine Geschichte. Auf diese Weise werden die Konsonanten leicht als *«formende» Laute* und die Vokale als *«klingende» Laute* erkannt, die jedes Wort braucht. Lange Vokale können die Kinder darstellen, kurze Vokale durch entsprechende Sprünge oder kleine Gesten verdeutlichen.

B. Großbuchstaben – ihre Form und innere Visualisierung[131]

Es ist wichtig, die großen Druckbuchstaben einzuführen, bevor die Kinder die Schreibschrift erlernen. Die Form der großen Druckbuchstaben hängt mit einem Gesetz zusammen, das jeder Entwicklung zugrunde liegt: nämlich dass etwas wiederholt wird, bevor eine neue Stufe errungen werden kann; in diesem Fall ist es die Wiederholung der Raumesorientierung, die das Kind in den ersten sieben Jahren erworben hat. Eine Untersuchung von Kinderzeichnungen zeigt die Reihenfolge, in der das Oben-Unten, die Links-Rechts-Symmetrie und die Diagonale zustande gebracht werden. Dies ist das Ergebnis der Sinneswahrnehmungen und der Bewegungen des Körpers im dreidimensionalen Raum. Auf einer neuen Entwicklungsstufe, z. B. nach dem Zahnwechsel, muss diese Fähigkeit als inneres Vorstellungsvermögen noch einmal erworben werden. Welche bessere, stimmigere

* Beschreibung der Übungen siehe Kap. 5.

Übung können wir dem Kind geben als das Abschreiben von Geschichten in großen Druckbuchstaben?

Jedes Mal, wenn das Kind ein «T» schreibt, teilt es den Raum in Rechts und Links mit dem Strich nach unten und in Oben und Unten mit dem waagrechten Balken auf dem «T». Im Buchstaben «K» haben wir die räumliche Trennung in Rechts und Links sowie die Vorwärts-Rückwärts-Bewegung in der Diagonalen, die einmal zum anfänglichen, entschiedenen Senkrechtstrich hin und einmal von ihm weg führt.

Unsere lateinischen Großbuchstaben bestehen aus den zwei grundlegenden geometrischen Formen, der Geraden und dem Kreis (der Krummen). Hier üben wir etwas außerordentlich Wertvolles für die innere, begriffliche Vorstellungskraft, da die Bilder der Buchstaben noch mit deren Formen verbunden sind; die Kinder genießen daher diesen Zusammenhang beim Schreiben. Man braucht dafür kein ausgewähltes Vokabular; ein langes Wort ist voller Bilder, und durch die Wiederholung bleibt es im Gedächtnis haften. Das laute Ablesen von der Tafel, als ganze Klasse oder allein, führt zu einem sicheren, ausdruckskräftigen Lesen. Während man an diesem Stadium arbeitet, trifft man gleichzeitig durch Formenzeichnen, Spiegelformen usw. Vorbereitungen für die kleinen Buchstaben und die Schreibschrift.

C. Körpergeografie

Zu diesem Zeitpunkt sollten die altersentsprechenden Übungen zur Körpergeografie zum Einsatz kommen. Grundlegendes davon ist in allen traditionellen Kreisspielen enthalten; es gibt viele ausgezeichnete Sammlungen und Bücher dazu. Die Autorin vertritt die Auffassung, dass es diese der Jahreszeit entsprechenden, rhythmisch wiederkehrenden Spiele waren, die früher in der Kindheit gekreuzte Dominanz und unzureichende Körperwahrnehmung «geheilt» haben. Da sie heutzutage aus dem täglichen Leben verschwinden, müssen sie zunehmend in die Lehrpläne integriert werden.

II. Allgemeine Übungen

A. Bewegungsübungen für alle Altersgruppen:

1. alle Ballwurfübungen – zur Links-Rechts- und zur Oben-Unten-Orientierung
2. Stabrollen, Stabübung vorwärts und rückwärts, die Finger-Kupferstabübung
3. Murmelübung
4. Gewichthebeübung (sehr gut, um die Konzentration der Klasse vor dem Unterricht zu bündeln)
5. Rhythmen klatschen und schreiten, nach Sätzen und Zahlen gehen und stampfen, ein Schritt pro Wort oder Zahl, vor- und rückwärts.
6. Wollstränge und Bälle aus Wollfäden können in einer Ecke des Klassenzimmers ihren Platz finden, sodass eines oder mehrere Kinder dort die Wollstrang- oder Wollwickelübung durchführen können. Dabei stehen sie mit den Füßen auf einem markierten Feld oder auf einem Balancierbrett.
7. Formenzeichnen und Schreiben mit dem dominanten Fuß.

B. Ab 6½ – 7 Jahren

1. Zeichenübungen:
   a. Geschwungene, fortlaufende Formen; sie sollten so eingeführt werden wie für die Entwicklung der Auge-Hand-Koordination beschrieben.
   b. die Zahlensternübung (s. Abbildung 17, S. 194)
2. Auge-Hand-Malübung

C. Ab 8 Jahren

1. Zeichenübungen:
   a. Spiegeln an vertikalen oder horizontalen Achsen (s. Abbildung 13, S. 186) oder Muster, die kreisförmig oder im Palindrom wiederholt werden (s. Abbildung 27 a).

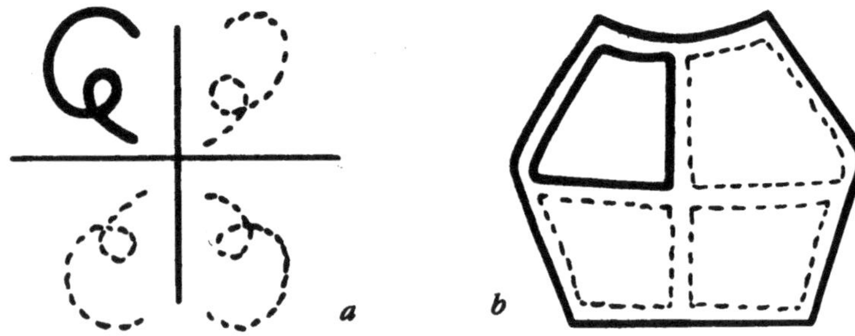

Abb. 27: Palindrom (a) und Flächenübung (b)

b. Die Flächenübung (bei schlechter Raumvorstellung). Die Lehrerin zeichnet eine große Form, in die sie eine kleinere einfügt. Das Kind soll nun drei weitere Formen in der ersten großen Form unterbringen. Die Lehrerin variiert die Anzahl der Formen, die in die große Form eingefügt werden sollen (s. Abbildung 27b).

c. Dann führt sie das schraffierende Zeichnen für den «Himmel» in den Bildern ein.

2. Malübungen:

a. Die «Blau-Rot-Spirale»; sie sollte einmal im Halbjahr gemalt werden, entweder im täglichen Rhythmus oder jede Woche ein Bild der Übung. Wenn man sie auf angefeuchtetes Papier mit vorbereiteten Farben malt, sollte die Übung nicht länger als zehn bis fünfzehn Minuten in Anspruch nehmen. Kinder, die Schwierigkeiten haben, die nach rechts drehende Spirale beizubehalten, wenn sie in der fünften Stunde die freie Wahl der Spirale haben, sollten eine Weile die Bewegungsübung «Dreifache Spirale» üben, entweder morgens vor dem Unterricht oder integriert in eine Freistunde.

b. Das Motiv der «Sonne am blauen Himmel» als Fortsetzungsgeschichte.

D. Ab 9 Jahren

1. Zeichenübungen:
   a. Räumliche Lemniskaten (siehe Abbildung 14, S. 186)
   b. Zeichnungen aus dem Epochenheft sollten nun in «Schraffurtechnik» ausgeführt werden.
2. Malübung: die Sekundärfarbübung (siehe Abbildung 23, S. 215)

E. Ab 11 Jahren

1. Bewegungsübungen: Hexameter schreiten und Rhythmus klatschen mit und ohne gleichzeitiges Sprechen.
2. Zeichenübungen:
   a. sich durchdringende Dreiecke (siehe Abbildung 18, S. 198)
   b. Geometrie des Sechsecks (siehe Abbildung 19, S. 200)
3. Malübungen: die «Blau-Rot-Perspektive», Version L und M (siehe Abbildung 24, S. 218). Diese Übung ist besonders hilfreich für Kinder, die lange Schulwege haben. Sie sollte mindestens einmal pro Woche durchgeführt werden.

Anhang A
Urbilder

Die Grundformen

Geometrie und Arithmetik haben die Intelligenz der Menschheit durch die geschichtliche Entwicklung hindurch gebildet und dem Menschen seine einzigartige Stellung auf der Erde gegeben. Die Fähigkeit, grundlegende Formen visuell zu erfassen und innerlich zu begreifen, hat zu den Errungenschaften vergangener Zivilisationen und zur Entwicklung des modernen Bewusstseins geführt. Zum Beispiel sind in einer *Spirale alle Raumesrichtungen einer Bewegung enthalten:* Links – Rechts, Oben – Unten, Innen – Außen, Vorn – Hinten. Es ist leicht, eine Spirale von außen nach innen zu zeichnen. Wenn wir aber die gleiche Spirale von innen nach außen zeichnen wollen, müssen wir sehr sorgfältig auf den Weg achten. Wenn uns nicht klar ist, ob wir rechts oder links beginnen sollen und wir nach oben gehen statt nach unten, entsteht eine umgekehrte Spirale als Spiegelbild. Die wundervollen Bewegungen der Spirale finden wir überall in der Natur und heutzutage in vielen Haushaltsgeräten.

Diese geometrischen Grundformen, welche die Menschheit immerfort begleitet haben, werden ständig neu entdeckt und neu angewandt. Dazu gehört auch das Verhältnis 2 : 3 von Fläche zu Volumen, das zum Bau von Schiffen aus Eisen führte, sowie der akkurate Einsatz von Parallelogrammen bei der Herstellung von Küchenpapier. Diese Grundformen führen den Menschen zu ewigen Wahrheiten und lassen ihn gleichzeitig die Erde beherrschen.

Wenn das Kind solchen Formen begegnet, empfindet es ihre urbildlichen Qualitäten; sie verbinden das Kind mit der Vergangenheit und setzen es in Beziehung mit dem Wahren und Schönen. Wenn man mit diesen Formen arbeitet – zeichnend, malend oder in der Bewegung –, wird die innere Intelligenz angesprochen, die in jedem Menschen verborgen ist.

Zeitgemäßer Förderunterricht sollte der Individualität helfen, ihre Identität im Zusammenhang mit ihrer wie auch immer gearteten Erblichkeit und der Umgebung, in die das Leben sie hineingestellt hat, aufzubauen. Dann wird der Mensch die Fähigkeit entwickeln, dasjenige, was er heute gelernt hat, für morgen zu bewahren.

Anmerkung:
Diese Abhandlung wurde 1974 verfasst. In der Zwischenzeit haben auch konventionelle Autoren das Thema der grundlegenden geometrischen Formen aufgegriffen. Siehe Michael Schneider, *A Beginner's Guide to Constructing the Universe: The Mathematical Archetypes of Nature, Art and Science, A Voyage from 1 to 10*. Ebenso Keith Critchlow and Jon Allen, *The Whole Question of Health: An Inquiry into Architectural First Principles in the Designing of Health Care Buildings.*

Anhang B

Auszug aus: *Extrastunde. Forschung und erfolgreiche Entwicklungsförderung bei Kindern mit diagnostiziertem ADS oder ADHS* von Lalage Craig, M.Ed. (UNE)

Das diagnostische Verfahren der Extrastunde beleuchtet jegliche Entwicklungsverzögerungen, die sich möglicherweise im Laufe der ersten sieben Lebensjahre des Kindes ereignet haben. Ausgehend von dieser ersten Wahrnehmung wird für jedes Kind ein Förderprogramm erstellt. Die gesamte Entwicklung des Kindes inklusive Koordination wird in einer wöchentlichen Unterrichtsstunde durch Bewegungs-, Sprach-, Mal- und Zeichenübungen unterstützt. Unter Aufsicht der Eltern führt das Kind zu Hause ein kurzes Übungsprogramm durch, das die zugrunde liegenden Schwierigkeiten behandelt. Es nimmt täglich nicht mehr als 5–10 Minuten in Anspruch. Der gesamte Umfang der Förderung beträgt 12–18 Monate; manchmal ist sie von kürzerer Dauer. Zum Zweck dieser Studie wurde ein Zeitraum von 20 Wochen gewählt, weil sich nach meiner Beobachtung in diesem Zeitrahmen Veränderungen ergeben. Außerdem zeigten sich Eltern bereit, für eine solche Zeitspanne wöchentliche Stunden einzurichten, bevor sie dann auf zweiwöchentlichen Unterricht reduzierten.

Kinder, die eine ADS- oder ADHS-Diagnose erhalten hatten, schienen sowohl im Verhalten als auch in ihren Lernfähigkeiten durch eine Behandlung mit den Extrastundenübungen zu profitieren. Deshalb entschied ich mich, Kinder mit diesem Diagnosespektrum in meiner Forschungsarbeit vorzustellen. Eltern berichteten, dass der Umgang mit ihren Kindern leichter geworden sei, Lehrer sprachen von besserem Leistungsverhalten, und einige von Ärzten betreute Kinder konnten ihre medikamentöse Behandlung einstellen.

Ich beschloss, standardisierte Testbögen zu verwenden, um Veränderungen in den akademischen Bereichen Lesen, Textverständnis, grundlegendes Rechnen, Rechtschreibung, Zeichnen und Körperwahrnehmung zu dokumentieren. Sowohl vor als auch nach der Diagnosestellung wurden Elterngespräche geführt. Die Studie zeigt, dass alle Kinder im Bereich des Lernens Verbesserungen erzielt haben. Im Bereich ADHS berichteten alle Eltern von Fortschritten.

Conners Bewertungsskala

Ich benutzte den Fragebogen nach Conners, da er der DSM IV Klassifizierung für ADHS entspricht. In der Literatur wird darauf hingewiesen, dass das Testen und die folgende Diagnosestellung in diesen Fällen kontrovers diskutiert wird. Es gibt Literaturhinweise, in denen ADHS überbewertet oder auch unterbewertet wird.

Die Rückmeldungen der Eltern waren sehr positiv. Die Ergebnisse der Bewertungsskala variierten, was ein umfassendes Ergebnis für alle Kinder erschwerte. Abgesehen von zwei Schülern verbesserten sich alle Kinder so weit, dass ihr Verhalten zu Hause nicht mehr als problematisch angesehen wurde. Mit Ausnahme von einem Kind beurteilten die Lehrer das Verhalten der Kinder als relativ unbedenklich.

Kommentare der Eltern im mündlichen Fragebogen waren: «Nicht mehr so verträumt»; «er kann sich besser konzentrieren»; «er kann jetzt still sitzen»; «er bekommt kein Ritalin mehr».

Sowohl Lehrer als auch Eltern stellten bei allen Kindern im Bereich der Aufmerksamkeit Verbesserungen fest. Die mündlichen Rückmeldungen der Eltern ließen sich nicht immer in Conners Fragebogen abbilden. Sie waren positiver oder entsprachen der erzielten Verbesserung.

Alle Eltern vermerkten im Fragebogen, dass sich die Fähigkeit der Kinder, Freundschaften zu schließen, verbessert habe. Es gab Kommentare wie: «Ja, das hat sich sehr verbessert; er hat feste Freunde, diese Kinder mögen ihn sehr»; «es sind neue Freunde eingezogen, und alle Kinder spielen zusammen»; «jetzt hat er neue Freunde». Verbesserungen in Conners Bewertungsskala lagen tendenziell in den Bereichen ängstlich/scheu, emotionale Labilität, Unaufmerksamkeit und ADHS.

Im Bereich der standardisierten Tests für Lesen, Textverständnis,

Rechtschreibung, grundlegende Rechenoperationen und Zeichnen eines Menschen waren bei allen Kindern Verbesserungen zu verzeichnen.

Die verwendeten standardisierten Tests waren:

- Conners Teacher Rating Scale (CTRS)
- The Parent Rating Scale for ADHD and associated difficulties, revised (CPRS-R), Goyette, Conners, & Ulrich (1978)
- The Westwood South Australian Spelling Test (1993)
- The Basic Number Screening Test (1979)
- The Draw-A Person (DAPtest), J. A. Naglieri (1998)
- Neale Analysis of Reading Ability and Comprehension, Marie D. Neale (1999)

Die Ergebnisse der Studie zeigten, dass die Kinder in allen Bereichen von der Förderung profitiert haben. Die Kommentare der Eltern bestärkten die Ergebnisse der standardisierten Tests. Alle Eltern befanden das Programm für lohnenswert und setzten die Förderung über den Zeitraum von 20 Wochen hinaus fort.

Quellenangaben

Barkley, R. (1995), «A closer look at the DSM IV criteria for ADHD: some unresolved Issues». ADHD Report (3): 1-5 in *Attention Deficit Hyperactive Disorder,* 1996, National Health & Medical Research Council: 10.

Barkley, R. A. (1990), *Attention Deficit Hyperactivity Disorder: A Handbook for Diagnosis and Treatment,* Guildford, New York.

DSM IV (1994), *The Diagnostic and Statistical Manual of Mental Disorders,* American Psychiatric Association, Washington, DC.

Green, C. (1995), *Understanding ADD, Attention Deficit Disorder,* Doubleday, Sydney.

McAllen, A. ([6]2004), *The Extra Lesson,* Rudolf Steiner College Press, Fair Oaks, CA.

The Institute for Learning Difficulties. Pty Ltd.
PO Box 232, Pennant Hills 2120 02 9980 7891
AUSTRALIA
Email lalage.craig@extralesson.com

Anmerkungen

1 Rudolf Steiner, *Allgemeine Menschenkunde als Grundlage der Pädagogik*, GA 293, Dornach ^{9}1992, 1. Vortrag vom 21.8.1919, S. 18.
2 Mary Ellen Willby (Hrsg.), *Learning Difficulties: A Guide for Teachers*, Fair Oaks 2005, Abschnitt 1: Identity and Personality.
3 Siehe dazu Karl König, *Die ersten drei Jahre des Kindes*, Stuttgart 2017, 4. Kapitel; sowie Christy Brown, *My Left Foot*, London 2008, Kap. 3 und 4.
4 Rudolf Steiner, *Erziehung und Unterricht aus Menschenerkenntnis*, GA 302a, Dornach ^{4}1993, 2. Vortrag vom 16.10.1920.
5 Rudolf Steiner, *Die Erziehung des Kindes vom Gesichtspunkte der Geisteswissenschaft*, Dornach 1992.
6 Jane C. Field, *A Vicious Circle*, Wichenford 1993.
7 Rudolf Steiner, *Erziehung und Unterricht aus Menschenerkenntnis*, a.a.O. (Anm. 4).
8 Rudolf Steiner, *Anthroposophie – Psychosophie – Pneumatosophie*, GA 115, Dornach ^{5}2012, 1. Teil: Anthroposophie, Vorträge vom 23. bis 27.10.1909.
9 Ebd., 2. Vortrag vom 25.10.1909.
10 Ebd., 4. Vortrag vom 27.10.1909.
11 Siehe dazu Rudolf Steiner, *Die Geheimwissenschaft im Umriss*, GA 13, Dornach ^{31}2013, 2. Kapitel; ders., *Allgemeine Menschenkunde als Grundlage der Pädagogik*, a.a.O. (Anm. 1), 3. Vortrag vom 23.8.1919; ders., *Von Jesus zu Christus*, GA 131, Dornach ^{7}1988; E. F. Schumacher, *A Guide For the Perplexed*, London 1995 (eine dialektische Beschreibung der übersinnlichen Organe); Lawrence Durrel, Landscape and Character, in: *New York Times*, 12.6.1960; James Lovelock, *Gaia: A New Look At Life On Earth*, Oxford 1987, deutsche Ausgabe: *Gaia. Die Erde ist ein Lebewesen.*
12 Margarete Kirchner-Bockholt, *Grundelemente der Heileurythmie*, Dornach ^{5}2010; Rudolf Steiner, *Entsprechungen zwischen Mikrokosmos und Makrokosmos*, GA 201, Dornach ^{4}2015.
13 Siehe Rudolf Steiner, *Allgemeine Menschenkunde als Grundlage der Pädagogik*, a.a.O. (Anm. 1), 2. und 7. Vortrag (22. und 28.8.1919); ders., *Anthroposophie – Psychosophie – Pneumatosophie*, a.a.O. (Anm. 8).
14 Rudolf Steiner, *Anthroposophie – Psychosophie – Pneumatosophie*, a.a.O. (Anm. 8).
15 Vgl. dazu Joan Salter, *The Incarnating Child*, Stroud 1987; Stanley Drake, *The Path to Birth*, Edinburgh 1984; Gilbert und Sylvia Childs, *Your Re-Incarnating Child*, Forest Row 1996.
16 Mary Ellen Willby (Hrsg.), *Learning Difficulties*, a.a.O. (Anm. 2), Abschnitt II: Osteopathy for children; Elizabeth Hayden, *Osteopathy for Children*, Gloucester 1997.
17 Siehe Mary Ellen Willby (Hrsg.), *Learning Difficulties*, a.a.O. (Anm. 2); Joan

Salter, *The Incarnating Child,* a.a.O. (Anm. 15); Stanley Drake, *The Path to Birth,* a.a.O. (Anm. 15).

18 Ebenda. Zu dem Thema «ungestörte kindliche Entwicklung» siehe *RIE – Resources for Infant Educarers,* 1550 Murray Circle, Los Angeles, CA 90026, USA. «See How They Move» ist ein Video, das Babys und Kleinkinder in verschiedenen Stadien ihrer Bewegungsentwicklung zeigt.

19 Vgl. dazu G. Kalinger/C. L. Heil, *Basic Symmetry and Balance,* Carlisle 1972; siehe den Artikel über die kindliche Entwicklung von Bruce Perry (M.D., Ph.D.) unter http://teacher.scholastic.com/professional/bruceperry/index.htm.

20 Ebd.

21 Siehe Michaela Glöckler/Wolfgang Goebel/Karin Michael, *Kindersprechstunde,* Stuttgart ^{21}2018, S. 626ff. (Kapitel zur Linkshändigkeit); Mary Ellen Willby (Hrsg.), *Learning Difficulties,* a.a.O. (Anm. 2); David Mitchell, *Developmental Insights,* AWSNA 1997.

22 Michaela Strauss, *Von der Zeichensprache des kleinen Kindes,* Stuttgart 2007; Audrey McAllen, *Reading Children's Drawings,* Fair Oaks 2004.

23 Rudolf Steiner, *Gegenwärtiges Geistesleben und Erziehung,* GA 307, Dornach ^{5}1986, 3. Vortrag vom 7.8.1923.

24 Bernard Lievegoed, *Entwicklungsphasen des Kindes,* Stuttgart ^{8}2007; Joan Salter, *The Incarnating Child,* a.a.O. (Anm. 15).

25 *Stretching* bezeichnet Bewegungen, die sich mit der Schwerkraft verbinden, beispielsweise beim Gehen. *Lifting* bezeichnet Bewegungen, die sich aus der Schwerkraft lösen, beispielsweise das Gestikulieren der Hände beim Sprechen. Die deutschen Fachkreise benutzen die englischen Begriffe, da eine Übersetzung in den meisten Fällen zu Irritationen führt. Deshalb haben wir uns dazu entschlossen, die englischen Begriffe beizubehalten (Anm. der Übersetzerinnen).

26 Siehe dazu Karl König, *Die ersten drei Jahre des Kindes,* a.a.O. (Anm. 3).

27 Siehe Mary Ellen Willby (Hrsg.), *Learning Difficulties,* a.a.O. (Anm. 2).

28 John Thomson, *Natural Childhood,* New York 1994.

29 Martin Large, *Who's bringing them up?,* Stroud 1990; Marie Winn, *Unplugging the Plug-In Drug,* New York 1987; Jerry Mander, *Four Arguments for the Elimination of Television,* New York 1978.

30 Barry Sanders, *A is for Ox,* New York 1994; Jane Healy, *Failure to Connect,* New York 1998; Alison Armstrong/Charles Casement, *The Child and the Machine,* Beltsville 2000.

31 Siehe die Überlegungen zu der Übung «Schleichende Katze» in Kapitel 5.

32 Mary Ellen Willby (Hrsg.), *Learning Difficulties,* a.a.O. (Anm. 2).

33 Mary Ellen Willby (Hrsg.), *Learning Difficulties,* a.a.O. (Anm. 2), Abschnitt I: The Mirroring Process in Relation to Two- and Three-Dimensional Space; Rudolf Steiner, *Entsprechungen zwischen Mikrokosmos und Makrokosmos,* a.a.O. (Anm. 12); Kim John Brooking-Payne, *Games Children Play,* Stroud 2005; Molly Von Heider, *Looking Forward,* Stroud 1996; Wil van Haren/Rudolf Kischnick, *Dreh dich nicht um ... 300 Bewegungsspiele für Kinder und Jugendliche,* Stuttgart 2008.

34 Siehe Mary Ellen Willby (Hrsg.), *Learning Difficulties,* a.a.O. (Anm. 2), Abschnitt I.

35 Audrey McAllen, *Teaching Children Handwriting,* Fair Oaks 2004.

36 Mary Ellen Willby (Hrsg.), *Learning Difficulties,* a.a.O. (Anm. 2), Abschnitt I: Identity and Personality.

37 Leserinnen und Leser, die mit der Waldorfpädagogik nicht vertraut sind, sollten dazu lesen: Rene Querido, *Creativity in Education,* Fair Oaks 1995; Roy Wilkinson, *Commonsense Schooling,* Malvern ^{2}1989; Rudolf Steiner, *Die Erziehung des Kindes,* a.a.O. (Anm. 5); siehe weitere Hinweise im Literaturverzeichnis.

38 Siehe Margarete Kirchner-Bockholt, *Grundelemente der Heileurythmie,* a.a.O. (Anm. 12).

39 Rudolf Steiner, *Heilpädagogischer Kurs,* GA 317, Dornach ^{8}1995.

40 Siehe die Ausführungen in Kapitel 2 einschließlich der dortigen Literaturangaben.

41 A. Jean Ayres, *Bausteine der kindlichen Entwicklung,* Berlin/Heidelberg ^{4}2002; Jane Field *Lernstörungen verstehen,* Hamburg 1996.

42 Siehe die Ausführungen in Kapitel 2 und Mary Ellen Willby (Hrsg.), *Learning Difficulties,* a.a.O. (Anm. 2).

43 Siehe Hans G. Furth/Harry Wachs, *Thinking goes to school,* New York/London 1975; Jane C. Field, *Your Vision is Perfect: Why Can't You See?,* Wichenford 1992; außerdem Kapitel 4 und 5 zu frühkindlichen Bewegungsmustern.

44 Siehe Alfred Baur, *Lautlehre und Logoswirken,* Stuttgart ^{2}1996; Elizabeth Hayden, *Osteopathie for Children,* a.a.O. (Anm. 16); Mary Ellen Willby (Hrsg.), *Learning Difficulties,* a.a.O. (Anm. 2).

45 Jane C. Field, *Talking to Teachers,* Wichenford 1990.

46 Mary Ellen Willby (Hrsg.), *Learning Difficulties,* a.a.O. (Anm. 2), Abschnitt II: Osteopathy for Children.

47 Michaela Strauss, *Von der Zeichensprache des kleinen Kindes,* a.a.O. (Anm. 22), S. 225ff.

48 Mary Ellen Willby (Hrsg.), *Learning Difficulties,* a.a.O. (Anm. 2), Abschnitt I: Twofold Man as Archetype.

49 Mary Nash-Wortham, *Phonic Rhyme-Time,* Malvern ^{2}2008; Alfred A. Tomatis, *Education and Dyslexia,* Fribourg 1978.

50 Ingun Schneider, Supporting the Development of the Hand, in: *The Developing Child: The First Seven Years,,* Spring Valley 2010.

51 Ebd.; Rudolf Steiner, *Konferenzen mit den Lehrern der Freien Waldorfschule 1919 bis 1924,* GA 300a-c, Dornach ^{5}2019; ders., *Die Kunst des Erziehens aus dem Erfassen der Menschenwesenheit,* GA 311, Dornach ^{5}1989.

52 Siehe die Hinweise zur Linkshändigkeit in Michaela Glöckler/ Wolfgang Goebel/Karin Michael, *Kindersprechstunde,* a.a.O. (Anm. 21); Mary Ellen Willby (Hrsg.), *Learning Difficulties,* a.a.O. (Anm. 2); David Mitchell, *Developmental Insights,* AWSNA 1997.

53 Rudolf Steiner, *Planetary Spheres and their Influence on Earth and in the Spiritual Worlds,* translated by George and Mary Adams, GA 211, 214, 218.

54 Siehe Alfred Baur, *Lautlehre und Logoswirken,* a.a.O. (Anm. 44); Jane C. Field, *Why don't you listen?,* Wichenford 1991; Audrey McAllen, *The Listening Ear,* Stroud 1990; Alfred A. Tomatis, *Education and Dyslexia,* a.a.O. (Anm. 49); Audrey Wisby, *Learn to Sing, Learn to Read,* London 1982.

55 Mary Ellen Willby (Hrsg.), *Learning Difficulties,* a.a.O. (Anm. 2), Abschnitt I: Twofold Man as Archetype.

56 Siehe Rudolf Steiner, *Anthroposophie – Psychosophie – Pneumatosophie,* a.a.O. (Anm. 8).

57 Mary Ellen Willby (Hrsg.), *Learning Difficulties,* a.a.O. (Anm. 2), Abschnitt I: The Mirroring Process in Relation to Two- and Three-Dimensional Space.

58 Siehe Jane C. Field *Talking to Teachers,* a.a.O. (Anm. 45).

59 Siehe Rudolf Steiner, *Anthroposophie – Psychosophie – Pneumatosophie,* a.a.O. (Anm. 8).

60 Ernst Lehrs *Mensch und Materie,* Frankfurt a.M.: Vittorio Klostermann [3]1987, Ende Kap. 16, Teil 2.

61 Karl König *Die ersten drei Jahre des Kindes,* a.a.O. (Anm. 3), S. 142ff.; Eugene M. Schwartz, *Rhythms and Turning Points in the Life of the Child,* Fair Oaks 1989; Hermann Koepke, *Das neunte Lebensjahr,* Dornach [12]2015; Eva A. Frommer, *Voyage through Childhood into the Adult World,* Stroud [2]1995.

62 Rudolf Steiner, *Allgemeine Menschenkunde als Grundlage der Pädagogik,* a.a.O. (Anm. 1), 2. und 4. Vortrag (22. und 25.8.1919); sowie alle weiteren pädagogischen Vorträge Steiners.

63 Ernst Lehrs, *Mensch und Materie,* a.a.O. (Anm. 60).

64 Rudolf Steiner, *Anthroposophie – Psychosophie – Pneumatosophie,* a.a.O. (Anm. 8), Teil I: Anthroposophie.

65 Ernst Lehrs, *Mensch und Materie,* a.a.O. (Anm. 60); Mary Ellen Willby (Hrsg.), *Learning Difficulties,* a.a.O. (Anm. 2), Abschnitt II: Goethe's Color Theory Applied.

66 Siehe Rudolf Steiner, Meditativ erarbeitete Menschenkunde, in: *Erziehung und Unterricht aus Menschenerkenntnis,* GA 302a, Dornach [4]1993; Eugene Schwartz, *Seeing, Hearing, Learning: The interplay of Eye and Ear in Waldorf Education,* Fair Oaks 1991.

67 Karl König *Die ersten drei Jahre des Kindes,* a.a.O. (Anm. 3).

68 Siehe A. Jean Ayres, *Bausteine der kindlichen Entwicklung,* a.a.O. (Anm. 41), 3. und 5. Kapitel; Julio de Quiros/Orlando Schrager, *Neuro Psychological Fundamentals in Learning Disabilities,* Novato, CA 1988, Kap. 10, Abschnitt 73; William Gaddes, *Learning Disabilities and Brain Function. A Neuro-Psychological Approach,* New York/Berlin/Heidelberg [3]1994; Reuven Kohen-Raz, *Postural Control and Learning Disabilities,* London 1986, S. 209; Britta Holle, *Die motorische und perzeptuelle Entwicklung des Kindes,* Weinheim 2011, Teil I, S. 10-12; Jane C. Field, *Talking to Teachers,* a.a.O. (Anm. 45, enthält illustrierte Beispiele von frühkindlichen Bewegungsmustern, wie sie im Klassenzimmer zu beobachten sind); Anne G. Fischer/Elizabeth A. Murray/Anita C. Bundy, *Sensory Integration: Theory and Practice,* Philadelphia 1991; Carol Kranowitz, *The Out-of-Sync Child,* New York 2005.

69 Mary Ellen Willby (Hrsg.), *Learning Difficulties,* a.a.O. (Anm. 2); Artikel von Dee Coulter.

70 Vgl. dazu Willi Aeppli, *Sinnesorganismus, Sinnesverlust, Sinnespflege,* Stuttgart 1996; Albert Soesman, *Die zwölf Sinne – Tore der Seele,* Stuttgart [9]2019; Mary Ellen Willby (Hrsg.), *Learning Difficulties,* a.a.O. (Anm. 2), Abschnitt 1: Twofold Man as Archetype.

71 Rudolf Steiner, *Anthroposophie – Psychosophie – Pneumatosophie,* a.a.O. (Anm. 8), 2. Vortrag vom 25.10.1909 in Berlin.

72 Siehe A. Jean Ayres, *Bausteine der kindlichen Entwicklung,* a.a.O. (Anm. 41); Fisher, Anne G./Elizabeth A. Murray/Anita C. Bundy, *Sensory Integration: Theory and Practice,* a.a.O. (Anm. 68); Carol Kranowitz, *The Out-of-Sync Child,* a.a.O. (Anm. 68).

73 Siehe Hans G. Furth/Harry Wachs, *Thinking goes to school,* a.a.O. (Anm. 43).

74 Ebd.

75 Ernst Marti, *Die vier Äther,* Stuttgart [8]2016.

76 Vgl. Audrey McAllen, *Reading Children's Drawings,* a.a.O. (Anm. 22); Karl König, *Becoming Human: A Social Task,* Edinburgh 2011, Teil 1 (deutsche Ausgabe: *Mensch unter Menschen werden,* Stuttgart 2009); Rudolf Steiner, *Heilpädagogischer Kurs,* a.a.O. (Anm. 39).

77 Siehe Ingun Schneider, Supporting the Development of the Hand, a.a.O. (Anm. 50); *Jane C. Field, Talking to Teachers,* a.a.O. (Anm. 45).

78 Audrey McAllen, *Reading Children's Drawings,* a.a.O. (Anm. 22).

79 Rudolf Steiner, *Sprachgestaltung und Dramatische Kunst,* GA 282, Dornach [4]1981

80 Mary Ellen Willby (Hrsg.), *Learning Difficulties,* a.a.O. (Anm. 2), Abschnitt I: Twofold Man as Archetype.

81 Siehe auch Audrey McAllen, *Reading Children's Drawings,* a.a.O. (Anm. 22); Karl König, *Die ersten drei Jahre des Kindes,* a.a.O. (Anm. 3); Rudolf Steiner, *Heilpädagogischer Kurs,* a.a.O. (Anm. 39).

82 James Uphoff/June Gilmore, Pupil Age at School Entrance: How Many are Ready for Success?, in: *Young Children,* Januar 1986, S. 11-16; Uphoff, James/June Gilmore/Rosemarie Huber, *Summer Children: Ready or not for School,* Ohio 1986.

83 Siehe Mary Ellen Willby (Hrsg.), *Learning Difficulties,* a.a.O. (Anm. 2), Abschnitt II: Osteopathy for Children; Elizabeth Hayden, *Osteopathy for Children,* a.a.O. (Anm. 16).

84 Karl König, *Die ersten drei Jahre des Kindes,* a.a.O. (Anm. 3).

85 Alfred Baur, *Lautlehre und Logoswirken,* a.a.O. (Anm. 44).

86 Rudolf Steiner erwähnt, dass der Rhythmus des Ich 24 Stunden beträgt, der des Astralleibes eine Woche, der des Ätherleibes einen Monat und der Rhythmus des physischen Leibes ein Jahr.

87 Vgl. dazu Rudolf Steiner, *Gegenwärtiges Geistesleben und Erziehung,* a.a.O. (Anm. 23), 12. Vortrag vom 16.8.1923; Rudolf Steiner, *Die Kunst des Erziehens aus dem Erfassen der Menschenwesenheit,* a.a.O. (Anm. 51), 4. Vortrag vom

15.8.1924; Mary Ellen Willby (Hrsg.), *Learning Difficulties*, a.a.O. (Anm. 2), Abschnitt: Body Geography through the Grades.
88 Ebd.
89 Mary Ellen Willby (Hrsg.), *Learning Difficulties*, a.a.O. (Anm. 2), Abschnitt I: Twofold Man as Archetype.
90 Rudolf Steiner, *Konferenzen mit den Lehrern der Freien Waldorfschule in Stuttgart*, a.a.O. (Anm. 51).
91 Mary Ellen Willby (Hrsg.), *Learning Difficulties*, a.a.O. (Anm. 2), Abschnitt I: Twofold Man as Archetype.
92 Mary Nash-Wortham/Jean Hunt, *Take Time*, Malvern 1994.
93 Siehe dazu Mary Ellen Willby (Hrsg.), *Learning Difficulties*, a.a.O. (Anm. 2), Abschnitt I: The Mirroring Process in Relation to Two- and Three-Dimensional Space.
94 Siehe Rudolf Steiner, *Allgemeine Menschenkunde als Grundlage der Pädagogik*, a.a.O. (Anm. 1), 6. Vortrag vom 27.8.1919; ders., *Erziehungskunst. Seminarbesprechungen und Lehrplanvorträge*, GA 295, Dornach [4]1984, 8. Besprechung vom 29.8.1919.
95 Willby, *Learning Difficulties*, Teil II, Osteopathy for Children; Hayden, *Osteopathy for Children*.
96 Siehe Stephen Edelglass et al., *The Marriage of Sense and Thought*, Edinburgh 1997.
97 Siehe Rudolf Steiners Beschreibung der Zentren auditiver und visueller Erinnerung in: *Menschenerkenntnis und Unterrichtsgestaltung*, a.a.O. (Anm. 66), 3. und 4. Vortrag vom 21. und 22.9. 1920, «... denn alle Entwickelung des Menschen besteht darin, dass nach und nach das erst bloß geistig existierende Übersinnliche sich ins Sinnliche herunterbewegt» (S. 49).
98 Nach einer Übung, die Rudolf Steiner am 12.1.1924 gegeben hat.
99 Rudolf Steiner, Meditativ erarbeitete Menschenkunde, in: *Menschenerkenntnis und Unterrichtsgestaltung*, a.a.O. (Anm. 66), 3. Vortrag vom 21.9.1920; Mary Ellen Willby (Hrsg.), *Learning Difficulties*, a.a.O. (Anm. 2), Abschnitt: Remedial Exercises by Else Göttgens.
100 Audrey McAllen, *Teaching Children Handwriting*, a.a.O. (Anm. 35).
101 Siehe Kap. 4, II. Schreiben; Ingun Schneider, Supporting the Development of the Hand, a.a.O. (Anm. 50).
102 Ingun Schneider, Supporting the Development of the Hand, a.a.O. (Anm. 50); Emilie Poulssen, *Finger Plays For Nursery and Kindergarten*, Mineola, NY 2011.
103 Siehe Rudolf Steiner, *Erziehungskunst. Seminarbesprechungen und Lehrplanvorträge*, a.a.O. (Anm. 94).
104 Ingun Schneider, Supporting the Development of the Hand, a.a.O. (Anm. 50).
105 Michaela Strauss, *Von der Zeichensprache des kleinen Kindes*, a.a.O. (Anm. 22).
106 Rudolf Steiner, *Anthroposophie – Psychosophie – Pneumatosophie*, a.a.O. (Anm. 8), 3. Vortrag vom 26.10.1909.

107 Michael S. Schneider, *A Beginner's Guide to Constructing the Universe,* New York 1995; «Vesica Piscis», das «Zeichen des Fisches», wurde von den frühen Christen als Symbol für Christus im Zeitalter des Sternzeichens Fische verwendet. In der Geometrie ist es die Fläche, die (in Fischform) entsteht, wenn zwei gleich große Kreise sich durchdringen und dabei die jeweilige Kreislinie durch den Mittelpunkt des anderen Kreises verläuft.

108 Mary Ellen Willby (Hrsg.), *Learning Difficulties,* a.a.O. (Anm. 2), Abschnitt: Editions by Editor.

109 Margaret Frohlich/Hans Niederhäuser, *Form Drawing,* New York 1974.

110 Ingun Schneider, Supporting the Development of the Hand, a.a.O. (Anm. 50).

111 Nach einer Angabe von Liane Collot d'Herbois mit Gelb zu malen, basierend auf einem Vortrag Rudolf Steiners vom 7.5.1921 in Dornach. Dieser Forschungsbeitrag stammt von Erica und Joep Eikenboom.

112 Rudolf Steiner, *Die pädagogische Praxis vom Gesichtspunkte geisteswissenschaftlicher Menschenerkenntnis,* GA 306, Dornach [4]1989, 5. Vortrag vom 18.4.1923.

113 Rudolf Steiner, *Die Kunst des Erziehens aus dem Erfassen der Menschenwesenheit,* a.a.O. (Anm. 51); ders., *Gegenwärtiges Geistesleben und Erziehung,* a.a.O. (Anm. 23).

114 Diese Übung wurde von Erica und Joep Eikenboom nach Absprache mit Liane Collot d'Herbois entwickelt (siehe Liane Collot d'Herbois, *Light, Darkness and Colour in Painting Therapy,* Stuttgart 2016).

115 Siehe Rudolf Steiner, *Anthroposophie – Psychosophie – Pneumatosophie,* a.a.O. (Anm. 8).

116 Siehe Audrey McAllen, *Sleep,* Stroud 1995.

117 Ebd.

118 Jane C. Field, *The Role of the Corpus Callosum in the Acquisition of the Three R's,* Wichenford 1994, 4. Kapitel, Anmerkung 38; Uphoff, James/June Gilmore/Rosemarie Huber, *Summer Children,* Ohio 1986.

119 Vgl. Rudolf Steiner, *Anthroposophische Pädagogik und ihre Voraussetzungen,* GA 309, Dornach [5]1981; ders., *Die Methodik des Lehrens und die Lebensbedingungen des Erziehens,* GA 308, Dornach [5]1986; ders., *Die pädagogische Praxis vom Gesichtspunkte geisteswissenschaftlicher Menschenerkenntnis,* a.a.O. (Anm. 112).

120 Siehe Rudolf Steiner, *Der pädagogische Wert der Menschenerkenntnis und der Kulturwert der Pädagogik,* GA 310, Dornach [4]1989, 1. Vortrag vom 21.8.1924.

121 Siehe Rudolf Steiner, *Erziehungskunst. Methodisch-Didaktisches,* GA 294, Dornach [6]1990; ders., *Die Kunst des Erziehens aus dem Erfassen der Menschenwesenheit,* a.a.O. (Anm. 51), und weitere pädagogische Vorträge.

122 Im Englischen wird hier der Begriff «Copperplate script» benutzt, früher auch als «English round hand» bezeichnet. Dieser kalligrafische Stil wurde vorwiegend von den Schreibern des 18. Jahrhunderts verwendet. Ihre Schreibhefte wurden mit Lettern, die in Kupfer geprägt waren, gedruckt. Dieses Alphabet war einfach, aber oft wurden zu den Grundelementen reiche Verzierungen hinzugefügt.

123 Siehe Kap. 1 und 2 sowie an anderen Stellen in diesem Buch; Mary Ellen Willby (Hrsg.), *Learning Difficulties,* a.a.O. (Anm. 2), Abschnitt: Twofold Man as Archetype.

124 Siehe Rudolf Steiner, *Anthroposophie – Psychosophie – Pneumatosophie,* a.a.O. (Anm. 8), 4. Vortrag vom 27.10.1909.

125 Rhoda Kellog, *Analyzing Children's Art,* Mountain View, CA 1969, App. B: Dyslexia.

126 Carol Bowman, *Children's Past Lives,* New York 1997.

127 Siehe Rudolf Steiner, Meditativ erarbeitete Menschenkunde, in: *Erziehung und Unterricht aus Menschenerkenntnis,* a.a.O. (Anm. 66).

128 Rudolf Steiner, *Erziehungskunst. Seminarbesprechungen und Lehrplanvorträge,* a.a.O. (Anm. 94).

129 Siehe Michael S. Schneider, *A Beginner's Guide to Constructing the Universe,* a.a.O. (Anm. 107, für anregende Ideen zur Qualität der Zahlen); Rudolf Steiner, *Erziehungskunst. Methodisch-Didaktisches,* a.a.O. (Anm. 121), und andere pädagogische Vorträge.

130 Vgl. Rudolf Steiner, *Erziehungskunst. Methodisch-Didaktisches,* a.a.O. (Anm. 121); ders., *Die Kunst des Erziehens aus dem Erfassen der Menschenwesenheit,* a.a.O. (Anm. 51); *Die pädagogische Praxis vom Gesichtspunkte geisteswissenschaftlicher Menschenerkenntnis,* a.a.O. (Anm. 112).

131 Audrey McAllen, *Teaching Children Handwriting,* a.a.O. (Anm. 35).

Literaturverzeichnis

1. Rudolf Steiner

Die Geheimwissenschaft im Umriss, GA 13, Dornach ^{31}1913.

Die geistige Führung des Menschen und der Menschheit, GA 15, Dornach ^{10}1987.

Drei Schritte der Anthroposophie. Philosophie, Kosmosophie, Religion, GA 25, Dornach ^{4}1999.

Die Erziehung des Kindes vom Gesichtspunkte der Geisteswissenschaft, Einzelausgabe, Dornach 1992; auch enthalten in: *Lucifer – Gnosis. Grundlegende Aufsätze zur Anthroposophie und Berichte aus der Zeitschrift «Luzifer» und «Lucifer-Gnosis» 1903–1908*, GA 34, Dornach ^{2}1987.

Anthroposophie. Ein Fragment aus dem Jahre 1910, GA 45, Dornach ^{5}2009.

Die Tempellegende und die Goldene Legende als symbolischer Ausdruck vergangener und zukünftiger Entwicklungsgeheimnisse des Menschen, GA 93, Dornach ^{4}2014.

Anthroposophie, Psychosophie, Pneumatosophie, GA 115, Dornach ^{5}2012.

Von Jesus zu Christus, GA 131, Dornach ^{7}1988.

Die Welt der Sinne und die Welt des Geistes, GA 134, Dornach ^{6}2009.

Der Zusammenhang des Menschen mit der elementarischen Welt, GA 158, Dornach ^{4}1993 (darin: Vorträge vom 20. bis 22.11.1914).

Mysterienwahrheiten und Weihnachtsimpulse. Alte Mythen und ihre Bedeutung, GA 180, Dornach ^{3}2017 (darin: Vortrag vom 30.12.1917).

Entsprechungen zwischen Mikrokosmos und Makrokosmos, GA 201, Dornach ^{4}2015.

Die Brücke zwischen der Weltgeistigkeit und dem Physischen des Menschen, GA 202, Dornach ^{4}1993.

Menschenwerden, Weltenseele und Weltengeist, GA 206, Dornach ^{2}1991.

Anthroposophie als Kosmosophie, GA 208, Dornach ^{3}1992 (darin: Vorträge vom 12. und 13.11.1921).

Nordische und mitteleuropäische Geistimpulse, GA 209, Dornach ^{2}1982 (darin: Vorträge vom 24.11., 27.11. und 4.12.1921).

Das Sonnenmysterium und das Mysterium von Tod und Auferstehung, GA 211, Dornach ^{3}2006.

Das Miterleben des Jahreslaufes in vier kosmischen Imaginationen, GA 229, Dornach ^{8}1999.

Eurythmie – die Offenbarung der sprechenden Seele, GA 277, Dornach ^{3}1999.

Sprachgestaltung und Dramatische Kunst, GA 282, Dornach ^{4}1981.

Allgemeine Menschenkunde als Grundlage der Pädagogik, GA 293, Dornach ^{9}1992.

Erziehungskunst. Methodisch-Didaktisches, GA 294, Dornach ^{6}1990.

Erziehungskunst. Seminarbesprechungen und Lehrplanvorträge, GA 295, Dornach ^{4}1984.

Konferenzen mit den Lehrern der Freien Waldorfschule 1919 bis 1924, Drei Bände, GA 300a–c, Dornach ^{5}2019.

Meditativ erarbeitete Menschenkunde (Vorträge vom 15., 16., 21. und 22.9.1920), in: *Menschenerkenntnis und Unterrichtsgestaltung*, GA 302a, Dornach [4]1993.
Die geistig-seelischen Grundkräfte der Erziehungskunst, GA 305, Dornach [3]1991.
Die pädagogische Praxis vom Gesichtspunkte geisteswissenschaftlicher Menschenerkenntnis, GA 306, Dornach [4]1989.
Gegenwärtiges Geistesleben und Erziehung, GA 307, Dornach [5]1986.
Die Methodik des Lehrens und die Lebensbedingungen des Erziehens, GA 308, Dornach [5]1986.
Anthroposophische Pädagogik und ihre Voraussetzungen, GA 309, Dornach [5]1981.
Der pädagogische Wert der Menschenerkenntnis und der Kulturwert der Pädagogik, GA 310, Dornach [4]1989.
Die Kunst des Erziehens aus dem Erfassen der Menschenwesenheit, GA 311, Dornach [5]1989.
Heilpädagogischer Kurs, GA 317, Dornach [8]1995.

Die Schriften und Vorträge von Rudolf Steiner sind im Rudolf Steiner Verlag, Dornach, erschienen.
GA = Rudolf Steiner Gesamtausgabe.

2. Weitere Literatur

Aeppli, Willi: *Sinnesorganismus, Sinnesverlust, Sinnespflege. Die Sinneslehre Rudolf Steiners in ihrer Bedeutung für die Erziehung*, Stuttgart: Verlag Freies Geistesleben 1996.
Armstrong, Alison/Charles Casement: *The Child and the Machine. How Computers Put our Children's Education at Risk*, Beltsville, MD: Gryphon House 2000.
Arnim, Georg von: *Was bedeutet Seelenpflege? Die Aufgaben anthroposophischer Heilpädagogik und Sozialtherapie*, Nr. 6: «Die Bedeutung der Bewegung in der Heilpädagogik: Körperschema und Körpersinne», Sekretariat für Heilpädagogik und Sozialherapie, Brosiweg 9, CH-4143 Dornach.
Ashton-Warner, Sylvia: *Teacher*, New York: Simon & Schuster 1986.
Axline, Virginia M.: *Dibs. Ein autistisches Kind befreit sich aus seinem seelischen Gefängnis*, München: Droemer Knaur 2004.
Ayres, A. Jean: *Bausteine der kindlichen Entwicklung. Die Bedeutung der Integration der Sinne für die Entwicklung des Kindes*, Berlin/Heidelberg: Springer Verlag [4]2002.
Baur, Alfred: *Lautlehre und Logoswirken. Grundlagen der Chirophonetik*, Stuttgart: Mellinger Verlag [2]1996.
Blythe, Peter/David J. McGlown: *An Organic Basis for Neurosis and Educational Difficulties*, Cheltenham: Insight Publications 1979.
Bowman, Carol: *Children's Past Lives. How Past Life Memories Affect Your Child*, New York: Bantam Books 1997.
Britz-Crecelius, Heidi: *Kinderspiel – lebensentscheidend*, Stuttgart: Verlag Urachhaus [6]1993.

Brooking-Payne, Kim John: *Games Children Play. How Games and Sport Help Children Develop*, Stroud: Hawthorne Press 2005.
Brown, Christy: *My Left Foot*, London: Vintage 2008 (deutsche Ausgabe: *Mein linker Fuß*, Zürich: Diogenes [11]1995).
Childs, Gilbert und Sylvia: *Your Reincarnating Child. Welcoming a Soul to the World*, Forest Row: Sophia Books 1996.
Clausen, Anke-Usche/Martin Riedel: *Zeichnen = Sehen lernen*, Stuttgart: Mellinger Verlag 1968.
Critchlow, Keith: *Time Stands Still. New Light on Megalithic Science*, Edinburgh: Floris Books 2007.
Dancy, Rahmina Baldwin: *You Are Your Child's First Teacher. Encouraging Your Child's Natural Development from Birth to Age Six*, Berkeley, CA: Celestial Arts [2]2000.
Diablo Valley Directors: *A Time to Grow: A Plea For Developmental Readiness*, 1987.
Drake, Stanley: *The Path to Birth*, Edinburgh: Floris Books 1984.
Durrel, Lawrence: Landscape and Character, in: *New York Times*, 12.6.1960.
Edelglass, Stephen et al.: *The Marriage of Sense and Thought. Imaginative Participation in Science*, Hudson, NY: Steiner Books 2011.
Field, Jane C.: *Lernstörungen verstehen. Neurophysiologische Grundlagen für Lehrer*, Pädagogische Praxis für Kindesentwicklung, Hamburg 1996.
–: *Helping specific Difficulties by Correcting Physical Causes*, 1989.
–: *Talking to Teachers*, 1990.
–: *Why don't you listen*, 1991.
–: *Your Vision is Perfect: Why Don't You See?*, 1992.
–: *Accomodating the Neuro-Developmentally Delayed Child Within the Classroom*, 1992.
–: *A vicious Circle*, 1993.
–: *The Role of the Corpus Callosumin the Acquisition of the 3 R's*, 1994. (Alle Veröffentlichungen von Jane Field sind erschienen bei: Field Education Publishers, Gatepiece Cottage, Highfields, Wichenford, Worchestershire.)
Fisher, Anne G./Elizabeth A. Murray/Anita C. Bundy: *Sensory Integration: Theory and Practice*, Philadelphia, PA: F. A. Davis Company 1991.
Frohlich, Margaret/Hans Rudolf Niederhäuser: *Form Drawing*, New York: Rudolf Steiner School 1974.
Frommer, Eva A.: *Voyage through Childhood into the Adult World. A Guide to Child Development*, Stroud: Hawthorne Press [2]1995.
Furth, Hans G./Harry Wachs: *Thinking goes to School. Piaget's Theory in Practice*, New York/London: Oxford University Press 1975.
Gaddes, William: *Learning Disabilities and Brain Function. A Neuro-Psychological Approach*, New York/Berlin/Heidelberg: Springer Verlag [3]1994.
Glöckler, Michaela/Stefan Langhammer/Christof Wiechert (Hrsg.): *Gesundheit durch Erziehung*, Persephone Kongressband, Dornach: Medizinische und Pädagogische Sektion am Goetheanum 2006.
Glöckler, Michaela/Wolfgang Goebel/Karin Michael: *Kindersprechstunde. Ein medizinisch-pädagogischer Ratgeber*, Stuttgart: Urachhaus [21]2018.
Goddard Blythe, Sally: *Greifen und BeGreifen. Wie Lernen und Verhalten mit frühkindlichen Reflexen zusammenhängen*, Kirchzarten: VAK-Verlag 2016.

Harwood, Alfred Cecil: *The recovery of Man in Childhood. A Study of the Educational Work of Rudolf Steiner,* London: Rudolf Steiner Press 1992.

Hayden, Elizabeth: *Osteopathy for Children,* Churchdown Osteopaths, Gloucester 1997.

Healy, Jane: *Endangered Minds. Why Children Dont Think And What We Can Do About It,* New York/London: Simon and Schuster 1990.

–: *Failure to Connect: How Computers Effect Our Children's Minds for Better and Worse,* New York/London: Simon and Schuster 1998.

d'Herbois, Liane Collot: *Farbensphären. Bd. I und II, Ein Werkbuch für die Malgruppe «Magenta». Ein Buch für Künstler,* Dürnau: Kooperative Dürnau [2]2005.

–: *Light, Colour and Darkness in Painting Therapy,* Stuttgart: SchneiderEditionen 2016 (deutsche Ausgabe: *Licht, Finsternis und Farbe in der Maltherapie,* Dornach: Verlag am Goetheanum 1993).

Heydebrand, Caroline von: *Vom Seelenwesen des Kindes,* Stuttgart: Mellinger Verlag [12]1997.

Heider, Molly Von: *Looking forward. Exercises, Games, Movement, Songs for Teachers of Children,* Stroud: Hawthorne Press 1996.

Holle, Britta: *Die motorische und perzeptuelle Entwicklung des Kindes. Ein praktisches Lehrbuch für die Arbeit mit normalen und retardierten Kindern,* Weinheim: Beltz 011.

Holtzapfel, Walter: *Seelenpflege-bedürftige Kinder. Zur Heilpädagogik Rudolf Steiners,* Dornach: Verlag am Goetheanum 2003.

Jordan, Dale R.: *Dyslexia in the Classroom,* Columbus OH: Charles Merrill Publishing Company 21977.

Kalinger, G./C. L. Heil: *Basic Symmetry and Balance,* Carlisle, PA: Shippensburg State College 1972.

Kellog, Rhoda: *Analyzing Children's Art,* Mountain View, CA: Mayfield Publishing Co. 1969.

Kirchner, Hermann: *Dynamic Drawing: Its Therapeutic Aspect,* New York: Mercury Press 1977.

Kirchner-Bockholt, Margarete: *Grundelemente der Heileurythmie,* Dornach: Verlag am Goetheanum [5]2010.

–: A Grail Castle in the Brain, in: *The Golden Blade,* London: Rudolf Steiner Press 1975, S. 117ff.

Kischnick, Rudolf/Wil van Haren: *Dreh dich nicht um ... 300 Bewegungsspiele für Kinder und Jugendliche,* Stuttgart: Verlag Freies Geistesleben 2008.

Koepke, Hermann: *Das neunte Lebensjahr. Seine Bedeutung in der Entwicklung des Kindes,* Dornach: Verlag am Goetheanum [12]2015.

Kohen-Raz, Reuven: *Learning Disabilities and Postural Control,* London: Freund Publishing House Ltd. 1986.

König, Karl: *Becoming Human: A Social Task. The Threefold Social Order,* Edinburgh: Floris Books 2011
(deutsche Ausgabe: Karl König, *Mensch unter Menschen werden: Über die soziale Dreigliederung,* Stuttgart: Verlag Freies Geistesleben 2009).

–: *Die ersten drei Jahre des Kindes. Erwerb des aufrechten Ganges – Erlernen der Muttersprache – Erwachen des Denkens,* Stuttgart: Verlag Freies Geistesleben 2017.
–: *Heilpädagogische Diagnostik. Teil I und II: Neun Vorträge, gehalten für Heilpädagogen und Sozialtherapeuten,* Dornach: Verlag am Goetheanum 1994.
–: *Brüder und Schwestern: Geschwisterfolge als Schicksal,* Stuttgart: Verlag Freies Geistesleben ³2016.
Kranowitz, Carol: *The Out-of Sync Child. Recognizing and Coping with Sensory Integration Dysfunction,* New York: Perigee 2005.
Kutzli, Rudolf: *Entfaltung schöpferischer Kräfte durch lebendiges Formenzeichnen,* Schaffhausen: Novalis Verlag 1987.
Large, Martin: *Who's Bringing Them Up? Television and Child Development: How to Break the T.V. Habit,* Stroud: Hawthorne Press ²1990.
Lievegoed, Bernard: *Entwicklungsphasen des Kindes,* Stuttgart: Mellinger Verlag ⁸2007.
Lehrs, Ernst: *Mensch und Materie. Ein Beitrag zur Erweiterung der Naturerkenntnis nach der Methode Goethes,* Frankfurt a.M.: Vittorio Klostermann ³1987.
Lovelock, James: *Gaia: A New Look At Life On Earth,* Oxford: Oxford University Press ³2000.
Mander, Jerry: *Four Arguments for the Elimination of Television,* New York: Perennial ²2002.
Marshall, Sybil M.: *An Experiment in Education,* Cambridge: Cambridge University Press 1966.
Marti, Ernst: *Die vier Äther. Zu Rudolf Steiners Ätherlehre,* Stuttgart: Verlag Freies Geistesleben ⁸2016.
McAllen, Audrey E.: *Teaching Children Handwriting. Historical, Developmental, and Practical Aspects of Writing,* Fair Oaks, CA: Rudolf Steiner College Press 2004.
–: *The Listening Ear. The Development of Speech As a Creative Influence in Education,* Stroud: Hawthorne Press 1990.
–: *Reading Children's Drawings,* Fair Oaks, CA: Rudolf Steiner College Press 2004.
–: *Sleep. An Unobserved Element in Education,* Stroud: Hawthorne Press 1995.
Mesker, Pierre: *De Menselijke Hand,* Nymegen: Dekker & v. d. Vegt 1980.
Mitchell, David: *Developmental Insights,* AWSNA (Association of Waldorf Schools of North America) 1997.
Nash-Wortham, Mary: *Phonic Rhyme Time. A Unique Collection of Rhymes for Precise Practice in Speaking, Reading and Writing,* Malvern: Robinswood Press ²2008.
–: Über Goethes Farblehre, in: *Child and Man,* Vol. I, Nr. 13, 1978.
Nash-Wortham, Mary/Jean Hunt: *Take Time,* Malvern: Robinswood Press 1994.
Poulssen, Emilie: *Finger Plays For Nursery and Kindergarten, Mineola,* NY: Dover Publications 2011.
Querido, Rene: *The Wonder of Childhood,* Fair Oaks, CA: Rudolf Steiner College Press 1991.
–: *Creativity in Education. The Waldorf Approach,* Fair Oaks, CA: Rudolf Steiner College Press 1995.
Quiros, Julio de/Orlando Schrager: *Neuro-Psychological Fundamentals of Learning Disabilities,* Academic Therapy Publications, 20 Commercial Blvd., Novato, CA 1988.

Raffee, M. et al.: *Eurythmy and the Impulse of Dance with Sketches of Eurythmy figures by Rudolf Steiner*, Fair Oaks, CA: Rudolf Steiner College Press 1974.

Salter, Joan: *The Incarnating Child*, Stroud: Hawthorne Press 1997.

Sanders, Barry: *A is for Ox. The Collapse of Literacy and the Rise of Violence in an Electronic Age*, New York: Pantheon Books 1995.

Schneider, Ingun: Supporting the Development of the Hand, in: *The Developing Child: The First Seven Years*, Gateway Series, hrsg. von Susan Howard, Spring Valley, NY: WECAN Publications 2010; Online-Wiedergabe: https://www.waldorflibrary.org/journals/15-gateways/428-fallwinter-2001-issue-41-supporting-the-development-of-the-hand

Schneider, Michael: *A Beginner's Guide to Constructing the Universe*, New York: Perennial 1995.

Schonell, Fred J.: *Essentials in Teaching and Testing Spelling*, London: Macmillan Education 1985.

Schoorel, Edmond: *The First Seven Years*, Fair Oaks, CA: Rudolf Steiner College Press 2004.

Schumacher, Ernst Friedrich: *A Guide For the Perplexed*, London: Vintage 1995.

Schwartz, Eugene: *Rhythms and Turning Points in the Life of the Child*, Fair Oaks, CA: Rudolf Steiner College Press 1989.

–: *Seeing, Hearing, Learning: The Interplay of Eye and Ear in Waldorf Education*, Fair Oaks, CA: Rudolf Steiner College Press 1991.

Scott, Ann: *The Laughing Baby*, New York: Bergin & Garvey Pub. 1987.

Smith, Sally L.: *No Easy Answers. The Learning Disabled Child at Home and at School*, New York: Bantam Books 1981.

Soesman, Albert: *Die zwölf Sinne – Tore der Seele. Eine Einführung in die Anthroposophie*, Stuttgart: Verlag Freies Geistesleben 92019.

Strauss, Michaela: *Von der Zeichensprache des kleinen Kindes. Spuren der Menschwerdung*, Stuttgart: Verlag Freies Geistesleben 2007.

Sutherland, Adah Strand: *With Thinking Fingers. The story of William Garner Sutherland*, Indianapolis: The Cranial Academy 1962.

Thomson, John B.: *Natural Childhood. A Practical Guide to the First Seven Years*, New York: Gaia Books 1994.

Tomatis, Alfred A.: *Education and Dyslexia*, Fribourg (CH): Association Internationale dí Audio-Psycho-Phonologie 1978.

Tyre, Colin/Peter Young: *Dyslexia or Illiteracy? Children with Special Needs*, Milton Keynes: Open University Press 1983.

Uphoff, James/June Gilmore, Pupil Age at School Entrance: How Many are Ready for Success?, in: *Young Cildren*, Januar 1986.

Uphoff, James/June Gilmore/Rosemarie Huber: *Summer Children. Ready or Not For School*, Ohio: J. and J. Publishing Co. 1986.

Willby, Mary Ellen: *Learning Difficulties: A Guide for Teachers*, Fair Oaks, CA: Rudolf Steiner College Press 2005.

Wilkinson, Roy: *Commonsense Schooling. Based on the Indications of Rudolf Steiner*, Malvern: Robinswood Press 21989.

Winn, Marie: *Unplugging the Plug-In-Drug*, New York: Penguin 1987.

Wisby, Audrey: *Learn to Sing, Learn to Read. A Course Book für Parents and Teachers*, London: BBC Publications 1982.
Wyatt, Isabel: *The Way Down. Christmas Poems For Children Of All Ages*, Stroud: The Michael Press 1985.

Danksagung*

Mein Dank geht an Else Göttgens, Holland, für die Erlaubnis, ihre Übungen zu veröffentlichen, die auf der Beziehung der Sinne untereinander beruhen: der Übung des Stabrollens, des Zahlensterns und der «Methode des rhythmischen Lesens». Ich danke dem Herausgeber der Rudolf Steiner Nachlassverwaltung in Dornach, Schweiz, für die Erlaubnis, eine Übung von Rudolf Steiner aufzunehmen; der verstorbenen Ärztin Dr. Maria Glas aus Wien, die mir die Übung «Der große Wagen» zeigte, und Dr. Michaela Glöckler, der Leiterin der Medizinischen Sektion am Goetheanum, für ihr Interesse und ihren Rat. Ich danke meinen Kollegen, deren Kommentare und Vorschläge mir geholfen haben, dieses Buch zu verbessern, sowie Christopher Marshall von Robinswood Press für die sorgfältige Bearbeitung der vierten Ausgabe dieses Buches. Mein Dank geht auch an Ingun Schneider, die für einige der Übungen die Richtungen vorgegeben hat, indem sie aus ihren Erfahrungen als Physiotherapeutin, Klassen- und Förderlehrerin an Waldorfschulen schöpfte und auch von Fragen profitierte, die Studenten aus Förderlehrerkursen an sie herantrugen.

Audrey McAllen

* Die Danksagung wurde von Audrey McAllen für die englische Ausgabe verfasst.

Verzeichnis der Übungen

Ingrid Ruhrmann | Bettina Henke
Die Kinderkonferenz.
Übungen und Methoden
zur Entwicklungsdiagnostik
184 Seiten, kartoniert
ISBN 978-3-7725-2686-2

Die Autorinnen beschreiben eine eigenständige Methode, wie man als Lehrer das Kind in seinen Besonderheiten und Entwicklungsschwierigkeiten besser verstehen kann. Ein Übungsbuch für Pädagogen und Heilpädagogen und zugleich eine wichtige Hilfestellung, um Inklusion umzusetzen.

Verlag Freies Geistesleben

Thomas Wildgruber
Malen und Zeichnen
1. bis 8. Schuljahr

375 Seiten, gebunden
ISBN 978-3-7725-2198-0

Thomas Wildgruber bietet dem Lehrer für jedes Schuljahr wichtige Gesichtspunkte und konkrete Hilfestellungen. 280 detaillierte Aufgabenstellungen, illustriert durch etwa 800 Schülerbilder, geben ihm eine Fülle von Anregungen zu einem gelungenen Kunstunterricht. Alle Aufgaben sind menschenkundlich und fachlich-künstlerisch erklärt und werden durch Kompetenzprofile für die jeweiligen Altersstufen ergänzt. Dabei ist der Ansatz, der aus den Kunsttheorien der Klassischen Moderne entwickelt wurde, so allgemein gehalten, dass auch Kursleiter und Eltern, die mit Kindern malen wollen, mit Gewinn auf das Buch zurückgreifen können.

Verlag Freies Geistesleben

Formenzeichnen
Die Entwicklung des Formensinns in der Erziehung

240 Seiten, gebunden
ISBN 978-3-7725-2760-9

Mit dem Formenzeichnen ist in der Waldorfschule ein Fach integriert, das insbesondere dazu geeignet ist, den Schreibunterricht vorzubereiten. Die erzieherische Wirkung berührt aber auch die Ausbildung von Fähigkeiten, die das menschliche Erkennen weit über die materialistisch begrenzte Naturauffassung hinausführen können. Das Wahrnehmen wird zu einem Vorgang, in dem das Kind zu innerer Gestaltungstätigkeit kommt, was für seine weitere Entwicklung von Bedeutung ist.

Verlag Freies Geistesleben